从极地到中国

——瑞典考古学家安特生传

［瑞典］扬·鲁姆嘉德 著

万 之 译

文物出版社

图书在版编目（CIP）数据

从极地到中国：瑞典考古学家安特生传 /（瑞典）
扬·鲁姆嘉德著；万之译 . —北京：文物出版社，2021.10
（仰韶文化发现暨中国现代考古学诞生 100 周年纪
念丛书）

ISBN 978－7－5010－7225－5

Ⅰ . ①从… Ⅱ . ①扬…②万… Ⅲ . ①安特生（Andersson, J.G. 1874－1960）—
传记 Ⅳ . ① K835.325.81

中国版本图书馆 CIP 数据核字（2021）第 187739 号

从极地到中国

——瑞典考古学家安特生传

著　　者：［瑞典］扬·鲁姆嘉德
译　　者：万　之

责任编辑：李　睿
封面设计：王文娴
责任印制：张道奇

出版发行：文物出版社
社　　址：北京市东城区东直门内北小街 2 号楼
邮　　编：100007
网　　址：http://www.wenwu.com
经　　销：新华书店
印　　刷：宝蕾元仁浩（天津）印刷有限公司
开　　本：787mm×1092mm　1/16
印　　张：13.75
版　　次：2021 年 10 月第 1 版
印　　次：2021 年 10 月第 1 次印刷
书　　号：ISBN 978－7－5010－7225－5
定　　价：128.00 元

仰韶文化发现暨中国现代考古学诞生
100周年纪念丛书编委会

顾　问：陈星灿

主　任：刘南昌　范付中

副主任：牛兰英　庆志英　杨跃民

委　员：任战洲　毋慧芳　谢喜来　钱　程　宁会振

　　　　刘军伟　石线伟　姚振波　黄世民

丛书编辑人员

主　编：陈星灿

副主编：侯建星

编　辑：贺晓鹏　陈　莉　杨拴朝

编　务：张　洁　马彩霞　姚晓燕

序言

中国现代考古学为什么从 1921 年的仰韶村发掘算起

　　近代意义上的田野考古学从 19 世纪后半期即在中国开始。到 20 世纪初叶，西方列强的探险队在中国的西、北部边疆，日本人在中国的辽东半岛、华北和台湾等地开展了包括考古学、民族学在内的广泛而深入的考察活动。这是外国人的工作。1918—1919 年，河北巨鹿故城发掘，1923 年河南新郑铜器群的发现，揭开了中国人自己考古发掘的序幕。同在 1921 年，还在仰韶村发掘之前，安特生在当时的奉天（今辽宁）锦西沙锅屯发掘了一个史前洞穴——沙锅屯遗址，随后很快发表了发掘报告①，但为什么考古学界会把 1921 年仰韶村的发掘作为中国现代考古学的开始之年呢？

　　仰韶村遗址，虽是瑞典人安特生（J. G. Andersson, 1874—1960）发现并主持发掘的，但这是农商部地质调查所田野工作的组成部分②。安特生是北洋农商部矿政司高薪聘请的顾问，他的主要工作本来是帮助中国政府寻找煤矿和铁矿。1914—1916年，他在新成立的地质研究所担任教学工作。地质调查所成立后，他又长期在新生代研究室工作，对于我国北方地区的新生代地质研究贡献卓著。到了 1920 年，安特生的兴趣逐渐发生了转移，根据他在华北等地采集的磨制石器，他不仅发表了论文《中国新石器类型的石器》③，还派中国助手刘长山到河南渑池仰韶村寻找更多的石器标本。刘长山从仰韶村带回来 600 多件磨制石器，这才有了安特生次年 4 月的第二次仰韶之行（1918 年 12 月 8 日，为采集古脊椎动物化石安特生曾经到过仰韶村）。

----

① 安特生著、袁复礼译：《奉天锦西沙锅屯遗址洞穴层》，中国古生物志丁种第一号，1923 年。

② 地质调查所成立于 1913 年，1916 年开始工作，成立时属工商部。1914 年，工商部和农林部合并为农商部，地质调查所改属农商部。1928 年改属农矿部，1930 年改属实业部。抗战时期实业部改为经济部，地质调查所遂改属经济部。当时河南、湖南、两广等省，分别成立省地质调查所，为了与省地质调查所相区别，1941 年正式定名为中央地质调查所。1950 年中共中央决定成立中国地质调查工作计划指导委员会，统一指导全国的地质工作。全国地质机构开始施行大调整，地质调查所正式宣布撤销，完成了它的历史任务。参见程裕淇、陈梦熊主编：《前地质调查所（1916—1950）的历史回顾——历史评述与主要贡献》，地质出版社，1996 年，第 1~25 页。

③ J. G. Andersson, Stone implements of Neolithic type in China, Reprinted from *the Anatomical Supplement to the China Medical Journal*, July, 1920.

在村南冲沟的断面上，发现了厚厚的灰土层，发现了彩陶片和石器的共存关系。这是仰韶遗址发现之始[1]。

1921年秋天，在征得农商部以及地质调查所的同意后，又同河南省政府以及渑池县政府取得联系并得到他们的支持，安特生和他在地质调查所的同事袁复礼以及安特生的数名中国助手，前往渑池开始了对仰韶遗址的第一次科学发掘。

如所周知，这次发掘，取得了惊人的成绩，不仅发现了仰韶文化——"中华远古之文化"，使中国无石器时代的理论不攻自破，而且也为寻找中国史前文化和西方史前文化之间可能的联系开辟了广阔的前景。安特生通过跟中亚的安诺（Anau，又译"亚诺"）和特里波列（Tripolje，又译"脱里波留"）文化出土彩陶的对比，提出仰韶文化西来的假说。虽然此前在中国华北、西北、东北和西南等地零星发现过不少磨制石器，但仰韶村的发掘，因为发现跟中国历史时期文化的密切联系，被称为中国的"第一个史前村庄"，及与西方史前文化可能的联系，还是给中国和国际学术界带来前所未有的震撼[2]。仰韶村的发掘者是安特生，但这个重要的考古发现，实在是20世纪初叶中国科学界的一项重要成就。

在1923年安特生所著仰韶村考古发掘简报《中华远古之文化》发表之前，袁复礼发表了简讯[3]（Notice），这也是目前所知仰韶村发掘和仰韶文化发现的第一次公开报道——就肯定这次发现是地质调查所的。袁复礼是这样说的："这个发现是因为1921年4月，中国政府矿政顾问安特生博士（J. G. Anderson）在河南旅行，经过渑池地方首次发现的。后来在10月得了政府允许，方才去到那里掘挖。"[4] 又说："按说这次发现的事，是从地质调查所方面办的。所以这篇先期的报告，虽有新闻性质，论科学家的发现规律（Credit of Discovery and Priority），也应让《地质汇报》方面先登。不过地质调查所丁文江、翁文灏两所长，对于从地质方面去研究文化史，

① 陈星灿：《中国史前考古学史研究（1895—1949）》，生活·读书·新知三联书店，1997年，第87~94页；J. G. Andersson, *Children of the Yellow Earth*, The MIT Press, Cambridge, Massachusetts, 1973, pp. 163-187; J. G. Andersson, *Researcher into the Prehistory of the Chinese. The Museum of Far Eastern Antiquities*, No. 15, pp. 9-12.

② 安特生著、袁复礼节译：《中华远古之文化》，《地质汇报》第五号，农商部地质调查所印行，1923年；J. G. Andersson, *Children of the Yellow Earth*, The MIT Press, Cambridge, Massachusetts, 1973, pp. 163-187.

③ 袁复礼：《记新发现的石器时代的文化》，《国立北京大学国学季刊》第一卷第一号，1923年1月，第188~191页。胡适在此文的编者按语中说，他本来是邀请安特生撰文的，但是因为安特生要为"地质汇报和中国古生物学撰文，故推荐了他的朋友袁复礼先生"。而袁复礼因为又要去河南参加发掘，"行期很逼迫，不能作文"，所以只好请他"先替我们做一篇简短的记事（Notice）"。所以这篇短文，只能算是一个"简讯"（Notice）。

④ 同上引文第190页。袁复礼把安特生的名字Andersson错写为Anderson。这个错误胡适也犯过。见陈星灿、马思中：《胡适与安特生——兼论胡适对20世纪前半中国考古学的看法》，《考古》2005年第1期，后收入陈星灿：《20世纪中国考古学史论丛》，文物出版社，第146~163页。

极为赞成。安特生博士亦将他所有的底稿给我读过。所以他们三人允许我将这事在这里先简略发表，作一个介绍的文。将来安特生博士的大作出来，那个历史以前的文化方能有详细的论说。"① 这是当事人的看法，也是实情：仰韶的发现权虽然是安特生的，但也是中国政府的研究机构"地质调查所"的，一篇短文发表须得到两位中国地质调查所所长丁文江、翁文灏和发掘者安特生本人的许可，也充分说明了这一点②。

不仅因为仰韶村的发掘是地质调查所的一项重要工作，也是因为这项发现太重要了，它涉及了中国文化的起源问题，所以才能得到国际学术界和中国社会各界的高度关注。从袁复礼披露的情况看，安特生即将在地质调查所主编的《考古汇报》第五号上发表的《中华远古之文化》（An Early Chinese Culture），本来的名字是"在中国的一个古文化"（An Early Culture in China）"③，两个题目看起来差别不大，实际上则有很大不同。因为正式发表的简报更加强调仰韶村发现的是"中国人的早期文化"或者"中国的早期文化"，而不是"在中国的一种古文化"。

要之，其一，仰韶遗址和仰韶文化是中国地质调查所的一项重要发现；其二，这个重要发现第一次从考古学上证实了"中国石器时代文化"或"中国史前文化"的存在，触及了中国文化起源这一重大学术问题，所以即便是 20 世纪 50 年代把安特生的一系列考古发现和发掘列为"近代外国人在中国的工作"一部分的时候，中国考古学界也没有否认安特生的工作是地质调查所工作的一部分④。也就是说仰韶村的发掘和仰韶文化的发现是中国自己的科学研究机构的工作。仰韶村的发掘，标志着近代意义上的中国科学考古学的开始。这也是 2021 年我们纪念仰韶文化发现

① 同上引袁复礼文，第 190 ~ 191 页。

② 我在上引拙文中，根据胡适日记，推断袁复礼此文没有发表过，因为 1922 年 4 月 18 日的胡适日记里这样说："校袁复礼的《记新发现的石器时代的文化》。已付抄了，他从开封来一信，要我缓发此文。"我推测袁复礼此要求，可能跟安特生有关，推论"缓发此文的要求也许就是安特生提出的"（参见上引书第 150 ~ 151 页）。我现在仍旧这么推测，但此文最后还是发表在了胡适任编辑委员会主任的《国立北京大学国学季刊》第一卷第一号上。为什么发表此文，估计跟丁文江、翁文灏的同意有关，也可能因为安特生自己的考古发掘简报《中华远古之文化》同年即发表在地质调查所编辑的《地质汇报》上，两者几乎可以说同时发表。看胡适日记，安特生 1922 年 3 月 27 日在协和医院讲《石器时代的中国文化》，一周后的 4 月 1 日，胡适参观安特生在仰韶村发掘的出土物。第二次见面，胡适即邀请安特生为《国立北京大学国学季刊》撰文记此事的原委，安特生推荐"最好是请袁复礼君做"，这就是袁复礼此文的由来。

③ 同上引袁复礼文，第 190 页。

④ 徐苹芳：《考古学简史》，原载中国科学院考古研究所编《考古学基础》，科学出版社，1958 年，后编入《徐苹芳文集》。文中说："1914 年地质调查所成立后，对中国的石器时代考古影响很大，先后发现了仰韶文化、沙锅屯遗址、甘肃青海的彩陶文化等，他们采用地质学上的科学工作方法，在这样的基础上，才有李济等的西阴村发掘，才有 1927—1930 年周口店旧石器时代的发掘，其主持者为裴文中等。"引自徐苹芳著：《考古剩语》，上海古籍出版社，2019 年，第 179 页。

100 周年暨中国现代考古学诞生 100 周年的原因所在。

为了纪念仰韶文化发现暨中国现代考古学诞生 100 周年，我们编辑了这套丛书：有安特生的《河南史前遗址》《巨龙与洋人》《中国北部之新生界》都是第一次翻译成中文；有瑞典当代学者扬·鲁姆嘉德（中文名杨远）撰写的《从极地到中国——瑞典考古学家安特生传》，是安特生唯一的传记，也是第一次译成中文出版；还有中美两国学者研究仰韶文化酿酒的著作《仰韶文化与酒》，中国学者撰写的《仰韶之美——仰韶文化彩陶研究》《圣地百年——仰韶村遗址发现百年纪事》《渑池县文物志》，内容相当丰富，也相当杂驳，但都围绕着仰韶和仰韶文化的发现和研究。

总结过去，是为了将来中国学术的创造性发展。我们相信这一天终将到来。是所望焉。谨序。

陈星灿

2021 年 8 月于北京

从极地到中国——瑞典考古学家安特生传

目录

1　为中国人的中国！

2　动物地理学问题

3 "为了中国和古老的瑞典"
——追踪人类与中国的起源

4 西行记

5　冲突

6　战争与和解

外国人名中译对照索引

1　为中国人的中国！

1914 年 6 月 2 日星期二

北平西山

轿子摇摇晃晃翻过昏暗的山口，约翰·贡纳尔·安特生紧紧抓住轿子侧边不放。山下遥远的地方，他还能看到北平蜿蜒伸展的四方形城墙和蒸腾热气下的低矮房屋，就像一个微型迷宫。在他后面摇晃着一乘同样的轿子，上面坐着埃里克·纽斯特罗姆，取了个中文名叫新常富，正高兴地向他挥手。在安特生前面还有一乘轿子，可以看到中国文官张景光的背影。他是这次旅行中陪同瑞典客人的主人。

张景光彬彬有礼，和蔼可亲，但也很循规蹈矩。一切都显得严肃庄重，这种情形几近荒谬。这和之前安特生遇到的情形很不一样，而他已经遇到了不少事情。

到了这个新国家的最初几个星期里，最不习惯的事情就是街上总是人头攒动，让人疲惫不堪，而且天气闷热。自从他们 5 月 14 日到达这里，他们从瑞典带来的气温表就显示阴影下的气温也超过 30℃。此外，有数次猛烈的沙尘暴刮过这座城市，还透过窗户在所有东西上面都罩上一层薄薄的灰尘：地板上、桌子上、床上、衣服上、行李上和他们自己身上都是。不过，就在他们这次考察旅行前几天，下了一场让人轻松的透雨，温度突然下降了。北平的上空一时清明起来，他第一次可以看到远处风景旖旎的西山和那些凉爽宜人的山顶。现在他就行进在这些高高的山上，不过闷热天气又回来了，也在这里落了脚。

从城里到西山脚下的门头沟，他们坐了一段短距离的火车。车厢里热得好像火炉，火车乘务员和可爱的张景光还不断请他喝大量的热气腾腾的热茶。他觉得，拒绝喝茶自然是不礼貌的，所以斟满了一杯又一杯。最后他终于如获重负，能够来到外面炎热但新鲜的空气里，把行李捆绑到马和骡子背上继续前行。以后两天里他们往山上爬，直到山陡立得牲口无法再继续前进。然后，就出现了轿子。

安特生早已习惯旅行、骑马、背包徒步远足，能独立自主照顾自己。但中国还是不一样。张景光是一个文官，在中国政府任职，也是因为职务出差，所以他能带一些随从。他们前呼后拥围着张景光和瑞典来的地质学家，帮他们提行李，好像这是天经地义的事情，也全都毕恭毕敬，脸上总带着微笑，随时准备伺候他们。他们不让安特生自己做任何事情，这让他感到又别扭又可笑。

这就是现在他和新常富、张景光在轿子上晃悠的原因，而周围是景色美丽如画的山峦。他拿出笔记本，记下来他们三个人是被"穷苦力抬着走，这些苦力在旅行中只吃大半是树叶子做成的饭，而干四天活只要两块五毛钱"。他觉得这很荒唐，但是他想，入乡得随俗，必须接受当地人的习惯。这当然是他们要干的活，付的工钱对于他们当然很重要。如此一想，他也就坦然了，只去浏览这些山峦的地理结构，努力维持这种情况下能允许的尊严。

他到这里来，既是瑞典的代表，也是代表中国政府，所以必须保持体面。至此为止，一切看来都进展顺利。正如他在北平匆忙投寄给瑞典朋友、筹款人阿克赛尔·拉格尔留斯的第一封信中写的：

> 至今一切都非常顺利。中国人都是很好相处的人……我的同伴都很出色而且可靠，我们在办公室附近的一个中国四合院里为自己安置了一个小小的家。现在我们要出发了……总共要在山上过几个星期。

然后蒸汽火车就鸣笛启程前往西山。这是 1914 年 6 月 2 日，离他们到达这个新国家那一天已有两星期。而导致这个荒唐时刻的人，正是坐在他后面的轿子里摇摇晃晃的那个笑嘻嘻戴着热带草帽的新常富。就是他把安特生带到了这里，到了中国。

新常富和 1911 年中国的辛亥革命

辛亥革命发生前的几个星期里，在山西太原大学教书的瑞典教授埃里克·纽斯特罗姆，中文叫新常富，目睹了他的中国学生如何展示了"对实用有机化学的特别兴趣"，"勤奋努力地学习火药棉、硝酸甘油和其他有趣的东西的生产。而我还视而不见莫名其妙"。于是，在 10 月 29 日早上 6 点 15 分，革命突然爆发了，连大学校园里都扔下了手榴弹。新常富和他的瑞典同事、汉学家高本汉才意识到为中国未来的战斗开始了，清王朝的日子已经屈指可数。大学关了门，学生们也都消失，加入到革命军的队伍里去了。大街上一片混乱。

从极地到中国——瑞典考古学家安特生传

这是 1911 年，中国人叫做辛亥年，这两个瑞典人目睹了清王朝的覆灭。这场革命之火十八天前首先在湖北武昌点燃，然后以前所未有的速度蔓延到全国。当控制华北实力派袁世凯将军终于选择支持造反者之后，北平在几个月内也陷落了，清王朝再也无法苟延残喘。

到了 1912 年 2 月 12 日，革命就成功了。隆裕皇太后颁布清王朝最后一份诏书，宣布皇室退位，中国成为共和制。袁世凯将军承诺保护朝廷，一个新的国家诞生，而袁世凯后来也成为大总统。中国由此结束了数千年王朝更替的帝制。反而言之，接过政权的这一代中国人面对一个巨大的挑战。而这个国家面对一个未知的不确定的未来。中国处在一个中央政权软弱而掌握兵权的军阀割据各地的时期，有巨大的可能性，同样也有巨大的风险；此外，外来势力对中国经济也有广泛控制。无论如何，在新政府任职的年轻人决心充分利用此时的局势以便把他们的社会转型为新的现代社会。

十年前，义和团运动一结束，新常富就来到了这个国家。义和团在清廷帮助下掀起了一股仇恨西方人的排外浪潮，外国工厂、教堂和学校被烧毁，大批外国人和"汉奸"被屠杀，这也是清王朝垂死挣扎的一部分。1898 年中国的大思想家康有为和梁启超等人曾经倡议激进的改良运动，即戊戌变法，也是为了使中国教育制度现代化，在其管理中引进西方思想。清政府的反应则是支持义和团的仇视西方的排外运动，而变法者不得不流亡国外，否则就被砍头。康有为最后还流亡到了瑞典。

新常富当时在斯德哥尔摩的皇家理工大学和乌普萨拉大学已经获得化学和地质学工程师的学位。他曾经梦想过到美洲或非洲去旅行，但是纯粹出于偶然，他遇到了一个丹麦工程师，曾在中国安装传送电报的电线。这个工程师讲述的故事如此扣人心弦，引诱得他也决定到那里去。1902 年他怀揣了一封这个丹麦人写的介绍信就登上了去上海的船，准备到那里找份工作。他碰巧遇到了一个康有为的挚友——英国传教士李提摩太。李提摩太下定决心，绝不让义和团时期的那种疯狂行为再次发生，他认为教育和科学是未来的方法，能填平中西方之间的巨大鸿沟。当西方列强和日本因为义和团造成的破坏要求巨大赔偿的时候，这个英国人计划使用其中一部分在中国建立新的大学。而准确地说，这所大学的地点就是在这个国家的中心——山西，因为事实是很多外国人正在这个省份被杀害，其中包括瑞典传教士。李提摩太问新常富愿意不愿意跟他一起去，担任化学和地质学的老师。

于是，这个新常富，时年二十二岁，就来到了山西太原，在中国最早的现代化大学之一担任了教授。当大学还在这个城市设计和建造教学课堂的时候，新常富就已经来到这里。此时这个城市中心有一块大约百万居民的城区，而新常富是1902年就到这里创办大学的三个西方人之一。他在这里很快写出了一本化学教科书，还和他的年纪相仿的学生建立了一支足球队。这是他一生中最愉快的时光之一。

同时，新常富也提议开展中国和瑞典之间的首次合作。出于好奇，他在太原郊外散步的时候，开始收集土壤和石头的样本。后来他告知山西省总督恩寿，他缺少进一步检查这些样本的仪器设备，这个瑞典人就得到一笔经费，用于建立这个大学的第一个化学实验室。在后来的几年里，新常富在这个实验室里和他的学生一起检查鉴定了来自全省的矿石样本。后来，他写成了一本著作《山西省的煤炭和矿产资源：分析学的鉴定》，于1912年出版。这像是起跑的发令枪声，由此开始了瑞典与中国之间的科学合作。

1910年瑞典学者伯纳德·卡尔格仁也到了太原，成了新常富的同事。新常富为他在山西大学安排了一个教德语和法语的职位，此人后来成为享有盛誉的汉学家，取了个汉语名高本汉。其实，建议高本汉学习汉语的想法来自瑞典学院院士纳森·瑟德布罗姆，他也是主座堂设在乌普萨拉的瑞典教会大主教，后来还获得过诺贝尔和平奖。高本汉在教学之余，还开始学习山西的本地方言，他在这方面的研究后来成为瑞典最早的有关中国的博士论文之一。

不过，仅仅过了几年，革命就爆发了，清王朝垮台，山西大学关闭，这些瑞典人也就失去了大学的工作。新政府重新开放该大学要到很多很多年以后了。高本汉回国了，很多年之后也成了斯德哥尔摩远东古物博物馆的首任馆长。但是新常富留在了中国。

新常富知道，他在太原开始的地质事业对中国的未来非常重要。难道不应该在全中国更大规模开展这项事业，开展瑞典和中国之间的合作吗？他考虑去游说北平的新政府，向他们推荐他的想法。不过，他首先还是和瑞典派驻北平和东京的公使古斯塔夫·瓦伦拜利耶谈了他的想法，并回到斯德哥尔摩去推广宣传他的瑞典地质考察计划。他在斯德哥尔摩会见了地质调查局的局长安特生。瓦伦拜利耶和安特生两人对此都很赞同，答应在政府提出动议时表示支持。得到了这样的帮助，新常富信心大增，回到北平去找他曾经教过而此时在新政府工作的学生。不过要取得任何结果，进展都比较缓慢。

直到1913年夏天，才显现了新常富似乎终于要成功的迹象。他结识了一个曾在袁世凯军队任职并参加过 1894—1895 年中日甲午战争的挪威将军约翰·维尔海姆·诺尔曼·蒙特。蒙特将军为他安排了一场演讲，请来一批听众，这样新常富就可以介绍他的计划了。

在一个深夜，新常富接到通知，第二天一早他可以去会见中国大总统。他是和蒙特将军一起坐马车去的，到了紫禁城西边的总统官邸，很快就到了会见总统的时刻：

> 起先我们在总统秘书蔡廷幹的房间里等候，然后穿过无穷无尽的走廊，经过很多庭院，到了总统官邸。我们在一个厢房里坐下，过了几分钟一个侍从进来，很礼貌地说了一声"有请"！在总统官邸门外站着六个士兵，腰间的皮带上都挎着手枪。

> 一进门右边是个会议室，我首先进入，这时大总统已经站在那里欢迎我们了……我们在一个简朴的铺了红桌布的桌子旁坐下，我自己坐在他右边……他（袁世凯）具有老派清朝官吏的全部魅力和老练，让你马上感到亲如长辈。恰恰是这种年老高级官吏的绅士风度，在与人交往中绝对不摆出"威严"和傲慢姿态。

（摘自新常富《新中国》（*Det nya Kina*），第 242~244 页）

这次晋见持续了十分钟。新常富呈递上了他的书，讲述了他在山西已经开展的地质考察工作。之后，大总统想要了解更多有关那里发现的矿产的情况，询问是否有可能在太原建立一个钢铁厂。最后，他们谈到这个瑞典人在那个省份认识哪些文官，然后会见就结束了。新常富是否像希望的那样，实际上说服了大总统接受他的建议，还是值得怀疑的。无论如何，在后来的几个月里，似乎什么事情都没有发生。

最后，新常富请瑞典公使瓦伦拜利耶去催问这件事，因为"需要采取持续不断和更有力的行动，而我希望你，瑞典公使，能够提供实质性的帮助"。瓦伦拜利耶这么做了。他为这件事投入了很多时间，以至于他后来叹息着说，这是"我至今为止处理过的最耗时的一件事情"。

1914 年夏，安特生在北平西山

斋堂夜泳

从极地到中国——瑞典考古学家安特生传

安特生很高兴，他最终来到了大自然中。"这些日子是工作和研究的好日子：空气清新，高处还有淡淡的芳香，随着考察往这个省份的不同地区发展，风景每天也都有变化，而地质学方面的谜也慢慢解开，虽然缓慢但是确切无疑。"中国山脉的美丽也让安特生心旷神怡，但是他见到的山村人民的贫穷也让他震惊：

> 我们现在一路穿过的乡村为我这个热爱自然的人提供了大量赏心悦目的美景：要不是那些肮脏的村子和山坡上的梯田证明了让人难以置信的勤劳，山坡上还零星稀疏地长着杏树和胡桃树，风景如画的山谷谷底还是很引人入胜的。在山口上总有一座小庙为行人提供休息地和一杯热茶，也为人们打开一个新的形象丰富如雕刻一般的山景。在干燥的空气里，周围数十里的每个细节都非常美妙清晰。

坐在轿子上旅行了几天之后，考察队到达了一个叫斋堂的小村子。它位于这些大山高处的一个山谷里，他们在这里安营扎寨，建立了一个考察基地。从这里出发，他们陆续进行了数个白天的外出考察，进入到山上那些很有希望发现矿产的山坡。每天两班倒，中间停下来休息，在每天天气最热的时候还有一次午睡。

在安特生指挥下，他们工作得既勤奋努力又有效率。他会注意设立记号，留下用作制图标记的白色幕布，距离也都测量得非常精确，而且他会记下这片山坡的地质学特性。然后，他们也用铁锤、斧子和铁锹等检查山上那些更有意义的部分。早在他们的第二个工作日，安特生就发现了一个有化石的区域，他和新常富很快就在那里进一步深挖，一直挖到有板岩层的地方。有蜈蚣在化石旁边爬动，所以他们在用刷子把植物化石清理出来的时候，也学会了如何小心地使用手指，但是，这些侏罗纪时期留下的印痕证明，如此麻烦还是值得的。到了晚上他们下山回到村里去的时候，这个瑞典考察队的成员都因为他们在山上的艰巨工作而非常疲倦，但是兴奋愉快，后来还和张景光很热烈地讨论他们的所有意义重大的发现。

然而，安特生也发现，这个山村的贫穷生活是难以应付的。他认为那里脏得难以置信，令人作呕。成群带翅膀的昆虫不停在他们的脸上和食物上嗡嗡地飞来飞去，而当地人也好不到哪里去。村民总是成群地围观他们，差不多不会顾及这些外国人的私生活。特别是孩子们，是很大的麻烦，不论这些外国人做什么，到处包围着他们，站在那里盯着看。在他们吃饭的时候，甚至上厕所的时候，或是在整理白天的工作笔记，安排第二天实地考察工作计划的时候，孩子们总是张着嘴好奇地围观，让这些瑞典人没有片刻的安宁。

然而，过了一段时间，安特生就不再担忧了。相反，村民的关注成了这种环境的一个组成部分。他开始在村里转悠，观察山上的这些人家都会发生什么事情。他记录下来，妇女们如何还用一种仍然存在的古代生产技术来播种，而村里会写字的人还用右手滚动钢球，告诉他这么做是为了保持手指柔软，以便使用毛笔；他也停下来倾听一个走乡串户路过斋堂村的说书人用一种动人而有节奏的韵律讲述古老的传奇。他一个词都听不懂，但是也不禁被他看到的情形感动。

有一天发生了一件事情，让这些瑞典人和中国人关系更加密切了。

每天晚上，瑞典人为了消除暑热都会到山谷的小河里去泡一泡，这也成为他们的一大乐事。一个星期后，张景光也不甘落后，决定跟他们一起下河。当这个官员也穿上拖鞋，和瑞典客人一起走到河边去的时候，引起了村民的巨大骚动，都走出了自己的家跑来观看。安特生写道：

> 最后发生了这件大事，有个晚上我们那位开朗而优秀的中国同事张景光，矿务局技术部主任，也和我们一起去河里洗澡。在村里人看来，这么高级的政府官员，要和两个"洋鬼子"一起洗澡，根据纽斯特罗姆（新常富）的经验，是至今为止在中国历史上完全出人意料的事情。

这是安特生和这个瑞典团队与中国人的第一次亲密接触，这也是中国人和他们的第一次接触。有了这一次在实地考察中的经验，双方的合作更加开放和轻松了，不再像最初几个星期那么一本正经和正式了。无论如何，后来他们下山到了南口火车站，准备回北平的路上，张景光和新常富都展现出了诙谐幽默感，一路笑声不断。

* * *

为中国人的中国！

随后几周，他们在北平兵马司胡同的办公地点完成后续工作，期间安特生也确认了他们在斋堂的实地考察是成功的。七个大抽屉都装满了来自侏罗纪时期的化石，在发现这些化石的地方，这些瑞典人也画出了新发现的煤炭储备的地图。因此，到了6月29日，他已经能够给农商部递交一份有关这个考察队在中国首次发现的自然资源的报告。

不过，这项工作也让他确信，在地质学上中国的地质是多么有意义。现在的问题是，在北平没有这方面的科研机构，具备用合适方法来研究这些材料的能力和实验室。

安特生和矿务局局长杨廷栋及张景光讨论了这个问题，他们同意与斯德哥尔摩的自然历史博物馆展开一项初步合作。那里具备这种研究能力和实验室，而且瑞典方面对中国的植物化石也有特别的兴趣，因为该博物馆之前没有这方面的化石。安特生在兵马司胡同的办公室给斯德哥尔摩的古生物学家阿尔弗雷德·纳索斯特写了封信，其中写道：

> 我现在很高兴地通知您，我已经成功地收集了一些植物化石，现在要发运给您，请你研究。因为这个月初，我和纽斯特罗姆（新常富）教授，以及一个非常让人愉快的中国绅士张景光，到了北平西部山区对一个小煤层做了实地勘察……

> 是的，亲爱可敬的师长，如果您将这个小小的收藏作为信物，表达我对您伟大科学成就的深情和敬意，那将令我感到高兴。我从内心感到遗憾，我只能拨出很少的时间来收集化石。毕竟我在这里的主要任务是组织地质考察和建立煤矿组织。而化石收集，只能在所谓顺便的时候去做……

> 这里的生活总体上是令人满意的，尽管天气很热，就是阴影下也能达到三十度以上……当局对我们表现出非常宽容的态度，总而言之，我可以说情况比我希望的还要好。另一方面，我们当然也遇到了一些不太愉快的事件，但我们事先已有心理准备。总体来说，我认为这次中国之行是非常有意思的。

安特生依然相信，北平之行只是一次偶然的探险之举。那时他想不到夏天的化石收集其实仅仅是一个初步的尝试，五年后会发展成为瑞典有史以来最大规模的一次国际科学交流。不过这一次，安特生向纳索斯特抱怨说，收集的化石被扣在"英国人控制的"中国海关，所以他的计划完全落空一无所获。他写信投诉，说明这些化石对中国的意义，而他的新的中国朋友也试图给予援手，但都毫无帮助。所以，计划中的合作在这一回合没有取得成功。

但是科研是安特生的最重要的目标之一。他和中方谈判，希望允许他在中国进行科学研究，他从一开始就对中国表明了这一点。然而他的雇主的主要目标是让他为中国首先找到铁和煤炭资源，并且根据瑞典模式来建立一个地质勘探机构。这也是为什么给他这个工作的原因。自新常富的初步尝试开始，达成和中国政府的协议花了一年半的时间，代表瑞典和中方谈判的官员不是别人，正是瑞典派往北平和东京的公使古斯塔夫·奥斯卡·瓦伦拜利耶。

七个月之前
瓦伦拜利耶和中国的谈判

1913 年 11 月 27 日，瑞典公使瓦伦拜利耶坐在北平的办公室里，正感到非常沮丧。他手里拿着的是他终于得到的中国农商部总长张謇开具的协议条件。但是，这份协议完全不是他期望的，或者是他和张謇讨论过的。他只给予安特生一个职位，在农商部的官职等级中也是很低的，而且只有一份最低的薪水。

十六天前，瓦伦拜利耶获知，瑞典提出的在政府层级为中国派出一名矿业顾问的建议有极好的成功机会，但是要达成一份协议已经没有时间了，因为"另有一个国家正在努力达成一个同样的协议"。他现在担心，这一信息可能是这个竞赛游戏的一部分，西方列强国家中有一个已经设法超越了瑞典。他感到失望，就起草了一封回函，尽力说明瑞典政府和安特生本人都不能接受总长开具的条件。他解释道：

> 瑞典愿意派出最好的人选，也是全世界在这个领域最好的人选。您相信德国或英国或法国会做同样的事吗？要是如此，你会为比任何其他外国顾问接受的薪水还低得多的薪水讨价还价吗？
>
> 安特生教授只能接受和其他一样级别的中国政府顾问的职位。虽然瑞典

人来自一个小国家，但是他们是高效率的，而且在他们的专业领域都是很有能力的。

自 1912 年夏天以来，瓦伦拜利耶就参与了这项谈判，而眼下的结果不是他期待的。他对新常富用好话说服中方的笨拙方法完全不满意，而希望把这个想法提升到政府间直接合作的层级。因此他认为安特生是更合适的人选，以对一个国家主管部门负责任的方式，以他更全面的经验，来领导这项工作。这位首席地质学家毕竟担任过 1910 年国际地质学大会的秘书长，他曾经领导过世界范围的地球铁矿资源图表测绘，出版的两卷图册被广泛流传。此外，作为 1901 到 1903 年南极科研考察队的领队，他也曾经登上过世界新闻媒体的头条。当他们的船只陷入南极冰层之下的时候，从南美和欧洲都派出国际救援人员去寻找这些失踪的瑞典人。救援成功之后在他们访问的各个港口，从布宜诺斯艾利斯到欧洲大港，这些瑞典人都得到英雄凯旋般的祝贺。安特生给人的印象因此比新常富要深刻得多，所以对于中国人是一个更好的选择。

不仅如此，早在 1913 年 2 月 7 日，这位首席地质学家就向瓦伦拜利耶保证说，"在中国政府期望我合作的情况下，如果我在瑞典这里可以停职离开一年，那么我将非常有兴趣尝试执行这种探索性工作"，而且他也提出了一个如何开展中国地质勘测的计划。后来，他们也讨论过如何按照瑞典模式来进行。这位地质学家已经准备全力以赴。

十月里双方加紧了谈判。瑞典公使瓦伦拜利耶在担任驻日大使时就熟悉的教育总长汪大燮帮助安排了瑞典公使和负责此事的总长张謇接触。瓦伦拜利耶呈递了一份已经翻译成中文的备忘录，这份文件在内阁进行了讨论。安特生也递交了瑞典对地质勘查的政府规定，对此事也有很大帮助。瑞典规定明确指出，地质勘察的主要任务是"用一种符合科学要求的眼光"来收集"有关经济出发点的山地与土壤类型重要性"的事实根据，也是"部分通过有相关描述的地质图表，部分通过论文，部分也通过将标本收集到一个博物馆，向公众说明本国特别的地质情况"。

瑞典公使瓦伦拜利耶后来告诉安特生，在 11 月 10 日的讨论中，在被问及有关安特生要领导这个项目的个人动机时，公使回答说，"我特别强调你的动机完全是你对科学的兴趣"。瓦伦拜利耶离开会议回家的时候，他对这次会议留下了非常好的印象。他给安特生的信中这样写道：

我很自豪，我们的国家已经参与了这个项目，但是我还渴望更多的东西，因此我现在要竭尽全力，根据你的信件和纽斯特罗姆（新常富）教授的想法，以瑞典模式来制订一个由瑞典人来领导的中国地质考察计划。

——毫无疑问，如果我们成功地取得圆满结果，这对瑞典在东亚和世界各地的声誉是大有好处的。它甚至可以把我们提升到其他强国之上。他们的目的更多是在物质方面。

瓦伦拜利耶指的是，中国的新的外国顾问制度在一个很短的时间里就发展成了西方列强控制这个国家经济的一种方式。这些殖民国家为中国政府提供了大笔有很高利息的贷款，交换条件是他们要求允许他们在最高层级派出顾问，这样就可以照顾他们各自的利益。这当然不是瑞典能做到的事情。相反，在谈判中，瓦伦拜利耶将其他竞争对手的颐指气使强求条件转变成对瑞典有利的因素。他强调说，瑞典是一个中立的小国，但在科学上是"世界领导"。瑞典不提供经济的控制者，而是为中国提供有真才实学的顾问，那么中国就可以从中得到真正的利益。而作为回报，他希望，这样做能增加瑞典在中国的地位，也能在国际上为瑞典具有的科学技术，包括工程制造能力传播好名声。反过来这也能增加瑞典对东亚的出口或其他交流。

无论如何，看起来此时似乎什么结果都没有。新常富和瓦伦拜利耶都失败了。不仅如此，当中国农商部总长在 12 月 28 日给瑞典领事馆发函的时候，总长虽然赞赏了瑞典方的建议，但是基于中国的经济形势，整个计划必须推迟到将来某个时候。瓦伦拜利耶就把谈判搁置起来了，这个瑞典公使大失所望。

然而，就在一个月之后，到了 1914 年 1 月底，瓦伦拜利耶在英文的《北平日报》上读到一则消息，提到现在担任新建立的农商部总长的张謇要改革矿业。其计划的内容直接关系到瓦伦拜利耶在上个秋天和中国政府举行的多次会谈中已经详细讨论过的事情。他立即就联系了教育总长汪大燮，后者立即向张謇提出这个问题。张謇表示，这个问题仍然是令人感兴趣的，如果安特生还有时间来中国，他很希望聘用安特生，为此要求见一见瓦伦拜利耶。

于是，到了 2 月 9 日，瑞典公使瓦伦拜利耶再次拜访了张謇的办公室，"会见了三位先生"。其中有矿务局局长杨廷栋、部长秘书兼任灌溉局职务的严宇亭，以及华北地区的一矿区主任张轶欧。公使在 2 月 12 日给安特生的一封信函中描述这次会见的情形：

杨不会说外语，严英语很好，而张会说法语。考虑到这几位先生在处理此事上明显有最大影响，要确定他们的立场，我真是高度紧张。之后不久，农商部总长出来了。在几番交谈之后，总长——让我非常吃惊地——解释说，他们对此事还有疑问，出于各种理由，他们觉得最好是将此计划的实行再推迟两年。

当我们还坐在会议室里，总长身边还围绕着他的下属，他的解释给我一种印象，这已经是确凿无疑的决定，足可埋葬我的希望。我真的感到坐立不安。不过，对于中国人的行事方法我还有些洞察力，所以我突然想到，这可能是一种他们获取优势的手段。于是根据这种幸运的洞察力，我决定，我要鼓起勇气全力以赴，为我的计划而战，不是为之挺立，就是为之倒下。

这已经是此时不成就永远不成的关头。瓦伦拜利耶因此呼吁中方关注中国困难的经济状况，从长远来看，借款是不可持续的，所以有必要"对中国讨论已很多的（自然）资源做一次评估"。这些资源归根结底能让中国再次富裕起来。他也对这位部长提出了挑战，质问张謇这位总长阁下在这件事情上的个人立场如何。他会在政府内部支持这一建议，还是提出反对意见？当这位总长回答说，他的"目标是为此建议尽力而为，提供支持"，瓦伦拜利耶就明白，尽管存在一些问题，但政府内显然有将其付诸实施的普遍愿望。

此时就开始了具体的讨论。在后来的几天里，双方开会进行了紧张讨论，早在2月11日就达成了可交给政府审批的共同提案，提案顺利通过了。3月5日，有关顾问的协议也呈交给了中国大总统袁世凯，得到了他的批准。

1914年3月10日下午3点，从新常富第一次向瓦伦拜利耶介绍了他的想法开始已过去二十一个月的时候，这项协议终于在北平的一次正式仪式上签订。张謇以农商部总长身份代表中国政府签字，而瓦伦拜利耶代表瑞典政府及安特生签字，协议由杨廷栋作证。协议有效期为一年，如果双方都希望的话还可以延期。

瓦伦拜利耶对此结果非常高兴，在3月4日就给他的同父异母兄弟、瑞典新的外交大臣克努特·阿噶松·瓦伦拜利耶写了信，告知了自己的成功：

谈判耗时长久，困难重重，因为我方未能为中国提供金钱上的好处……但是最终我方还是成功了，让中方信服了我方的计划——至少看起来如此——

通过从瑞典接受一位公认的杰出人才为他们服务，他们会得到好处。——我也可以很有信心地声明，安特生教授属于一个小国的臣民，这一情况会大大改善他的地位，而在最后一轮谈判中，中方也表现出善意和礼貌，足可支持我的看法。

＊　＊　＊

当长久谈判还在进行中的时候，主要角色安特生教授本人已经在家完成了大量阅读工作。到了签约的重要时刻，他对中国的情况已了如指掌。他也联系了全世界的地质勘察部门——从欧洲、俄罗斯、日本、加拿大到美国——去了解不同的国家资助的地质勘察是如何组织的。他也尽力收集了大量有关中国地理的资讯。通过瓦伦拜利耶他已经知道，中国如何受到列强的压迫，这个国家的目标就是要得到更大的独立自主。据此他也理解了他作为顾问要担任的角色。安特生在 12 月给瓦伦拜利耶去信说，矿产和煤炭勘察的具体工作应是最重要的。但是他也暗示，前瞻性的地质勘察应能更好地监督外国开发者，以及已有的关于特许开发权的协议。因此安特生写道：

> 我设想，本次地质勘察最重要任务之一，应是以专业知识为基础，帮助中国政府在面对外国人很可能常常是贪婪的借口时维护中国的国家利益。

安特生对期待他在中国做的事情心里已经很清楚。当协议在北平签署而他终于能整装待发的时候，3 月 21 日，他再次致信瓦伦拜利耶，热情地补充说："我希望我能从一开始就对中方表明，我的计划将是为了中国人的中国。"

走上为中国政府的发现之旅

一个多月之后，所有准备工作就绪，安特生搭船渡过波罗的海，然后转乘火车继续他的漫长旅程，越过俄罗斯的广袤土地到达中国。他在 1914 年 5 月 16 日清晨到达北平，和他的瑞典同伴一起入住了首都的国际性旅店北平六国饭店。安特生要求立即会见他的中国同事，让他们知道自己已经到达，但是他不知道去政府所在街区的路。当时瑞典公使瓦伦拜利耶在东京，他的夫人因此将安特生引见给了中国外交部的一个熟人，而此人确保安特生能找到政府所在地。

同一天下午安特生就和中方有了第一次会见。在一个半小时里，他和农商部地质勘探局的代表杨廷栋和技术部主任张景光一起制订了未来的工作计划。这是张景光和他第一次见面。他也得知，中方对他寄予了很大的期望。

安特生立即开始了他为第一个月的工作准备好的项目，也想知道矿务局的头脑们如何看待这些计划。首先，他要把最初几个星期的时间用在北平，以便了解"我将交往的中国政府官员"，以及他在矿务局和农商部的新同事。"在这方面，不用说，至关重要的是我要尽可能充分了解中国目前的矿务管理部门，一部分是中央矿务局，一部分是各省的组织。"与此相关的是，他"当然要对该国有关采矿的法规获得最全面的领悟"。他也提到，他已经通过瑞典公使瓦伦拜利耶传递的信息，即他的：

> 工作计划是为了中国人的中国，因此，就和外国人的关系而言我将在所有层面上代表中国的国家利益，而且，为了有效地完成我的任务，我敢于希望，我看到中方对我的真正信任，这样我就可以完全不受阻碍地接触到中国人可能已经掌握的有关其煤炭和矿藏所在地的资料。

他也希望尽快出发到实地进行堪察，了解中国的地质情况。杨廷栋和张景光听到这些也很高兴，立刻着手准备第一次实地考察，于是这次成功的斋堂之行就开始了。

跟随安特生从瑞典到中国北平的还有三个助手。其中有芬兰裔瑞典籍的地质学家菲利克斯·特艮格仁，后取中文名丁格兰，是瑞典地质勘察的一位顶尖铁矿专家；其次是埃里克·纽斯特罗姆，即新常富，他当然是第一个提出这个想法的人，而他在中国的联系人和对中国的了解对于这个团队也非常重要；第三位是来自瑞典钻石开采公司的探矿和钻探专家西·弗·埃里克森。这家公司在安特生出发之前找到他，解释说他们希望能够向中国出口采矿设备，所以他们愿意出钱付他去中国的旅费。安特生征求了瓦伦拜利耶的意见，后者也和杨廷栋讨论了这件事，而杨也同意了。到了北平之后他们也商定了最终的细节。安特生带来的三位瑞典同事在农商部也得到了临时职务，担任安特生的助手。

安特生第一个通过官方机构安排好住所，而另一位在北平的瑞典人拉尔森公爵为丁格兰和陪伴他同行的太太玛雅在市中心安排了住所。安特生在信中告诉拉格尔留斯，玛雅答应做这个小小的瑞典殖民团队中"所有人的母亲，想要眼都不眨就在这里生孩子"。新常富早就自己安排了住所。但是，夏天结束之前，他们对另一个相当不同的解决居住问题的办法达成了一致意见。当时拉尔森公爵离开他在北平的职位，回到了他的位于现今河北省和内蒙古交界处张家口的家。他问安特生是否愿意接管他在北平城里的房子。拉尔森的房子是一个古色古香的四合院——四方院墙内有低矮平房围着的一个院子。它处在北平城中心的胡同里，在狭窄的街巷大草场胡同和小草场胡同的角落上，紧挨故宫的东侧。因为这座房子离开他们的办公室很近，所以瑞典人实际上都可以安排在这里。这个瑞典顾问的新工作场所的地址属于农商部，通常叫作"兵马司二号"。

* * *

7月3日，安特生穿上了他双排扣长大衣，第一次去觐见大总统袁世凯。他要介绍斋堂之行的成果，但是这次会见却变成一次给他留下混杂印象的经历。安特生通过挪威将军蒙特引荐而认识的中国海军上将蔡廷幹向总统介绍了这位瑞典人，并担任翻译。蔡将军的英语非常出色，他的"业余爱好"居然是把中国诗歌翻译成英语。不过，如果说跟蔡廷幹很容易相处，那么和袁世凯这样有才干的人相处就完全是另一回事了。这个瑞典人在这种场合完全是新手，对"有关这个奇特国家的一切依然陌生无知"。他犯了过于诚实正直的错误。大总统对煤矿没那么多兴趣——他要的是铁矿石，而且就如他对新常富做的那样，他提出了山西省这个话题。袁世凯要集中力量增加那里的铁矿开采和钢铁厂。安特生却表示怀疑，他见到过来自那里的矿石标本，非常大胆地批评了那些矿床对于现代矿产开采的价值，这是袁世凯很不满意的。安特生几乎是"接受了一顿训斥"。袁世凯认为安特生应该去学会"了解这些著名老矿的价值。所以这次会见的结果是不欢而散"。

不过下一次会见显然好得多——这是在安特生介绍瑞典团队很快就要发现真正的新铁矿石的时候。而他觐见中国大总统的那一天，也正是他四十岁的生日。但是，这个瑞典人当时不知道的是，这个世界正在变化过程中。五天之前，枪声在萨拉热窝响起，奥地利的斐迪南大公被谋杀了。这天过去一个月之后，第一次世界大战就爆发了。而这年过去之前，战争也影响到了中国，震撼了现在离开祖国如此遥远的这群瑞典人。

8月3日安特生不惜花费发出了一份昂贵的长信电报，"因为现在战争已经爆发，邮政服务极可能既无规律也不确定。在充满不安的最初几天里我实在需要展示一些生活的迹象"。他继续写道：

> 尽管我们如此远离战事的中心，但是对欧洲战事会如何展开，仍然让我们生活在巨大悬念当中。在这种时候，瑞典公使（瓦伦拜利耶）和我们这些北平的瑞典人在一起，是一种安慰。他非常冷静，也认为瑞典被拖入战争是不用顾虑的事情……
>
> 我现在真诚希望，事实会证明他的正确，瑞典能免除这场战争的苦难。不过，如果我能渴望以这样或那样的方式回国，我请求你发电报致北平瑞典使团安特生教授，给我必要的信息。

然而，瑞典人还有一项任务想要完成。当战火在欧洲大陆蔓延的时候，这个团队在中国继续深入旅行，坚持不懈寻找新的矿藏。他们出乎意料地很快有了实质性的发现。早在十月初，安特生就写信回国告知：

> 我们找寻新铁矿资源的努力好运连连。几乎至今所有项目都得到丰硕收获。起初我们找到了几个贫矿，大约有三千万吨。然后我发现一条新线索，已经提供了大约两千五百万吨优质的富矿石，而就在最近，特艮格仁（丁格兰）深入南方，已经发现了一个像我们瑞典格伦格斯山那么大的矿藏。我甚至可以这么说，中国为我们付出的费用，已经得到了非常丰厚的回报……

这样，一切都超出了他们的预期。在这个新国家的第一年是和快乐与成功结合在一起的，不错，一切都几乎像一个童话，因为出乎意料地完美。安特生也越来越喜欢北平的生活。他写道："如果你给中国一个机会，她会成为一个极有意思极美好的国家，在很多方面我对中国人都有很高评价。"

但是这段时间里战争一直在背景中进行着，也很快会对他们的成功设置障碍。

在这个并不完全稳定的国家到处旅行既不是没有危险的，更不用说翻山越岭，在远离城市不为人熟知的山岭勘察山洞，是非常辛苦的事情。安特生非常清楚，他在这个国家的多次旅行中都有遇到灾难的真正危险。因此，为了安全，早在他出发之前就已经在斯德克松德区朗恩艮①他住的大房子里留下了一个厚厚的信封，涉及在他意外死亡的情况下应该做的事情。信封里包括他签名的生命保险合同，而现在他也给家里写信补充说，他在北平每月获得的薪水在他不幸"丧命"的情况下，应该在该月 15 日汇给他的家属。因为在斯德克松德的家里还有他的太太西格娜·拜利格纳，他们是在 1905 年结婚的。家里还有他们的女儿，六岁的玛格列塔，此外还有另一个孩子乌拉，是他第一次婚姻所生。他们都依靠他的薪水生活。而现在当大战爆发的时候，她们的丈夫和父亲却无可奈何远在北平。

不过，世界大战的阴影，即使不如实地考察工作那样危险，也同样真切具体。安特生很快就明白，在这个新国家的任务也很危险，而且和他能想象的情况完全不同。在中国，绝不仅仅是他自己的生命有危险。这里也有一场战争，而武器弹药战争机器都需要原料。作为亚洲最大国家之一的一个外籍矿产顾问，他也会因此卷入战争与和平之间非常危险而微妙平衡之中。守住他的舌头不说三道四也很重要。

会见丁文江

1914 年 8 月下旬，安特生第一次会见了在中国对瑞中合作比任何他人都更有重要意义的一个人，即丁文江。丁文江那时还是一个区区无名的文职官员，在国家官僚体制里级别非常低，但是不久他就非常迅速得到晋升，成为中国在科研方面最进步最有传奇性的领导人之一。他也很快积极参与了这个国家公共事务方面的辩论，并公开为现代化和国际化而努力。他参与过 1919 年凡尔赛和约的会议，还被任命为上海市长，在去世之前那些年份还成了新建立的中国科学研究机构中央研究院秘书长。

1936 年丁文江在湖南省一个煤矿内勘察时因意外事故丧生，年仅 49 岁。此时

---

① "斯德克松德"（Stocksund）是斯德哥尔摩北郊一个小区的地名，安特生在此买了一块地，盖了一栋住房，并称之为"朗恩艮"（Långängen），意思是"长草坡"。

他已经是一个传奇人物。他的友人都愿意从北平或南京赶来给他举行一个英雄般的葬礼。第二年安特生本人也愿意亲自到中国来拜访丁文江的遗孀，给她讲述他这位中国同事最后一次访问斯德哥尔摩时给他留下的记忆。他们长久的友谊是二十一年前一个极寒冷的冬天在首都市中心的胡同里开始的。

*   *   *

此时，安特生在北平自己的办公室里已经开始觉得像家里一样了。办公室很可能位于矿务部秘书处主楼的二层，而主楼是在一个被较旧较小的平房围起来的小四合院前面，院子也有一个狭窄的出口通到兵马司大街。秘书处办公室里的取暖是靠燃烧的热煤炉和烟筒。照管煤炉的是一个烧火的杂工。二十年后，这个杂工已经被提拔为南京议会的管理官员，安特生在那里又见过他。不过，在1914年秋末冬初的时候，安特生还完全忙于写上个季度实地勘察的报告——对张家口附近的山里采集来的矿石标本做分析，对哪些类型的矿石最适合提炼画出地图。安特生还设计了他

日常工作的某些程序。他给自己大草场胡同家里的杂役班子添加了一个他私人专用黄包车的车夫，可以每天早晨拉他三点五公里到兵马司的办公室来。他在这里完成行政方面的事务，一直工作到午餐时间，这个车夫会给他送来一份热腾腾的午餐，是一个新雇用的厨师给他准备的。午餐后，这个瑞典顾问再回到他的报告写作中去。如有必要，他会持续工作到深夜。然后他经常会自己步行回家，穿过这个城市。有时候，如果时间允许，而且他也熟悉了这个城市，他甚至步行去上班。

有一天，他正在矿务部秘书处工作，丁文江出现了，这是一次从几个方面来看都让安特生吃惊的会面。丁文江二十七岁，戴着圆形眼镜，面庞消瘦，留有修剪细致的小胡子，加上流行的八字胡须。他的穿着是那个特殊时代进步青年中很常见的中西式时装混合的文官打扮。不过他的行为举止没有那时他的同胞们的典型特征；相反，他的整个说话风度和他的个性有着非同一般的率直和敏锐。他直陈自己的想法，不在没有必要的客套上浪费一点时间。不仅如此，他的英文纯正，没有一点口音。安特生后来不得不承认，丁文江的英文比自己的还要好。

丁文江解释说，他刚刚在云南和四川进行了几乎一年的研究考察，在那里做了地质学、动物学、古生物学和民族学方面的调查，安特生不得不惊讶地扬起眉毛，对这个年轻人刮目相看。此外，他们也很快发现，两人在这个大陆的另一端都有互相认识的熟人。事实上，丁文江认识在苏格兰格拉斯哥大学任教的英国和澳大利亚地质学家约翰·瓦尔特·格里高利，因为几年前他在那里获得了动物学和地质学的双学位。而格里高利也是属于安特生熟人圈子里的学者。四年前，格里高利也到斯德哥尔摩参加过世界地质学大会，出席过这个瑞典人有关地球第四纪地质发展的讲座。在他们瑞典人和北平政府谈判期间，最迟至1913年，格里高利还写信邀请安特生去参加一个在澳大利亚举行的南极会议，还向安特生索取一本《论气候变异》，一个瑞典地质学家在1824年写成的著作。但是，因为当时安特生的中国计划插了进来，所以到澳大利亚那次旅行他没有实现。相反，现在到了1915年，安特生是坐在北平农商部矿务局的办公室里，和一个认识自己欧洲的同事，同时也参与了欧洲最新科学研究的中国人在一起，他太吃惊了。丁文江和至今为止安特生在整个政府办公室里接触到的人相当不同。他特别注意到丁文江的优雅和欧式的作风。他的身上展现着某种自然率真，性急机敏而又善于处世为人的特点。他是一个世界主义者，也是个真正的科学家，很快展示出他至少像安特生一样理解科学是怎么回事情，科学对于一个社会的发展意味着什么。

在后来的几个星期里，两位同行成了更亲密的朋友，畅谈了很多想法。他们一起制定了很多未来的计划，也信心百倍非常乐观，还一起制订了为各自的计划赢得政府支持的策略。他们想建立一个全国性的地质勘察部门，一个卓越的博物馆，并且创办科学期刊，其中可以发表研究分析论文和科研报告。他们谈到对中国那些地质情况仍不为人所知的部分全都进行地质学和古人类学的绘图。这些都是雄心勃勃的计划，是对一个更美好未来的梦想。对他们两人来说也很清楚，他们期许着什么样的机遇。对丁文江来说，此时他还是一个相对默默无闻的小官吏，在这个等级分明的社会里地位相当低下，而现在要站到这一实际管理工作的最前沿；而对安特生来说，他处在旁边的位置，在政治斗争之外，可以找到前行的道路。这时他们还根本想不到，他们是多么天真幼稚。在混乱的政治形势遍及全国的情况下，事实证明，要为他们的努力目标寻找到支持是相当不容易的，此外，那时在东京还有一群人正坐下来制订非常不同的计划，会把他们两人试图建立的事业彻底推翻。

来自日本的战争威胁与二十一条要求

1914 年春天安特生接受中国政府的聘任之后，很快西方列强就在农商部下面的小矿务局里安插了各自的代表。德国人早就有地理学家弗里德里希·苏尔格尔，而英国招聘了一个名叫维尔勒的钻石、黄金和锡方面的技术专家，矿务局和他在 6 月7 日签订了一个合同。法国也预计会聘用一个有专业知识的地理学家。但是苏尔格尔很快在山东省被日本军队逮捕入狱，而维尔勒却让这些瑞典人来管理中国那些最有意义的方面——煤炭和铁矿资源。也没有任何别的人具有安特生那样独特的地位，成为政府的顾问。

在政府顾问这个位置上，安特生在 1914 年秋天有很多事情要做，要为中国政府内阁完成多项行政任务。他要和不同管理部门与总长举行会议，要接连不断写报告。他很快认识了北平所有最重要的人物。此外，他也成了一位在很多聚会和宴席上深受欢迎的宾客，交往者中既包括中国上层精英们，也包括外交使团区的外国侨民。在北平，人们对于安特生正在做的工作有巨大的兴趣。大家都知道，他最重要的任务是为政府出谋划策，让中国的矿业现代化并制订国策。如果说，五月份他正式入职服务的时候，这就已经是个敏感问题，那么世界大战的爆发就使得这个问题成了一个潜在的火药桶，随时可能爆炸。由于国际局势紧张，安特生现在具有了一个在北平最微妙的位置，而他自己还没有充分意识到这个位置多么重要，需要他小心地斟酌自己说的话。

和安特生打交道最多的是农商部总长张謇，他受到很多人敬重，特别是袁世凯本人也很器重他。两年前，皇太后宣读的清帝退位诏书就是他撰写的，这一诏书结束了数千年的帝制而使得中国进入了共和制。与大总统和那时大多数其他占主导地位的内阁总长对比，张謇的名字相对来说比较干净地从历史中消失了。不过，安特生很快就了解到，在那种表面之下还有问题。矿务局和总长都要努力应付政府内部的权力争斗。安特生的团队在秋季发现的新铁矿床很快导致了各总长之间对矿务局应归属于哪个部门管辖的不同看法。毕竟，能控制这些发现的总长会掌握经济上的好处。例如，财政部为此试图建立一个与农商部矿务局竞争的金属矿务局，而安特生认为这不是一个好想法，正如他在十月份的一封信件里写的，这不仅会遇到技术上不知如何操作的问题，而且"除了分散力量和导致延迟，也几乎不会带来任何成果"。

但是，安特生在这个秋天最重要的任务是为中国未来的开矿政策设定计划。对于这些计划他做了大量思考，也和张謇总长及农商部下属的矿务局局长张轶欧讨论了他的想法。在开会讨论时，张轶欧也经常在场担任翻译。

就在安特生制订这些计划的时候，国际局势也发生了戏剧性的变化。8月23日日本对德宣战，开始攻击山东的德国占领区。世界大战的战火因此也烧到了远东，安特生也一直关注北平的英文报刊上那些令人忧虑的头条新闻。11月7日，就在他正要完成他的报告之时，沿海城市青岛的德军投降了，而中国东邻的国家现在企图接管德国的资产，包括在山东的矿产。中国当然不愿意接受这一结果，两国之间的战争危险迫在眉睫。

这使得安特生也把报纸抛在一边，思考自己该如何应对。这种情况对于他自己的工作到底有何实际影响呢？毕竟，发生的事情显然关系到他一直在计划的工作——即中国矿业未来的问题。自6月以来，他就一直在为有关中国原材料资源所有权和控制权的事务绘制当下的实际图景，而他得出的结论是，从中国的立场来看，情况十分严峻。外国公司几乎都在各地瓜分利益，特别是在铁矿方面。两家最大的铁生产商是在东北地区，至于钢铁工业，则是在湖北的汉冶萍公司。这两处的产权都和外国投资者有紧密联系，而从那里将原材料运送到沿海港口再装船运往各殖民列强的钢铁运输线也是同样。

他也突然想到，中国的局势和十年前瑞典的情况非常相似。因为在瑞典，也正好有两大片具有国际意义的铁矿床，即在贝利耶斯拉根地区的格仁格斯拜利耶铁矿和北方省的马尔姆拜利耶铁矿。随着西方大国对原材料日益增多的需求，这两处矿产的开采和矿石运输也有越来越多外国的参与。这种发展已经导致了瑞典的独立性会受到威胁的焦虑，而且在国会里对如何解决这个问题也有了激烈的讨论。

这一切都是从 1903 年开始的，首先是一个德国钢铁厂财团要购买在瑞典北方基鲁纳地区和马尔姆拜利耶矿区运营的勒卡布（LKAB）钢铁有限公司，然后另一家私人公司在下一年里通过外国信贷的帮助又接管了勒卡布公司。这家私人公司名叫特古（TGO）格仁格斯拜利耶—乌克孙德交通股份公司，也是当时瑞典最赚钱的一家企业，经营项目既包括格仁格斯拜利耶铁矿的开采，也包括从那里把铁矿石运输出来。而这就是使政治家大肆抨击的原因。即使这个公司是瑞典的，但它和英国商人关系密切。实际上，在那个时候，一家依靠从国外借来的钱经营的私人公司正在取得对瑞典钢铁工业的垄断，这里就具有了非常重要的战略意义。问题是这对瑞典的国家安全和经济有什么意义。

现在，安特生坐在北平兵马司的办公室里绞尽脑汁努力应对的就是同样的问题。1907 年当他出任瑞典地质调查局局长的时候，他就知道，瑞典国会已经设想了一个很聪明的解决方案——将勒卡布公司的一半国有化，这样投资者和瑞典国家都能分享到好处。因此，安特生决定，中国也应该效仿瑞典。到 11 月 28 日，这种安排就已经就绪了。

安特生整理了一份这个结果的副本，再次扣好自己外套，然后穿过农商部的总长办公室，将他的报告"中国钢铁工业的未来发展"递交给了总统。它的内容引起了轰动：在日本宣称拥有在中国山东的德国财产的三星期后，安特生建议中国铁矿资源国有化。

安特生也详细介绍了在瑞典发生的情况，并与中国的情况做了比较，对外国势力的影响如此强大表示了遗憾，比如说外国势力对于重要的汉冶萍铁矿的控制。他指出，对铁矿资源缺少国家的控制，意味着中国自己的原料有供应不足的风险，此外，中国也失去了出口铁矿石盈利的机会，因此也不能改善本国的经济。他列举了那些首先要保障的最重要的铁矿石，并解释说，"任何铁矿特许权都不可授予个人，

从极地到中国——瑞典考古学家安特生传

而应将中国的铁矿都宣布为国家财产"。

当农商部和政府正在考虑安特生的颇有争议的建议的时候，他除了静候待命，在部长需要时能立即出现，别无他事可做。并且，实地积极勘察的季节也过去了，这意味着自安特生到北平以来，他第一次有了点空闲时间，但他并不喜欢如此空闲。他发现静坐不动是件难事，总想要做一些事情。工作负担减少，也让他的思绪经常回到自己的家庭。随着圣诞节的临近，安特生也买了一些礼物，通过跨西伯利亚火车给孩子寄去包裹和信件。

在兵马司，十二月里只有些小事，很快就过去了，然后才发生了各种事件。在过年的时候，总长张謇对安特生的报告表示了肯定，表示愿意公开安特生的想法。然后，仅仅几天里，政治局势就发生了戏剧性改变。有关二十一条的事件爆发了。

1915 年 1 月 18 日下午 3 点，日本大使秘密地向袁世凯大总统递交了对中国的二十一条要求。日本威胁说，如果总统拒绝接受这些条件，日本就将发动战争。这些要求旨在保障日本在中国的特权和开矿利益，这个东方邻国希望袁世凯大总统悄悄地签署一份秘密协议。但是，1 月 22 日，这份文件的细节泄露给了新闻媒体，而当这些要求被披露之后，在中国和国际外交界引起了抗议。日本的要求构成了对中国独立主权的直接攻击。

两个月后，这场危机依然在持续中，安特生在 3 月 16 日的信中告知阿克塞尔·拉格尔留斯：

> 现在的结果很可能是邪恶的一方会用日本的方式接管中国和我们在这里进行的工作，其行径就像强盗男爵一样去对待军事上毫无力量的中国。日本向中国政府递交了二十一条要求，就好像他们要把中国变成一个附属国。当中国人不愿意对此屈服的时候，日本人就要诉诸武力，有好几个师团此刻正在开往中国。所以，谁也不知道未来会如何……
>
> 对我们来说，自然还没有什么个人危险，也的确能获得一个简单的旅行护照。跟我没有多大关系，不过，如果我们把曾经非常成功的调查工作继续下去，那就会对这群强盗有利，这也是让我恼火的事情。我们不得不等着瞧。

安特生并没有谈到他自己要扮演的角色。奇怪的是，仅仅一个星期过后，张謇和政府就公开发表了安特生报告里的计划，这个计划就有了开始。即使这场危机和有关的要求比这些更为重要，特别涉及山东的特许权，也很难不怀疑其中存在一种联系。

因为，不可能不引起安特生注意的是，在这二十一条要求里，有些要求和他正在做的课题有一种直接的关联。除了对中国山东的开矿要求控制权之外，日本这个东邻国家事实上也要求日方提供了贷款的汉冶萍钢铁公司给日本提供好处，中国还应该保证日本在东北及内蒙古的矿产利益和铁路运输，就在这些地区瑞典团队也已经找到了一些新的矿床。这还不够糟糕，日本的要求条款中还有一段话让安特生几乎要把新年喝的酒都噎在喉咙里了。日本还要求在和日本在华经济利益有关的问题上，中国允许日本派出自己的顾问参与讨论，这当然包括了矿产开发。换言之，二十一条要求中有数条正好与安特生为中国政府做的事情有直接关联。

北平的报刊上每天都有通栏大标题的报道。这个东邻国家正在调动其军队，如果中国不让步就以战争威胁。但是从兵马司和大草场，人们却听不到安特生发出什么有关他的报告和他作为矿业顾问的声音，他在这些敏感问题上明显保持沉默。他在自己的信件中有意避免提及这方面的事务。

无论如何，1915年3月27日，办公室的日常工作似乎恢复了正常。因为安特生在给拉格尔留斯的信中这样写道：

> 这里的一切都很安静，令人愉快，生活照常继续，但是日军持续不断往中国调兵，似乎给东方的和平带来不祥之兆。不过我们必须抱有希望，风暴之云会过去，我们会再度回到一个能为这个伟大中央之国的利益而继续工作的位置。不管发生什么事情，中国人都很乐观，我们正要开始新的外出考察，就好像什么大事都没有发生。就在昨天，我完成了一个到中国南方进行采矿勘探的计划。为此计划，我和中方谈判了至少五个多月，而对此计划也寄予很高期望。这次旅行由我的值得称道的同事埃里克森先生承担。
>
> 是的，我亲爱的兄长，我现在希望，下一次我可以告知你，中国人修复了和日本人的破裂关系，而没有引发战争，也没有在双方的协议条款上被敲诈得太厉害。

1915 年 5 月 25 日，北平政府为了避免开战而接受了日本的要求，但是通过妥协也成功地避免了那些最要紧的要求。由此这场危机就结束了。在安特生的著作和家信中他都没有提到他作为中国政府的采矿顾问自己是否参与了谈判，也没有对他的报告和中国 20 世纪历史上最臭名昭著的一个外交事件之间的关联有什么看法。

＊　＊　＊

不论发生过何种情况，不论安特生可能发挥什么样的作用，他做的事情都得到中国政府和张謇总长的有力支持。其实，就在中日危机爆发之前，在 1914 年 11 月 28 日他递交报告之后，张謇就马上开始为他留在中国做了游说工作。仅过了三天，即 1914 年 12 月 1 日，矿务局局长张轶欧就来找安特生了（这两个人照常可以用法语交流）。张轶欧告诉他，中国政府希望他再留一年。安特生很乐意这样做，但因为他仍然是瑞典地质调查局局长，他也需要请求瑞典政府的批准。

1915 年的兵马司和斯德哥尔摩

在中日两国的这一场直接的政治危机过去之后，在兵马司工作的这两个新朋友丁文江和安特生就开始各自设计未来的计划。安特生自己也从日本提出的二十一条要求中得到了教训。在北平的国际勾心斗角中，有必要采取战术性行动，以实现政府内和采矿部门内部的目标。障碍和问题几乎总是存在的，安特生了解到，各部总长之间和总长与总统之间有着不同的关系。坦率地说，人们怀疑有官员甚至和日本人之间也有利益关系。重要的是你得小心，注意自己在对什么人说话。对兵马司的经济支持也一直不稳定，因此要推动工作发展，也需要创造性的解决方案。

安特生告诉丁文江，他与斯德哥尔摩自然历史博物馆签订的有关去年夏天从斋堂得到的化石的第一个协议，而这方面一无所获。作为回报，丁文江向安特生展示了他在云南和四川采集的标本，那些他认为涉及之前尚未为人所知的物种的化石。他希望能尽快让这些化石得到分析鉴定。然而兵马司这里的一个主要问题是完全缺少做具体科研工作的分析鉴定能力和资源。矿务局完全忙于处理实际的和行政的问题，不是科研方面的问题。这里没有科研的图书馆可以查阅资料，也没有化石标本的收藏来做比较，更没有可以研究发现的化石的实验室，甚至也没有一个博物馆可以去！对于这两位研究者来说，就完全不可能以一种方法论的和科学的方式来描述和判定他们发现的是什么类型的化石。

两人就在三件事情上达成了协议：第一件事情，必须尽快建立一个国家地质学调查部门，也必须完全摆脱殖民主义列强的影响。丁文江对此早已完全同意。1914年矿务局就在兵马司附近的丰盛胡同开办了自己的地质学校。该处的教学由丁文江、总长张謇和两个地质学家担任，一个是富有经验的章鸿钊（1877—1951），另一个是新近从欧洲回国来增援的翁文灏（1889—1971）。安特生也来开办讲座，并在外出实地考察时带上学生，目的是在学生毕业时创建一个国立地质学考察机构，能在那里聘用这些学生。

第二件事情是创建一个地质博物馆。为了建立一个知识库，这样的博物馆是需要的，这也成了安特生最重视的项目。

第三件事情是与斯德哥尔摩的自然历史博物馆开展一个安特生早在1914年就曾尝试过的科研交流项目。为此要说的事情也很多，因为瑞典的博物馆那里有现成可用的专家，他们也希望对中国地区的自然历史有所了解，那里也有可参考的书籍和能分析矿物和化石的实验室。丁文江认为，这是一个很好的想法，同意把自己从云南和四川带回来的化石送到斯德哥尔摩去鉴定，条件是以后他能拿回这些化石。因为英国的海关官员一开始阻止安特生把这些收藏品托运到瑞典去，他在夏天回瑞典度假时就把这些材料装在自己的行李里，假期中就让自然历史博物馆对它们做鉴定。同时，他也趁机拍摄了瑞典地质调查局的展览，作为北平未来地质博物馆的灵感来源。

那年秋天他回到北平兵马司以后，在1915年10月22日，他给瑞典公使瓦伦拜利耶去信告知：

> 就我们自己来说，我只想确认……我们与中国人的关系是非常令人愉快的，我们的工作绝对还能照常继续。纽斯特罗姆（新常富）目前在河南，而我明天要去那里度过几个星期，检查他的工作情况。此外，目前我大部分时间是要为我们正在建立的新的采矿博物馆做内部装修，这个博物馆应该是真正优良和很有用的。

丁格兰和埃里克森正在筹备到华南去的规模较大、历时三四个月的考察。这次旅行肯定会提供不少有意思的东西。

安特生提到的内部装修，是此时在北平的地质博物馆里以斯德哥尔摩博物馆为模式而搭建的展示箱。

不过，正当中瑞联合考察工作在那年秋天继续下去的时候，在中国首都，就在他们居住的城区之外，正在展开一场显而易见的权力斗争。

在这一年中，袁世凯大总统大大加强了他的地位，以至于他甚至能在中国恢复帝制。1915 年 12 月中旬，他宣称自己成为一个新朝代洪宪王朝的皇帝。不过，即使皇帝登基的筹备工作在都城全力以赴地进行着，大典还是一次又一次推迟。对这位皇帝复辟计划的抗议越来越强烈，过年之后变成了公开的反对。为了表示他们的不满，外省的军阀一个接一个宣告独立。甚至安特生的总长张謇，也私下说服他的老朋友放弃称帝的计划。最后，袁世凯也明白，他不得不退缩。1916 年 3 月，当安特生正在为地质调查所的学生准备物种学考试的时候，皇帝的称号也改换回了总统。但是，此后袁世凯就身患重病，并迅速恶化——如安特生记载的，他"独自坐在北平的皇宫里，病入膏肓，最终于 6 月 6 日一命呜呼，也算是对更加残忍的命运一种受人怜悯的解脱"。袁世凯企图在中国恢复帝制的计划再度被埋葬——就此时此刻来看是如此。

新总统是黎元洪（1864—1928），一个参加过 1894—1895 年中日甲午海战的老军人，当时中国舰队被日本人彻底摧毁，他的战舰也被击沉，但他幸免于死。苦于这个国家缺乏现代化，他在 1911 年的辛亥革命中也转投到了反叛者这一边。安特生把他描绘为一个"谦虚的人，因为诚实而获得敬重，得到各方各派的承认"。不过，黎元洪在这个位置上也未能持久。

中国地质调查所的开启——安特生移民中国并成为永久居民

1916 年夏天，中国的地质调查所在北平兵马司正式开启，举行了隆重仪式。这首先是丁文江的创作，他也成为该所首任所长，但是安特生也参与了很多幕后工作。4月2日安特生带着矿务局的地质学校毕业班学生出发考察，代表政府对他们进行考核，以决定那些学生应该得到新的调查所的工作职位。二十二个学生和他们的考官坐火车到了位于北平东北九十英里的唐山城外的开平煤田，在这块煤田进行十天的考核。

7月7日安特生向农业部总长递交了有关这些学生的考核及调查所开启情况的报告。农业部总长现在换成了张国淦（1876—1956）。安特生在报告中解释说：

> 当然，在总长阁下面前我无需争辩，地质调查所需要政府的大力支持。我只想指出，使用外国合作者非常昂贵，这只应看作足够完备的中国员工配置正

在组织过程时的过渡举措。在这种情况下，急迫的措施当然是地质调查所能尽最大可能地保证那些已经高分通过考核的学生留任的数量……。

安特生的想法是让尽可能多的学生在丁文江的调查所里得到一份工作。然而，事实是中国的地质调查所现在已成立，也改变了瑞典团队的未来图景。就如安特生自己在报告中写到的，丁文江现在有了自己的专业野外地质学家骨干，不再需要昂贵的外国团队。尽管如此，丁格兰和新常富还是得到了延长一年的合同，而埃里克森在得到中国大总统的表彰之后回国去了。

而另一方面，安特生自己做出了一个重大的决定。1916 年 3 月 29 日，斯德哥尔摩的瑞典政府收到了这位瑞典地质调查局局长的辞职信。他的决定受到了相当多的关注，也成了瑞典国内的晨报上的新闻。例如，在第二天，《每日新闻》就这样报道：

> 此消息的目的是在引起人们的极大关注。对于那些已经达到公共服务职业生涯顶峰的男人来说，在退休年龄之前放弃其职位而不继续担任其他官方职务，这对我们来说不太常见……

但是对于这条新闻的主要角色来说，这一选择其实是很简单的。斯德哥尔摩的那份办公桌工作是可以预见的，早已不再具有吸引力。安特生宁愿留在中国，与丁文江在一起，继续构建某些新的激动人心的事情。1916 年 2 月 12 日，安特生从北平大草场胡同的家里写信给他的老导师、瑞典自然历史博物馆的古生物学家阿尔弗雷德·纳索斯特，他解释道：

> 我更适合中国这里的广阔的沉积地形，工作也非常有意思，因为它在各方面都的确是开拓性的。中国地质调查所所长丁文江，是一个受过专业教育的年轻人（格拉斯哥大学），有非凡天才，充满活力，而且就我至今所能判断的，他也非常真诚（安特生已经近距离看见过这个国家目前的腐败，也做出过评论，但是他很快就可以完全信任丁文江和他的朋友）。所以，与丁文江合作是愉快的。地质调查所最近也成了正式编制（他的意思是得到了经费，或是有了合法地位），每年有了约合 150000 克朗的预算，而我认为，只要我们能避免政治干

扰，我们就会完成很多严肃的工作。

我们有一栋带四个大厅的楼，可用作一个博物馆，其中的成套家具，现在是根据来自瑞典地质调查局的家具模式制作的。整个空间有一半用于矿石矿物，但我相信我们很快应会拥有一个真正具有代表性的地层学收藏品……我们在这里的博物馆主要是根据我的倡议，尽管我在这里只是一个受雇佣的外国人，但我仍打算尽我所能为新主人服务。

丁文江把建立这个新博物馆的收藏任务交给了安特生，这对地质调查所和安特生本人都是很大的运气。如果世上有一件事情是他确实善于做的，那就是这种收藏了。这个机会意味着他愿意留下来，因为这给了他机会，能参与创造某些新的东西，而同时也能从事与原始材料性质不同的"开拓性工作"——能够绘制出中国的自然历史。在中国，还没有其他人严肃认真地对待这种工作，所以他能够成为第一人。在这个领域，还有哪个研究人员能够拒绝像这样的好事！

斯德哥尔摩的政府接受了安特生的辞呈，从 5 月 1 日开始生效，与此同时他在北平签署了一个担任顾问直到 1921 年的长期合同，因此，实际上也是移民到中国了。在谈判中，他也表明，1921 年之后，他愿意在这个国家再花一两年时间，做他自己的实地研究。

安特生决定留下来，这对他也是一种解放。现在他开始把北平当作自己真正的家了。可以肯定的是，在此前，他还是感到某种乡愁，请人从斯德哥尔摩寄来了瑞典图画挂在他的墙上。但是，到了 6 月 28 日，在他做了决定之后，他这样写道：

我现在开始逐渐适应作为中国居民的生活条件了。丁格兰一家给我留下了他们自己非常美好的住所，现在我是生活在自己的院子里，一点一点收集了最基本的家具和家用设备……我已经……有钱奢侈一点，置办了老式的中国家具，而不是那种外国垃圾家具，过几年就一钱不值了。另一方面来看，老式的中国家具同时也应该是一种不可不考虑的投资，它们既美观也确实结实，工艺优良。

我非常愉快，对自己在这里的工作非常满意，一点都不后悔离开了瑞典地质调查局。

但是安特生的决定也意味着他会很快成为留在中国的唯一的瑞典人，因为这时丁格兰和新常富都回国了。安特生不仅不走，还写信给国内，试图说服其他的同胞到兵马司来帮助他完成一个新项目。因为现在和中国的合作进入了一个新阶段，正从矿产勘探转向越来越多的自然科学方面。除了作为顾问提供咨询外，安特生尽可能经常出门到实地做研究，不仅为北平的博物馆也为瑞典收集化石。此时此刻在中国这是比以往任何时候都更吸引他的事情。他刚刚才开始了穿越中国自然历史的探索之旅，对此将会奉献出他的余生。正是因为这个理由他才辞去瑞典的职位，也正是因为这个理由他现在决心定居在北平的大草场胡同：他终于找到了时间和机会，再次做比任何其他事情都更适合他做的——能让自己去发现、收集和理解更多的自然历史奇迹。

在他给瑞典政府的辞职书中没有提到的事情是一种水生动物的化石，是他在一月份亲手采集到的，使他下定决心走出辞职这一步，为了留在中国而离开他在瑞典的稳定生活。

2　动物地理学问题

黄河边的软体动物

早在 1916 年，安特生就获得了至此为止他在中国的一项最重要的科学发现。这是他在中国西部进行的一次地质勘探中绘制出了所发现的铜矿的地图之后，在返回北平的路上发生的事情。他和他的团队正要在陕西河南两省交界的地方渡过黄河，他注意到了某些有意思的事情。在数千年来黄河冲刷出河道的陡峭山壁上，化石暴露到了光天化日之下。但是他们没有时间来挖掘。在很久后写给瑞典同事卡尔·维曼教授的一封信中他承认："因为两天前有一匹马踢伤了我的膝盖，我成了跛子无法行走，我是坐在马上一路不停地赶回来的"。因此，他只是匆忙在面对悬崖的陡峭河岸边富含化石的黄土层中挖了挖。他写道："在牲口们被渡船运过黄河的时候，我尽我所能收集了一些东西。我最多只有二十分钟时间"。不过，那也已经有足够时间揭示出革命性的东西了。因为不一会儿，他手里就拿到了来自一个久已消失的世界的软体动物化石——小小的淡水蜗牛化石。在如此接近一条大河的地方找到水生生物的遗骸也许并不奇怪，但是，这件事的意义是，这个土层必定属于一个意义重大的较早的时期，甚至在黄河开始从这里冲刷出河道之前很久的时期。回到北平，安特生就把自己找到的这些东西寄给了斯德哥尔摩自然历史博物馆的雅尔玛尔·俄德纳做分析。

安特生马上就感觉到，他找到了什么非常重要的东西。然而，当他在这年夏天收到来自斯德哥尔摩的答复的时候，他还是如被雷击一般震惊了。俄德纳把他送去的软体动物化石时期定位在始新世（五千六百万年至三千四百万年前），这意味着它们是当时发现的中国第三纪最古老阶段的最古老的化石。对于安特生来说，这真是一件耸人听闻的大事。

同年的夏天，安特生也开始在化石中找到越来越多的脊椎动物化石，这方面也有些非常值得关注的进展。他在山西省发现了大象的牙齿，而在北平郊外一块干涸了的泥炭沼泽中，他发现了水牛和犀牛的骨头，而这些骨头年代都并不那么久远。

但是处在如此干燥寒冷的北方乡村中，这怎么可能呢？这些动物是从没听说在这里生活过的。那么，当时中国的气候完全不同吗？

据此安特生也联系了瑞典乌普萨拉大学古脊椎动物系主任卡尔·维曼教授，请求他的帮助。那里是专门研究脊椎动物的部门。这也意味着乌普萨拉大学参与到这两个国家日益紧密的科研合作中。

对于在北平的安特生来说，所发生的事情是划分过去和未来的分水岭。他感到，他好像一条猎犬嗅到了什么大猎物的气味。如果他已经找到了它——在巨大而这方面尚未开拓的中国，还会有什么更大更多的东西呢？在这个地球的自然历史研究中，他和他的中国同事，已经到了什么重大发现的边缘了吗？他开始理解他和丁文江的合作不仅是中国地质学的开拓性工作，也是一个如此巨大的挑战，就和伟大的极地探险考查也相去不远。不仅如此，让他激动不已的事情是能够在大自然中生活，能够有所发现，能在这种科学研究的最前沿。他不必作为某个国家行政部门的首脑坐在一张办公桌后面，从祖国母亲瑞典那里提取一份有保障的薪水。这其实就是他不回国的原因。这一切当中还有些独特的东西。中国展示出了如此多的让他着迷的新问题。他感到，他正在参与什么重要的事业，同时……也是会因此闻名于世的事情。

十五年前，一个完全不同气候的大陆曾经对他提出过完全同样的问题。那时，他也发现过化石，在某种意义上是不可理解的化石。这是瑞典的极地探险史上发生的一次最有戏剧性的事件，而正是他本人在事件中扮演了中心角色，发挥了至关重要的作用。

在南极越冬和进入地球已消失气候的钥匙

到了1902年12月中旬，他们已经无法再继续前进了。那是南极探险家所了解的南半球最寒冷的一个夏天。尽管是夏季，却形成了紧密厚实的冰块，妨碍了南极号探险船到达位于斯诺雪山的考察站。情况极端严重。自从前一年起，探险队的队长奥托·诺登舍尔德和他的几名队员就被困在了斯诺雪山。只有现在，在一年中最温暖的季节里，探险船才有可能到达那里解救他们。不仅如此，安特生还计划利用这个夏季到岸上做科学研究，在船上度过的每个星期都意味着失去宝贵的时间。安特生向船长拉森建议，他们应该分成两队，以便尝试到达斯诺雪山的诺登舍尔德的考察站。他自己希望能在格拉哈姆兰登岸，因为那里有可能靠近考察站，可以尝试用滑雪板和雪橇到达那里。中尉塞缪尔·萨姆·奥古斯特·杜塞和水手托拉夫·格伦登自愿跟随他一起去。

船长拉森则带着他那部分人把南极号探险船开到没有冰的水域，尝试绕过浮冰航行到斯诺雪山去。如果这个计划不成功，那么探险船到一月份或二月份盛夏季节再回来，那时冰层就不应该那么硬了。他们也商定了如果有什么事发生的话采取什么替代措施。如果安特生或南极号探险船都没有到达斯诺雪山，那么探险船为了安全最晚3月10日就应该返回安特生和其他两位队友登岸的地方。同时，他们决定在岸上建造一个额外的保障安全的食品储备库，数量足够维持两个月。

这个食品储备库包括探险船的饼干、黄油、肉罐头、鲱鱼罐头、糖、五公斤咖啡、可可粉和茶、汤罐头、水果干、甜牛奶、大麦片、干蔬菜和盐等等。此外还加上一顶大帐篷，配上桌子、一箱四十升的煤油、五升纯酒精、一把枪、有295发子弹的铁皮箱，以及一盒火柴。

为了用滑雪板探险旅行，他们带了一架雪橇和在船上用两张骆驼皮做好的睡袋。还带了旅途需要的够用二十五个昼夜的烹饪用具和食品。

1902年12月29日，安特生、杜塞和格伦登在乔恩维尔岛和南极大陆之间的海峡、南极洲西北端格拉哈姆兰的一个海湾下了船。就在当晚，在夏日的极光中，当船长拉森指挥探险船往北航行的时候，安特生等三人开始了他们的滑雪之行，爬上覆盖坚硬冰雪的平缓山坡。他们的目的是绕过艾若布斯海湾和泰罗恐怖海湾朝孤立的斯诺雪山前进。

起初，一切都很顺利。在更加困难的地形上旅行数天之后，坚硬的地面走完了，被一片覆盖冰块的海峡取代。他们决定要试试越过这个海峡。但是这些冰上还覆盖了融化的水，很快，他们自己和装备都被水浸湿了。

到了这个海峡的另一边，他们登上附近的一座山，以便帮助他们决定如何继续前行。但是目光所及之处，他们看到的都是开放的海水。根本没有机会继续走这条路到达斯诺雪山。他们已别无选择，只能返回到储备食品的地方。1月13日他们回到了约定的地方，在那里等待南极号探险船返回，而根据他们商量好的时间，探险船返回应该是二月底，最晚是3月10日。这时，他们依然希望很快得到解救。天气也能允许他们工作。杜塞说："安特生有……好福气，能在第一天就发现了很有意思的植物化石，后来，对那个地方的化石植物群的调查给了他很长时间的工作。"
杜塞接着描述了那些日子是如何度过的：

> 我们安排了白天的活动，安特生首先起床做早餐，而每隔一天的早餐，大部分是前一天剩下的企鹅汤。等早餐做好，他就喊我们起来，早餐之后，他就出外去做地质考察。在漫长的上午，我们其他人尽自己所能打发时光，做我们能做的事情。然后到了午餐时间，当安特生在最近的一块冰碛丘陵上出现的时候，我们就点燃煤油炉，在上面放上午餐。这将包括每天的罐装食品和用企鹅肉和干蔬菜烧成的汤……
>
> 2月6日那天，我们正在讨论南极号探险船什么时候到来，有人建议打赌，我现在忘记了赌什么。我最乐观的看法是2月14日。格伦登说是21日，而安特生说28日。而我们谁也不会赢。
>
> 安特生一直在全力以赴工作，扩大他的化石收藏。他总是向我展示他的发现。当他有珍贵而重大发现的时候，我会看到他满脸放光，这也让我非常高兴。不过，他很快对整个地区完成了系统性的研究，终于有一天他也没事干了……
>
> 2月8日那天，我们被巨大的龙卷风一般的狂风惊醒，大风撕开了帐篷，威胁着颠覆一切。我及时钻出我的睡袋，抓住了那根剧烈摇晃的帐篷柱。我们打下了不少于十九个桩子才固定住帐篷，以后肯定还用得着这些桩子。2月下半月和3月初，通常是狂风和高寒天气。我们留在那里还支撑着的小帐篷很快被撕成了碎片，而大帐篷也被破坏得很厉害。

安特生和他的两个伙伴开始意识到，南极号探险船可能不会来了。在帐篷里他们也维持不了很久，于是决定在海湾的岸上建造一个石头屋子。他们把这个海湾命名为"希望湾"，以鼓舞自己，振作士气。

> 2月15日那天，我们开始为这个屋子打地基……这个屋子盖得很小，部分原因是我们必须让它适合一块旧防水油布的大小，我们用这块油布当房顶。还有部分原因是容易取暖，越小越容易。另一方面，我们砌起了坚固的墙，墙的底部几乎有一米半厚……到了2月24日这一天，我们已经把墙砌到了大约一米

高……建房时间持续得越长，难度也越大，越棘手。我们很快就用完了建房工地周围所有合适的石头，不得不到更远的地方去寻找。随着墙越来越高，把更加沉重的石头举到墙上需要的地方也越来越难……

到了2月底3月初，凛冽的暴风雪让我们的建房工作也越来越难，此外，天气也变冷了。帐篷的破洞也越来越多，几乎挡不住刺骨的寒风。很多夜晚，我们在睡袋里都被冻僵，而我们的胃也开始顽强抵抗冷的食物和斯巴达人的那种极简单的生活方式。到了我们在破烂帐篷里度过的最后几个昼夜，我们已经冻得不堪忍受，一心只盼望能搬进我们用汗水和辛劳建造起来的石头墙屋里。

从极地到中国——瑞典考古学家安特生传

看来，南极号探险船是不会来了——他们每天都热切地眺望海峡那边，期望看到她的到来。但是她就是不来。他们也开始在精神上做好准备，应对"过冬的恐惧"，而且也是在纯粹具体的条件上做好准备，通过他们独创的才能和屠杀海豹和企鹅来做好准备。到了3月中旬，石头屋开始接近完工了，他们用雪橇、滑雪杖、一些木杆和三角板做了一个屋顶框架。

到了3月23日，杜塞在日记里宣告，"屋子入口门厅看起来还不错"，并继续描绘了下一步建筑的结果：

入口本身是方的，几乎有一米宽。我们在底部放了一个汽油箱，在侧面和上面放了三个装有安特生收集的化石的箱子。这样做的结果，入口四周就由四个木头的平面构成，这就可能构成一个可以紧密关闭的门框，能阻挡风暴时的雪片飘到我们身上来……

唯一的问题是石头屋里没有多少让我们活动的空间，到了晚上，当我们铺开睡袋的时候……整个地面都占满了。在早先那几天，我们还可以直起身子立在屋子里，但是很快屋顶开始下沉——有弹性的雪橇在自身重量压力下屈服，牵绳也拉长了——这时直立就不可能了。当我们注意到雪橇的中间开始下沉，便把那根旧的帐篷柱支撑在雪橇下面，防止它继续下沉，但是把它再提升到之前的位置已经超出了我们的能力。

我们对舒适和方便没有任何要求。在白天的时候有一两个小木箱能坐下来；到了夜里有一两张企鹅皮铺在睡袋下面，能减少一点坚硬不适的感觉；最后，围绕着帐篷柱有一个圆木板，晚上我们睡觉时就绑在屋顶下面，当我们爬出睡袋的时候就即兴当作桌子用，这就是我们拥有的一切。我们的小屋子里是黑暗的，因为墙砌得很严实，一点光都透不进来……

我想我们还是很幸运，没有什么可读的东西，因为在这个我们还能用得上的光线很差的地方读什么东西，我们的眼睛肯定会受伤害。我们的小油灯是用一个食物罐头做的，里面装满了猪油和用大麻线浸在鲸油中制成的灯芯，只有一点很可怜的火苗，此外还冒出可怕的黑烟。

但是，最糟糕的烟雾还是来自做饭的"炊烟"，尤其是当烟囱孔被雪阻塞的时候，浓稠的油烟没有出口可以逃出去，充满了屋子。

但是，时间到了，探险船还是没有出现。冬天开始袭来，安特生明白，他们需要做最坏的准备：要靠他们自己度过漫长的冬季。在 1904 年出版的《于美尔》[①] 中安特生描写了在后来的九个月里，他们如何被迫靠微薄的伙食维持生存：

> 每天每人 200 克面包，早上有一点在一个汤匙里煮热的咖啡，只是带着些咖啡色的一点饮料而已，但几乎没有咖啡的味道；晚上有一杯同样味道的茶，每星期吃两三次腌鲱鱼，经常吃的是大麦粥，每个星期天有腌肉加汤，每月喝一次烈酒。

这就是他们能得到的一切，安特生把这叫做"文化配给"。其他的东西，他们大部分取自周围的大自然，为了能够生存下来：

> ……五百只企鹅，约二十只海豹和数十条鱼——后者是用一根弯曲的骨头和一根海豹皮做的线钓上来的……在海豹的脂肪里，我们也找到了我们烹饪所需的燃料。

> 冬天过去了，没有人生病，但是这个冬天也是在人类智力活动完全缺席的情况下度过的。

杜塞后来这样描述冬天到来时石头屋外的任何更多活动无法进行的艰难时期：

---

① 《于美尔》（Ymer）是瑞典地质学和考古学期刊，其名取自北欧神话中最早的巨人祖先。

那年冬天几乎没有欢乐的时光。以肉类罐头为形式的节日晚餐会在星期日给我们带来了一些花样。此外，每个月第一个星期日会用一种相当独特的方式来庆祝，就是说庆祝又一个月熬过去了这一事实，我们仍然幸存着，我们喝了一杯我们自己制造的产品：纯酒精和水。然后我们就团结一致了，当那几滴水慢慢流下喉咙，一时间温暖了我们冻僵的身体，那么即使是最诚心的戒酒主义者，如果他在我们的靴子里，也会快乐地帮助自己来几口我们的"南极洲一口闷"……

在恶劣天气的漫长时期中，这是最糟糕的事，这时我们被迫待在石头屋内人为的极地黑暗里，这里没有一缕阳光散开，除非也许有一场特大风暴把屋顶某个地方的冰盖撕开的时候。

然后我们试着用各种故事来分散彼此的注意力。讲述我们生活中的小插曲，在不同地区的经历和发现；是的，甚至连旧小说的内容也扯了出来。安特生用总结概括的形式进行了一系列有关自然历史主题的科普讲座，而听众怀着巨大亲和力倾听；格伦登用幽默口气讲述让人发笑的来自世界各大洋丰富多彩的生活，故事本身带有幽默感，令人着迷。

但是，即使这种自娱自乐，时间长了也让人厌倦。轻松的谈话，各种各样的故事，笑话和歌唱，都定期地自行消失了。在黑色石洞中有了一种令人压抑的沉默。然后我们会尽力缩进我们睡袋的深处，以获得一点温暖，然后我们沉思默想，梦想这一切会有个幸福结局，直到我们沉入睡眠。

安特生在南极的石头屋里风暴肆虐时黑暗中的那些科普演讲，是他面对眼前热心听讲的听众，从对欢乐时光的记忆中抽取出来的。在过去的几年中，在整个19世纪90年代，他一直是斯德哥尔摩工人学院的热门客人，他在那里用幻灯机展示北极的照片，并以《达尔文与进化论》《生物的地理分布》和《人的起源》为题目做过演讲。

但是，当谈话也消亡之后，石头屋里的时间就变得更加令人沮丧。有时暴风雨会一连持续数天，这时他们就根本不能出去。但是，在有可能的情况下，他们会小心翼翼地爬出去，到周围环境看看，这种外出在天气允许的时候也会时间越来越长。杜塞开始绘制这个区域的地图，而安特生独自一人冒险进入野外更远的地方，以便用纯粹科学的调查来为他的大脑找点事情做。

在离开石头屋不远的一个小湖里，安特生在水面下挖洞，发现了一种南极湖特有的生物——桡足动物——这个物种很久以后在乌普萨拉大学得到判定。不过，他最想做的事情首先还是想走出一条路，爬上石头屋前的山，他把这座山命名为植物峰。他发现这座山从地质学观点看是奇怪有趣的，在他们隔绝人世的这段时间里也成了他的智力经常使用的地方。在他能出去的那些日子里，他在大块的雪堆中挖掘，选择了那些值得进一步研究的最有意思的地方。他的发现有一部分是第四纪最大冰川的痕迹，"比现在的冰川要完整得多"，在他的世界里这被称为最新的冰河时代；还有一部分是奇怪而丰富的化石植物。他一次又一次返回那些地方，很快就收集到一批中生代维管植物和裸子植物的菌群：各种蕨类植物、环孢菌和一些针叶树，包括南洋杉。他把发现的东西带回石头屋，在被他们称为"入口门厅"的地方堆积起来，到了可观的高度。

在安特生看来，这些植物化石非常有意思，其中有数个理由。他很快就判定这个植物群属于中侏罗纪或上侏罗纪时期，而奇怪的是，他认识到了这一点，因为它们类似他所知道的在欧洲和印度发现的同时期植物。但是它们怎么会在这里——在南极洲被发现呢？

1903 年 11 月 8 日，困在斯诺雪山考察站的安特生、杜塞和格伦登和"南极号"考察船的船员（他们也在该船失事后上岸并度过了冬天）被一条阿根廷船营救成功 [1]，这之后，安特生的导师阿尔弗雷德·纳索斯特和他的弟子图尔勒·赫勒打算鉴定这批由困在希望湾的极地探险者收集的化石。后来得出的结论是，安特生在石头屋附近发现的东西超越了过去在南美或南极洲发现的那类化石里所有其他东西。事实上，这是迄今为止发现的地理位置最靠南的侏罗纪化石。可以确认的物种达到六十一种，其中二十二种是全新的，其年龄超过一亿四千五百万年。更重要的是，尽管这些化石是在地球上一个最冷的地方发现的，但它们属于气候明显变暖时期的物种。它也是一块重要的拼图，能帮助理解存在于地球史前时期的世界各部分之间

---

[1] 安特生、杜塞和格伦登在翌年春天到来而"乌拉圭号"后来也到达时已经到了斯诺雪山。至那时为止他们在希望湾里已经坚持了九个月。"南极号"考察船是被冻结在海上又被冰山撞毁，其船员在船沉之前及时卸下了给养，并跨越冰原到达岸上过冬。在随后的困难时期只有一人丧生。安特生的足智多谋拯救了其他人，也拯救了他自己。事实上，在南极洲之行的最后一站，安特生就已将计划中后续旅程的信息留给了地方当局，也向老家斯德哥尔摩发出了指示，如果在一定时间内没有听到"南极洲号"的消息该采取什么措施。这意味着搜救行动从瑞典、法国和阿根廷都开始了。从布宜诺斯艾利斯来的船首先到达那里。瑞典人后来以阿根廷救援船的名字命名乌拉圭附近的一个岛屿，以表示对其救助的感谢。但是很久以后，该岛得到了一个新的名字，因为在同一地区已经存在一个同名岛。为了纪念 1903 年在此过冬，一个国际委员会在 1949 年将该岛名称改为安特生岛并一直沿用至今。

的生物和气候联系的显著痕迹。换言之，不同的大陆板块曾经是结合在一起的，但是在板块移动中分开了。在 1915 年和 1922 年，德国的阿尔弗雷德·韦格纳也曾使用这个瑞典人的数据作为一种证据，证明他的大陆漂移理论。

1917 年赫勒在北平度过的岁月

受到来自中国的那些有意思的化石的诱惑，以及在兵马司工作的安特生建议下，斯德哥尔摩自然历史博物馆的图尔勒·赫勒在 1917 年下半年来到北平，加入了安特生的团队。安特生和北平的中国地质调查所、瑞典驻北平和东京的外交使团及在弗雷斯卡蒂^①的自然历史博物馆做了谈判，这些机构之间也交换了信件。丁文江也在极高程度上参与了此事。安特生从此时开始，在全国各地出差的时候，也不断收集有自然历史意义的材料——从现代动植物群到化石世界。但是他需要另一个人手。当时的想法是让赫勒来，他应该同时加强对中国植物化石地理分布的绘图及中国煤炭资源的地理绘图。因为这两件事是紧密联系在一起的。通过进一步调查中国植物化石分布，也就更容易理解在哪些不同地方不同地层可以发现哪些不同类型的煤炭。这是一举两得的方式，既进一步做科学考察，同时也为中国的工业化和经济做非常实际的工作。

赫勒到中国只停留了几个星期，但是对于他努力完成的科研收藏已心爱有加。他的第一次外出考察是在北平西山，然后从北平沿着通往奉天（后来叫沈阳）的铁路往东旅行到了开平煤矿。

在中国首都，现在局势已经很平静，在兵马司胡同的矿务局办公室，丁文江的班子正在开会，讨论刚过去的这个季节里收集的材料。正如赫勒宣称的："这里天气太冷了，无法到全国各地旅行，这里的地质学家早就结束了实地挖掘工作。"但是瑞典地质考察队没有动静：

> 我还没看到瑞典人的太多情况。安特生又住院了；估计没什么大不了的病，但没人知道住院要持续多久。我有时去探望他。丁格兰去出差了，或者说他刚刚回到家，在新常富那里有天花流行——他的小女孩也得了此病，但没有危险，也不会留下任何疤痕。
>
> 不过，丁文江先生以非常庄重的礼仪接见了我，而且我已经查看了一遍他们在这里拥有的收藏，但只是短暂地浏览了一下。

请赫勒来完全是安特生的想法。为了资助赫勒到中国的旅行和研究，瑞典公使瓦伦拜利耶也再次出手帮助做了安排。他给他的女婿——大商人奥斯卡·法尔克曼写了信，由法尔克曼给了一笔资助。而丁文江则同意给地质调查所的一个新招的学生周赞衡（1893—1967）提供旅费，让他能够陪同赫勒在中国时的旅行，同时在这

---

① 弗雷斯卡蒂（Frescati）是斯德哥尔摩城北一个地区的名字，是瑞典皇家科学院、自然历史博物馆和斯德哥尔摩大学的所在地。

个瑞典人指导下得到古植物学的训练。1917 年 2 月，他们两人出发到南方中国内陆地区去做了一次长途考察，他们在那里改坐河船继续旅行。这次旅行一直持续到六月份，他们沿着湘江——亚洲最大河流长江的支流之一——旅行，进而再沿着更小的支流进入到湖南的腹地。当地省长提供了船员和船。但是在野外工作四个月后，赫勒因为疟疾和胃病而病倒，不得不求医，他被接到庐山牯岭温泉疗养院治疗。庐山是一座 1167 米高的山，今天已是一处美丽的世界文化遗产。之后，他们两人又在山西省和北平北部一起进行了野外考察工作。

但是回到兵马司之后，赫勒也面对着丁文江和安特生过去遇到的问题——缺少科学文献参考资料。7 月 28 日，这个瑞典人就写信给导师纳索斯特，解释了这个问题：

> 丁文江是一位杰出而有清晰见解的人（顺便说一句，他在去江西和湖南考察时也得了病，也在休养中），我们相处得很融洽，不过他想让我再留在这里一整年！中国人在他的领导下在华北地区收集了很多东西，加上我从华北及华南收集的东西，现在我们已经有了可供一个大规模工作项目使用的材料……

> 我对丁文江也讲述了很多如何处理植物化石的方法，这样他就明白，他们会有相当长时间无法独自完成这项工作。我们已经同意，这里的地质学家首先需要一系列有关中国植物化石的出版物，有丰富且精美的插图，有了这些出版物的帮助，他们就能在需要时鉴定他们最重要的化石植物。

丁文江和赫勒决定，由赫勒写一本有关物种鉴定的工作手册，以一种参考书形式出版，配上图片，将来更容易识别在中国发现的植物化石。在这项合作开始后，中国古植物学的图绘工作才真正起步。中国当然有大量煤矿，但没有地质调查所和研究人员可以依靠的有关中国化石的现代文献。因此，当时中瑞合作的实地考察是处于研究的绝对前沿。

据此，他们决定将这些新的中国材料在斯德哥尔摩定稿，并在中国即将出版的书中发表，以便地质调查所能在今后的工作中作为依据。由于地质调查所将来也需要自己的化石专家，他们同意周赞衡在瑞典学习古生物学，并与赫勒共同整理他们收集来的材料。

因为世界大战，这些化石无法立即运送到瑞典，而是存放在上海的仓库，等待战争结束再运送。1917 年 11 月赫勒本人取道俄罗斯回瑞典，但并不知道那时俄罗斯刚刚爆发了十月革命。在北平的人们都对他的命运感到非常担忧，直到后来终于从斯德哥尔摩听到了他的消息。周赞衡继续工作了一年，在中国的第一线收集材料，然后也启程到了瑞典。

但是在中国，此时也进入了动荡不安的时期。在一次计划中的江西考察之前周赞衡给赫勒写信说，他不能肯定，他是否能够在安徽继续北上，"因为此时此刻那里有一点内战的问题"。

那一年安特生也近距离地经历了局势的动荡不安。事实是，他再一次降落在了北平各种事件发生的中心地带，目睹了种种社会冲突。

政变

1917 年，袁世凯手下的一个将军，从未放弃对清王朝忠诚的军阀张勋（1854—1923），有意恢复帝制。他企图让清朝最后的皇帝溥仪（1906—1967）复辟登基，并正好得到了改良派曾流亡瑞典且视瑞典为友的康有为的支持。尽管事实是康有为在 1898 年清廷反对他的改良并下令判处其死刑时逃离了中国，但康有为仍然相信中国的君主制需要再度强大，因而期待建立君主立宪制。

就在政变发生之前，在北平的国会里有关中国在世界大战中的角色爆发了权力斗争。以总理段祺瑞（1865—1936）为首的军方，主张中国参战，投入同盟国一方，而国民党领导的另一派要保持中立。当然，各派都一致认为参战对中国有好处。如果中国像日本一样对德国宣战，那么中国可以在未来的和平中接管德国的财产，而不是由日本。此外，在这种情况下，他们可以说服同盟国列强放宽关税，并减轻义和团庚子事变后的昂贵赔偿，以便调整中国的经济。问题仅仅在于，国民党担心军阀会利用自己的地位与西方列强直接谈判，谋取个人利益和自身权力的好处，使中国分裂。因此，国会从未就是否参战作出任何决定。为了向国民党施加压力，段祺瑞在国会外发起示威，要求中国对德国宣战。当示威在 5 月 23 日变成骚乱时，黎元洪总统解除了段祺瑞将军的总理职务。当段祺瑞离开而去其他省份寻求军事援助时，黎元洪召见了另一名将军张勋，这个将军声称他希望在两派之间进行斡旋。然而事实证明这是匹特洛伊木马，因为他是带着六千名士兵来到京城，不为和平斡旋，却在 1917 年 7 月 1 日晚上，发动了令人惊讶的政变。国会被解散，溥仪被招来登基，清王朝的龙旗再次插满全城。

但是，被罢免的总统黎元洪成功地逃到外国使馆区，并发出了两份电报。一份电报发给在南京的副总统冯国璋将军（1859—1919），宣布冯国璋为代总统，而另一份电报发给段祺瑞，重新任命他为总理。两人都接到了进军北平的命令。

安特生从他在政府部门的位置密切关注事态的发展。政府部门里的多个朋友也向他求助。矿务局局长向安特生要了一面瑞典国旗，还让他签署了一份文件，声称该局长租用了他的房子。这么做就可以在他房子上插一面瑞典国旗，保护他的房子不受抢劫。其他人想让他们年幼的亲戚住到安特生的房子里，因为他们相信那里比较安全。因此在政变的那几个星期里，这个瑞典人家里有五六个人住在那里，而他并不认识他们，除此之外还有他自己雇用的照顾马圈和家务的人。另外安特生隔壁姓唐的一位将军，出于安全原因，每个晚上都把女儿送到这个瑞典人这里来过夜。

问题就在这个占领京城的头领张勋很快就把私人宅邸也设立在离这个瑞典人家仅仅几百米远的地方。安特生事实上没有住在受外国驻军保护的使馆区，而是在其他中国文职官员住宅区的中间。安特生给瑞典的《每日新闻》报写道：

> 他（张勋）在那里为自己建立了一个坚固的兵营，里面有住在帆布帐篷里的士兵，有大炮、机关枪、汽车和货车，整个兵营及其出口都被沙袋和土垒的掩体团团围住。
>
> 最近几个早晨我们还有幸看到一架飞机在紫禁城上面盘旋。它抛下了几枚炸弹，引发了很多警报，但并未造成多少实际伤害。

随后两天里，7 月 10 日和 11 日，段祺瑞和冯国璋的军队就打到了京城，在城门外安营扎寨，准备进攻并重新占领京城。安特生通过他的朋友们获得了第一手信息，对发生了什么事都一清二楚。

安特生的邻居，那位唐将军，在 7 月 11 日晚上 10 点左右来拜访他，告诉他段祺瑞的军队会在翌日凌晨 3 点发起进攻。安特生立刻出门到这个城市各条街道上通知他的亲朋好友，关注事态的发展。丁文江要这个瑞典人立刻在使馆区的"铁路包厢旅店"订一个房间，把地质调查所的全部档案资料都带去。战斗开始时他已经安然无恙地入住在这家旅店了。双方的交火是在凌晨 4 点半开始，有几个旅店的房客还爬上城墙去看城里发生了什么事情。安特生也同样去了，看到战斗的炮火如何延伸。

> 一部分炮火是在南面的天坛，一部分炮火是在前门，就在离"铁路包厢旅店"不远的地方，然后从那里往北发展，接近了张勋驻地周围的地区。有一架飞机在天坛上空盘旋，同时枪声大作，连续不断。

> 紧靠城墙的地方现在也在猛烈交火。有荷兰和日本士兵占据了城墙上的制高点，为保卫使馆区进入戒备状态。

突然，出来观战的外国房客里有人倒在城墙上，所有其他人都纷纷寻找躲避的地方。安特生解释道，全部加起来，"当外国人在前门上用一种极为大意的方式观看战火时，有不少于六个外国人受了伤"。

到了上午 10 点的时候，安特生做了回家的第一次尝试，急于知道在他的房子里寻找庇护的那么多人发生了什么事情。他绕了一个大圈子，避开那时仍然在莫里逊大街（今王府井大街——译注）上持续未停的战斗。他没走那条街，而是沿哈德门大街（今前门大街——译注）朝东绕着走。除了有些警察在巡逻之外，这条大街完全被毁弃，看不到人影了。但是当他到达东华门的时候，"从两侧街道上传来的枪声越来越激烈，子弹一次又一次呼啸着飞过低矮的屋顶落在离他很近的地方，情势严峻"。他被迫转身退回旅店。

到了下午两点，"交火突然停止了，同时，有传言说张勋（坐一辆小汽车）到了荷兰使馆寻求庇护"。

> 这时我马上坐一辆黄包车回到我的房子。看到正在燃烧的张勋巢穴里冒着大团大团的黑烟，已经有消防队在那里工作，而共和派的军队则在列队离开，证明主要的战事已经结束。

到了他的房子门前，安特生发现整座房子都被安全地封闭起来了，他在门上捶打了半天之后，有门房来打开了门。安特生雇用的人在这座房子里得到了庇护，一起躲避的还有他的中国熟人的家庭成员——"一个年轻男子，两位太太和一个青春少女"，安特生这样写道。幸运的是所有人都没有受伤，但是被他们见证的事情彻底震惊了。门房向他展示了落在花园各处的圆形子弹和弹片，以及隔壁房子里和周围的墙壁上都可以看到的榴弹炮弹片炸出的洞。经过如此炮火他们竟安然无事，纯粹是出于运气。当他确认人人都很好之后，出于好奇之心，他又一次进城去了。

> 这时我到张勋的司令部去转了一圈，同时还听到城里最后零星的枪声，那是还在追捕张勋的逃亡士兵。
>
> 在东华门内可以看到沙袋路障后面两名士兵的尸体，都被乱枪打烂了。
>
> 张勋住过的房子现在成了一堆冒烟的瓦砾，在他的官邸前面的空地上，前一天还展示过如画一般的军营景象，现在到处都是拼死搏斗留下的痕迹。在机枪的火力下，欢快地飘扬过龙旗的帐篷倒塌了。到处散落着军帽和空的弹壳，电话线被打落在地，卷成厚厚一团，要跨过去都很困难。一辆汽车翻倒在护城河里，被射杀的三匹马，吊死在它们短短的缰绳上……
>
> 一出短暂的皇帝复辟闹剧就结束了，最好的事情是军队对于平民基本上还是保持操守的。考虑到这是在首都中心地区进行的一场常规战争，必须承认，战争对个人财产的损害小得令人惊讶，在这场冲突中，警察自始至终都留在自己的岗位上执勤，这种方式也给我留下了相当深刻的印象。

随后几天，工作就能够和过去一样继续了，京城里的生活也很快恢复正常。段祺瑞继续当总理，而冯国璋正式接替黎元洪出任了大总统。

段祺瑞的归来意味着中国在一个月之后，即 1917 年 8 月 14 日，就对德宣战，占领了德国在中国天津和汉口保留的租界。由此，中国就正式加入了这次世界大战中同盟国的一方。

1918 年 1 月，斯德哥尔摩

国王陛下的宫廷，首相的官邸

在外面的世界里，世界大战正在进行，而在俄罗斯，正在打内战。那是一段动荡不安的时期。瑞典似乎是这场世界大风暴中的平静地带。但真相是，即使这个北方的和平小国也没有避开世界事件的触动。即使在瑞典也有敌对势力，有对激进改革的需求和对战争会蔓延而来的恐惧。在国会中，有人反对政府，认为政府未能听取多数国会议员的意见，而激进力量却日益强大。俄罗斯革命爆发后，瑞典的邻国芬兰也走上了同样的道路，现在处在内战边缘。这增加了瑞典也可能患难的焦虑。而且不可否认，这是一个瑞典政府内部也不稳定的时期。政府的更替和大臣的变动在这个时候几乎与北平政府第一个十年中一样频繁。在当前的世界局势下情况并不好。

组建一个联合政府的努力失败了，此时的情况已经为一个全新的解决方案铺平了道路。自由党领袖艾甸接掌了首相大位，也从国会中招聘了内阁各部的大臣，以便平息国会的不满，并与社会民主党人联合执政。议员组阁制度取得了胜利。但是首相仍然忧心忡忡。没有什么是理所当然的。此时社会民主党领袖亚尔玛·布兰廷刚刚宣布，出于健康原因，他不得不辞去财政大臣的职务，不过看起来弗雷德里克·图尔森会接替他的位置，而这造成了一定程度的不确定性。人们认为首相艾甸对此感到不快，因为毕竟是他自己设法让布兰廷接受了这个位置。

对当时的事态，首相艾甸一定是有些不满的。在一个早上，在他开始处理这天的一堆信件时，发现有一个信封露在外面，这封信看起来是受人欢迎的，因为这封信上贴的是中国邮票，日期为 1917 年 12 月 30 日，信上的标志表明发信人是"中国北平农商部"。这到底是什么？

此信的开头是这样的："斯德哥尔摩，尊敬的首相尼·艾甸阁下"。尽管安特生处在遥远的地方，显然他还是注意到艾甸的升迁。"尊敬的兄弟"，他继续写道：

> 也许你已经注意到，去年年初我离开我在瑞典政府的职位，接受了中国政府为期五年的"矿务顾问"一职。从个人观点来看，我在这里过得特别愉快，因为我与一位年轻而特别杰出、受过英国教育的中国同事有着最默契的合作，而我的上司、农商部总长和总统，也在各方面进一步推动了我的工作。

艾甸和安特生曾经是乌普萨拉大学的同窗，因此互相非常熟悉。这位未来的政府首脑在他们一起学习时就获得了博士学位，并在 1899 年成为历史学副教授（艾甸首相任期是 1917—1920 年，然后在 1920—1938 年是斯德哥尔摩省的省长）。

此外，安特生在大学时代就曾受到乌普萨拉大学活跃的思想和政治环境吸引。政治和达尔文之后自然科学的革命时代携手并进，辩论中的所有主要人物都为他们需要的讨论、思想和大众讲座找到了来源，尤其是学生社团"薇儿丹蒂"①的成员。艾甸就在其中，布朗廷也在其中，还有很多同时代的大学生和教授，都全心全意地拥抱这个新世纪。对于这代人来说，这是一次深入科学及其可能性的发现之旅，同样也是深入政治领域的发现之旅。有关社会和政治改革的需求，安特生和艾甸有很多共同看法。首相也没有忘记，他的朋友参与了 1906 年"未解决的选举权问题"运动。那年 5 月 6 日，艾甸和七百名乌普萨拉大学的大学生游行到了国会，当着首相、自由党领袖卡尔·斯托夫的面做了一场演说，赞同"全体公民平等"，相信"我们的人民为合理使用权力而进行自我教育的能力"，也就是"普选权"。

但是此时的这封来信却涉及与瑞典的国际政策完全不同的事情。安特生介绍了赫勒那年在中国的工作，讨论了取得的某些成果。他写道：

> 我的朋友和同事之一赫勒博士，也是纳索斯特教授的助理，现在可能也被提名接任纳索斯特的教授职位，在这里工作了一年后刚刚回到瑞典。虽然赫勒博士不幸患病，因而工作受到很大影响，但他还是收集到了全面而丰富的植物化石，全都是意义比较重大的收藏，因为中国拥有地球上唯一的尚未经过古生物学研究与开发的大型煤炭盆地，而且在中国南部可以看到石炭纪期间在正常炭和印度完全不同的石炭之间的过渡期，是由冰川纪形成而联系起来的。

安特生解释说，这些都是值得继续跟踪的重要课题，也提到了他自己的研究计划，提到他希望这项工作能进一步推动瑞典在中国的利益和自然博物馆的研究。他提到那些来自私人的为斯德哥尔摩的一个中国学生和为瑞典在中国的科研而募集基金，还有他自己新的实地考察的计划。这时他请求首相提供帮助，用行政命令，以绶带和奖章的形式表示官方承认的标志，表彰那些曾经捐钱的人士，"那些无偿地为我们提供大笔金钱进行科学工作的工商业人士，尽管这种工作他们几乎无法理解"。

---

① 薇儿丹蒂（英语：Verthandi，北欧古诺斯语：Verðandi）是北欧神话中掌管命运的诺伦三女神之一（排行第二），被认为是掌管"现在"的女神。

从极地到中国——瑞典考古学家安特生传

不过，安特生也给瑞典首相提供了他对中国政治形势的洞察，介绍了来自日本的威胁，日本继续干预中国的开矿政策，也试图掩盖瑞典人自 1914 年以来为中国政府做出的诸多矿产新发现的重要性：

> 我对这里目前工作进展情况的满意度本应该还大得多，而由于混乱的政治局势，工业领域的真正进展几乎不可能了。唯一的能从目前的无政府状态中获利的是日本人，他们正悄悄地小心地潜入各个地方。通过我们的勘探工作而为人所知的好几个大型铁矿已经落入了日本人之手，有时我会疑虑，如果我们不来这里，让这些自然资源依然不被注意，是否对中国的未来更好。
>
> 但是，如上所述，就我个人来说各方面都很好，希望将来有一天我能带着既有关我自己的专业也涉及中国一般情况的实质上更广泛的经验回到瑞典。

1917 年里，北平的政治形势确实是混乱的。安特生已经目睹了这种混乱。艾甸回到了自己这天的通常日程。安特生的信是对正在外面进行的世界大战的又一个提醒，也提醒他在国内事务上的改革和新思维的必要性，以便在魔鬼走得太远之前就能及时阻止它。

气候研究和极地考察

安特生、赫勒和纳索斯特都对研究中国自然历史产生兴趣并非巧合。对他们来说，极地研究和中国之间的联系已经变得越来越明显。也是因为这个原因，纳索斯特在 1916 年写信给当时该类研究领域居领导地位的瑞典组织南极委员会里其余成员，提议将资金从极地研究转到中国研究方面。纳索斯特在信里解释了极地考察和安特生在中国的工作之间存在的精确联系：

> 本委员会的成员都应该充分了解，极地考察——既包括到北极的也包括到南极的考察——有一项公认的主要成果就是发现了极为重要的植物化石，使得地球过去的气候得以估算。因此，从熊岛、斯匹次卑尔根岛、冰岛和格陵兰岛带回来的材料中，可以看到来自泥盆纪、石炭纪、三叠纪、侏罗纪、白垩纪、

第三纪和第四纪的植物群；在这方面具有显著意义的是维嘉号考察船①从日本南部带回的第三纪植物群。瑞典南极考察队在格雷厄姆兰岛的考察中发现的中生代和第三纪植物群也具有同等的科学价值。

（参见纳索斯特 1916 年 6 月 6 日致瑞典南极委员会信函）

从极地到中国——瑞典考古学家安特生传

事实是，纳索斯特本人在极地考察中也刚好参与了古代气候绘图的工作。就在维嘉号考察完成之后，纳索斯特作为一名年轻的研究生，就已经研究过那些从日本带回的材料。在这些植物化石中，他发现了一些植物，能显示东亚肯定也经历过一个明显的气候比较寒冷的时期和困扰欧洲的最后的冰河期属于同一个时期。但是，在东方的气候变化范围有多大，冰帽向南扩展了多远并影响了亚洲，没有更多数据几乎不可能判定。在亚洲的实地考察可以对纳索斯特和他的同事深感兴趣的这些重大问题提供答案。

这也正是安特生眼下在中国做的事情。有很多信件显示，他如何怀着巨大的热情投身于这样的科研活动，就和他在极地地区曾经做过的一样。他诠释着在地表呈现的种种迹象，寻找能够提供线索的新化石，以便理解中国的环境如何在不同的地质纪年中，历经数千年乃至数百万年而发生的变化。尤其重要的是，他正在寻找最后那个冰河时代。

1918 年 12 月，安特生刚结束河南省的实地考察回到北平，立刻给乌普萨拉大学的维曼教授寄去了一批带有脊椎动物化石的货物，他在信中写道：

最年轻的化石来自砾石层，来自潮湿气候再次出现的时期，河流再度升高，切开地表覆盖的黄土层。这些化石都是在黄土中冲刷出来的山谷里的砾石河床中发现的，因此，按照我的解释，这是冰河时代之后的沉积物……

下一个最古老的有哺乳动物化石的沉积层是黄土层，从中除了大象（我相信可能是猛犸象）之外，我还不能确定地鉴定出哺乳动物……如果确定了黄土层中的大象残留物是真猛犸象的话……那么我已经保持了几年的假设将得到化

① "维嘉号考察"（1878—1880）是 19 世纪瑞典最大规模最成功的极地探险之一。这是第一次帆船航行穿越欧亚大陆之间东北通道的考察旅行，该船于 1879 年秋天到达日本时曾引起世界轰动。明治天皇曾正式召见了全体船员，并达成了两国科研交流的协议，包括对日本植物化石的广泛研究。后来，维嘉号考察船在返航途中还访问了中国香港。

石的验证，即黄土层是冰河时代的干旱相层……

你知道，我的目的是用这些化石对这一地区历史上第三纪和第四纪发展进程中的气候做出解释。

安特生所属的这个瑞典研究人员网络是以气候研究为主的，他的这封信清楚地表明，他在中国的研究如何与这类气候研究紧密联系起来。它还表明，古生物学化石对于实现中国地质地层的制图和测年是很重要的，也是丁文江需要的信息。安特生提到的黄土层，是一种特殊的地层，在中国北方大部分地区特别普遍，而他要投入大量时间研究和进行中国地质调查的测年。他也是最早在黄土层中发现化石的人之一，使得其测年成为可能。那些动物骨头使安特生想到，黄土层也和古代天气变化有紧密关系。

在安特生到中国之前的数十年，德国地质学家费迪南·冯·李希霍芬曾提出一种理论，认为中国的黄土层是从中亚沙漠的风刮来的材料形成的。安特生也曾同意这种理论，但是现在他指出，黄土层形成时的主要气候条件实际上还是未知的。他想深入探讨这个问题，但是地质调查所没有做这种研究的经费。

1919年，安特生再次向瑞典要求在中国的研究经费，而且也得到了更多的钱，他因此就提出了黄土层问题，需要绘制出中国自然历史上史前时期的气候图，把这个作为主要工作目标：

基于一般的地理原因，从一开始我就认为，黄土层在很大程度上与第四纪冰期相对应，这个时期在这里的与中亚沙漠接壤的东亚地区，可假定为一种寒冷的草原气候特点，带有因风而引起的沉积物的独特发展。但是，为了检验这一可的假设，有必要收集黄土中发现的化石成分，也是迄今为止在科学文献中极少介绍的方法，主要是通过陆地蜗牛壳（螺旋壳体）来展现。这种蜗牛壳在某些地方的黄土中是非常普通的。除了这些并不能很好指示气候问题的蜗牛壳残骸之外，也有迹象表明，黄土层中还包含其他更为重要的化石遗迹，即哺乳动物残骸，即使它们很少。同样，众所周知，在中国已发现了数量相当多的哺乳动物残骸是来自一个更古老时期，即上新世（这个时期的年代目前已定为五百三十万至二百六十万年前）。

到了这个时候，安特生就已经收集了数量可观的古生物材料，也开始意识到这代表了多么巨大的挑战，这对理解中国自然历史是多么重要。但是他们至今知道的依然非常少，因为这实际上还是处女地：

> 我可以简短地说，这些研究成果（截至 1919 年此时为止）已经超过了我最大胆的期望。我已经发现了很多哺乳动物遗骸，部分是在上新世的红黏土中，在中国北方似乎分布得异常广泛，部分是在我提到的新地层中，我用黄河为名称其为黄河系列，部分是在黄土层里，部分是在比黄土层更年轻的砾石层里，标志着多雨气候又回来了。从最年轻的地层到最古老的地层做一简短概括，我首先要提到的，最年轻的砾石沉积层的特征是有数量很多的鹿的遗骸及野绵羊的遗骸，这种野绵羊在西北山区仍然有生存下来的。可以通过鸟蛋追踪到的大尺寸的鸟类在中国北方距离很远的地区也能遇见，也许应该归入同一时期。我已有机会检查过两个这样的鸟蛋……

安特生对他在中国得到的非凡和有趣的发现越来越着迷。在数年里，他在山西省的一次科学考察中发现的鸟蛋化石成了他的家信中的一个连载故事，在瑞典新闻媒体上也提到了。1923 年 12 月某日的《每日新闻》报开玩笑说"鸟蛋不是很新鲜"，推测这些鸟蛋的年龄可能为一千万年。但是这些鸟蛋属于哪个物种在很长一段时间内都是一个谜，需要很长时间才能得到答案。

瑞典的中国考察队对中国史前气候和来自红黏土中的化石的研究现在也引起了新的关注。可以肯定的是，安特生在 20 年前就曾讲授过关于人类起源的课程，但他那时绝无可能梦想到自己会参与对人类祖先的探索，尤其是在中国的探索。

1919 年 9 月，斯德哥尔摩

中国派到瑞典的第一位交换生周赞衡

在斯德哥尔摩郊外的弗雷斯卡蒂，完全新建的自然历史博物馆里，古生物部的一张办公桌上，放着中国诗集和几份上海报纸《新晚报》。旁边还放着斯德哥尔摩大学的古植物学文献和生物学书籍及一些小型化石植物图画。在这张办公桌后面坐着一位穿着讲究的二十六岁男子，打着领带，衣领笔挺，一身西服。但是他身上有一点非同寻常的东西。他是一个中国人。在办公桌的另一边，坐着一个记者，他想要一张用在报纸上的照片，并对这个人提出了有关他祖国的特别的问题。对于瑞典媒体来说这个中国人在瑞典首都的出现显然是一件轰动的新闻，而周赞衡似乎很平静和耐心地回答了那些奇怪的问题。

周赞衡解释说，《新晚报》会定期给他寄到瑞典来，但从上海寄到瑞典已经是四十六天之后了，而那些诗集是米纸印制的，报纸则是木材纸浆的纸张印制的——而且，还很可能是瑞典纸浆制造的纸张。他还说，有关瑞典语的最难的地方，是在中国语言里找不到的卷舌音，不过他已经能够阅读几份瑞典报纸，他正在跟博物馆的赫勒教授学习，他很快能对他和这位教授在中国收集的化石展开研究工作，而这些从上海运来的化石随时都可能到来。此外，他也到斯德哥尔摩大学上古斯塔夫·奥托·鲁森拜利耶教授的课。而且，就他所知，目前瑞典没有任何其他中国留学生在这里学习——自从他来到瑞典以后，遇见的唯一一位中国人是丁文江所长，他夏天曾经来过这里。当然周赞衡还肯定地说，自己"在这里生活很愉快，尽管是一个外国人"。

第二天，周赞衡发现他的照片被登在《每日新闻》新闻版的头版头条（在报纸广告页之后），照片说明是"中国地质调查所成员周赞衡"。在《在国家博物馆的一个年轻中国古植物学家》的标题下，记者介绍说，他在瑞典的居留，是"瑞典和中国在自然科学方面合作的一种链接"，"在这里的十个月中，这个年轻的中国人已经学会了瑞典语，所以他能表达自己，不仅能让人理解，而且相当流利……他用纯正的斯德哥尔摩口音说话，使用学生俚语也很地道"。此外，这家报纸还指出，《新晚报》是"来自周先生的出生地"，"是用瑞典木材的纸印刷的，因此实际上已经过两次漫长的旅程"。在第二天的报纸上，周赞衡的名字又一次被提到，然后这家报纸在页边上补充说："周先生是第一位在某个瑞典科学机构学习的中国人"。

作为中国在瑞典的第一位交换生，周赞衡是在十个月前，即 1918 年 11 月 7 日到达瑞典的，也是发出第一次世界大战结束信号的欧洲停战日前四天。两年前，周赞衡也是安特生在 1916 年 4 月里考核过的地质学学生之一，并推荐给了地质调查所。他在瑞典的生活费、旅费和学费最初都是用拉格尔留斯在 1917 年设立的中国基金支付的，然后则被称为中国委员会的某个组织支付。作为中国地质调查所的雇员，他在瑞典学习期间也能继续得到薪水。最初的计划是他应该留学两年，但由于他从

2

动物地理学问题

瑞典又获得了一年的资助，结果就变成了三年。总计起来他在瑞典可以居留三年半，直到 1922 年，而就如那个记者在 1919 年 9 月已经在报上写到的，他学会了流利的瑞典语，还有明显的斯德哥尔摩口音。

在接下来的几年中，他对古生物学的和现代的材料进行了分类，并在自然历史博物馆跟随赫勒教授学习了古生物学课程，又跟斯德哥尔摩大学的植物解剖学和细胞学教授鲁森拜利耶学习植物学。

但是丁文江和赫勒对他们的学生提出的要求非常高，要达到他们中任何一人的期望都不容易。周赞衡在瑞典学习时，从头到尾这两位高级研究员在斯德哥尔摩和北平之间都在热切地交换意见，讨论周赞衡和他的学习情况，一直到他学位考试。但是他的国际联络经验，他的语言天才，他的交流能力和行政管理能力，并未受到忽视，也得到了好评。十年后，周赞衡就沿着地质调查所历任所长们的政治生涯之路，为国家服务，并在政府迁移到南京的时候成为中国最有权势人物的首席秘书。

艾尔萨·鲁森纽斯来到北平

就在周赞衡要到瑞典留学，准备动身前往斯德哥尔摩之时，有一位瑞典女士也坐上火车，朝相对方向，穿过动荡不安的俄罗斯，来到中国。

1918 年 8 月 5 日，当艾尔萨·鲁森纽斯走出火车踏上月台的时候，这是她第一次触碰到中国的土地，她也知道这将是一次完全不同的冒险。但是她完全没有做好准备，要在安特生生活的北平见到如此众多的人。在去大草场胡同的路上，她坐在黄包车里，肯定已经被路上如此密集的人流车流惊呆了。到处都有人潮水般涌出来——到处有坐着的人，走着的人，跑着的人，生活在大街上的人。有肩上扛着货物的街头小贩，衣衫褴褛的乞丐，街边打麻将的人，运煤的人，拉黄包车的车夫，骑在马背上的人，还有拉着大车的人和马，车上堆满了木材、谷物、盒子或纸板箱，甚至堆到车身外了，让人惊奇的是没有任何东西掉下来。也没有任何安静的地方：狗在吠叫，马在嘶鸣，驴子在哼哼，大车在吱吱作响，孩子在哭，大人在争吵和交谈或大笑，小贩在叫卖他们的商品，像敲响板一样敲铜锅，以便招徕顾客。过了火车站周围笔直的、铺着碎石的大马路之后，随后的街巷很快变得越来越糟，越来越不平坦，到处坑坑洼洼，到处是垃圾。她用右手抓紧车扶手，用另一只手捂住嘴，因为尘土围住她飞旋，让她几乎难以呼吸。这一切都让她感到疲惫，同时又不可置信地着迷。要不是尘土飞扬，她会一直吃惊地张大嘴，直到进入安特生居住的胡同里的和平与安宁。但是北平很快将成为她每天面对的现实，她会在这里待七年，学会欣赏在中国的生活，而这生活是在街头巷尾，不是在房子里的。

艾尔萨当时四十五岁，未婚。她的职业生涯是从一个很有前途的画家开始的，然后成为一个科学绘图员。在另一个时代，她也许会成为一个实实在在的科学家。在进入新世纪后的几年中，她在自然历史博物馆给化石和动物绘图，技艺高超，以至于斯德哥尔摩和乌普萨拉的博物馆和大学都来求她作画。她对于细节有敏锐眼光，也懂得解剖学，知道自然科学的基础知识和现代的进化论，很快就能解了她的客户在科学著作插图方面的需求。而且她聪明大方，毫不腼腆。安特生对她的能力非常了解，因此在 1917 年秋天，在为自己向中国的调查所提交的一份报告中，他向艾尔萨订购了报告所需的绘图材料。之后，他们继续通信，当他建议艾尔萨到中国来的时候，一开始也许她还以为安特生在开玩笑。但是安特生确实需要加强人力，既需要一个绘图员，也需要一个秘书。这个秘书要熟悉瑞典的每个人，能说瑞典语也会说外语，能为他的收藏做文献记录。不过，艾尔萨是在安特生的太太西格娜到斯德哥尔摩来见她，亲自递交了安特生请她到中国来的信函之后，她才做出最后决定的。她会到中国来。

艾尔萨真的非常熟悉安特生在中国面对的那些问题。十年前，她在斯德哥尔摩大学为列谢教授的著作《人类：诞生和发展》①绘制插图。这本书详细论述了哺乳动物的发展，尼安德特人和爪哇人的发现，并描述了气候、冰河时期和现代人的发展之间的关系。艾尔萨为这本书绘制了所有插图，从蜥蜴到鹿、野牛、猛犸象及人类和动物骨骼各部分的细节，几乎在这本书的每一页上都有她的插图。

艾尔萨·鲁森纽斯现在被聘为安特生在北平的助理。她的任务是对瑞典与中国地质调查所合作的科学收藏做文献记录、拍照、绘制插图和分类编目。正如安特生在艾尔萨到达后一周，即 8 月 12 日，从北平寄给瑞典的一个报告中写的：

> 鲁森纽斯小姐在一次相当成功的旅行之后，于 5 日到达了这里……我希望她对自己在这里的职位感到满意，并能提供很好的帮助，因为有大量工作正在等待她，特别是与"中国基金"有关的工作。

---

① 此书原名 *Människan: Hennes Uppkomst Och Utveckling*，出版社为 Aktiebolaget Ljus，斯德哥尔摩 1909 版。

艾尔萨在她的职位上注定是会成功的，因为在创纪录的短时间内，她就成为瑞典与中国合作中不可或缺的资源。但是她的到来实际上也是安特生家庭生活发生戏剧性转变的一部分。他与西格娜的婚姻现在肯定已经失败。

事实是，在安特生离开之前，他的婚姻就到了断裂点。那时他和太太的关系已经非常恶化，以至于这对夫妇有很多年甚至一直避免见面。例如，就在他来中国之前，西格娜在英国住了一年，而就在她回家之前，就轮到安特生离开瑞典到北平去了。夫妇两人都有过几次外遇，这也早已是众所周知的事，所以离婚是两人之间一个不断讨论的话题。不过，尽管他们的婚姻中有很多问题，这对夫妇还是试图做最后的修补。在 1916 年底和 1917 年初，西格娜带着他们的女儿来到中国，而安特生与前妻的孩子留在了斯德哥尔摩。这个小家庭在大草场胡同里共同居住了一两个月，安特生特别高兴，甚至买了新的马——一匹给西格娜，一匹给女儿玛格列塔，一匹是给他自己——这样他们就可以一起骑马在北平城里溜达。但是他们的天伦之乐没有持续很久。在那段时间的争论中，他们两人多次做出决定分居，然后又试图再次住在一起。但是，冬天过去之前，他太太还是离开了他，带着女儿回瑞典去了，也没有做出什么明确的决定。1918 年底，西格娜又回到北平一次，但只为确定他们的婚姻结束了。1919 年 1 月 15 日，安特生写信给阿克塞尔，解释了事情的结果：

> 正如你知道的，西格娜现在离开了我，这对我是不幸的。最近她一直和丽兰（玛格列塔）住在上海，而我真诚地希望她能……找到真正的幸福和安宁……
>
> 我知道，西格娜也许比任何其他人都好，我现在也比以往更喜欢她。如果人们将污水泼在我身上而不是她，我会很高兴。要是我真的对她很好，那么她可能永远不需要离开。

在安特生住在中国的五年期间，阿克塞尔·拉格尔留斯一直管理着这个家庭的财务，而同时也有点不情愿地成了他们夫妇的能说私房话的知己。他也早就认为，这对夫妇肯定是合不来的。此外，他在自己的日记中写道，在与女人的关系方面，安特生其实是一个"特别复杂的人"。别的一切都不用说，只要看看他和三个女人都生了孩子，而他和其中一个刚刚结婚。

西格娜现在也没闲着，刚刚邂逅了一个丹麦男人，即工程师卡尔·金贝尔。由于金贝尔也与中国有联系，并且在上海获得了一份工作，因此西格娜带着女儿玛格列塔一起逃离安特生去投奔的正是他。所以现在夫妻双方同时在中国——在安特生的生活中是一段奇怪的纠结。

确定分手对两人来说都是一种解脱。已经有十四年，两人在希望和绝望之间不断的变来变去。两人的关系就像两块磁铁，在这一极是最强烈的吸引力，而在另一极是最强烈的排斥力。也许确实是排斥力和他们的绝望首先把安特生推开，一直推到了北平，然后又把她也拖到了中国，再把她弹开，弹到了上海。无论如何，西格娜声称她和新的准丈夫在一起的生活要安静得多。因为和卡尔在一起，她这样告诉拉格尔留斯，"从来没有出现任何困难"：

> 我们的日常生活过得平稳而轻松，我们很高兴用新的工作开始新的一天，就和晚上平安躺下的时候一样高兴。我们不会用争执和辩论所有可能出现的各种问题来开始我们的夜晚。现在我第一次有了一个家，一个生活伴侣和一个丈夫。

就安特生这边来说，他也和西格娜完全一样，有了新的发展。在通知了阿克塞尔他和西格娜的关系破裂之后，他也立即告诉阿克塞尔："就我目前的情况来说，现在有鲁森纽斯小姐在我身边，这是最让我高兴的事了"。这或多或少就是向这位朋友表明，她会成为他未来的妻子。然后他继续解释了他要为自己在中国的工作全力以赴的决心：

> 你会高兴地听到，我现在身体非常健康强壮，感觉比过去二十年来更年轻。我最近的官方工作真的很成功。春季里我发现了一个新的铁矿床，位置特别好，而我立刻得到了一个小滑轮，表示对我的鼓励。有一天我还从总长那里得到一份新年的小礼物，正是我所需要的，即他亲手在丝绸上写的奖状，都是赞美之辞，接受这样的礼物确实令人非常愉快。礼物送到家的时候，我的佣人们（安特生此时在他胡同里的家中雇佣了三到四个佣人照看马房和做家务）因为本人获得如此荣耀而高兴得发狂，所以他们进入我屋子里排成一队鞠了三个躬，然后在门外大放鞭炮。当然我得请客，让他们大吃一顿……

因此，那天晚上在这个胡同里举办了一场大宴会。当时安特生对他手下的佣人已经相当了解。在清闲的日子里，安特生会骑上他最心爱的取名安东的马，开始去北平城里各处风景名胜游览，经常跟随着的是一个姓金的佣人，此人能说会道，是个好玩伴。例如，过春节的时候，他和金就长途骑马到城外三十公里的皇家温泉小汤山去游乐了一番。

凡尔赛的欺骗

1918 年 11 月大战结束的时候，安特生和他在中国的新伴侣艾尔萨·鲁森纽斯是六万上街庆祝和平的北平居民中的两个，一起上街的还有很多来自使馆区的西方人。

人流穿过街巷和胡同，欢声笑语载歌载舞。现在他们梦想着世界的真正和平，而边境上的外国部队将撤出中国，西方列强会退还他们在全国各地的租界。这尤其适用于德国的租界。当中国加入了对德宣战的阵营，这些租界自然应该回到他们真正所属的国家。这会是真正的和平，整个城市都对未来充满信心。

但是，随后的春天里人们却受到了来自凡尔赛的打击。早在 1 月 27 日，中国在巴黎的代表团就被西方同国盟签署一项秘密协议的消息震惊了，这个协议把德国在山东的租界权给了日本。不仅如此，第二天又披露出，中国政府阁员和中国驻东京大使在 1918 年秋就秘密签署了另一项协议——日本以一笔贷款换取了在山东修建新铁路的权力。铁路交通将由日本人管理，并由日本人指挥下的警察控制。更有甚者，日本代表团挥舞着来自 1915 年的二十一条要求的文本，相信这个文本表明德国占领的部分确实该归于他们。这不仅是个骗局，或多或少也是背叛。所有这些情况使得中国代表团不可能为他们提出的要求获得任何支持。谈判持续进行，进入了一个死胡同，但到了四月底，情况已很明朗。日本将接管德国在山东的租界，因此中国成为唯一拒绝签署《凡尔赛和约》的国家。

在北平的大街上，战争结束时的欢乐转变成了民众自发的愤怒抗议。1919 年 5 月 4 日，愤怒的示威者从北平大学游行到市中心的天安门广场。走在前列的是带头抗议的大学生和年轻的研究人员，尽管原本鼓励新思维的北大校长蔡元培试图平息示威者的愤怒情绪并敦促学生们克制。学生们要求变革，他们希望看到新东西，现代的东西。他们要求终结大国的傲慢和对这个国家独立主权的不尊重。

抗议活动导致了一场全面的革命，对这个国家的现在和过去及对构成了中国的全部本质进行了重新评估和清算。一场新的社会运动诞生了，它带着不断增强的民族主义，带着一种承诺，事实上，这种承诺在未来几年中也从根本上改变了中国：这就是五四运动。即使丁文江自己没有站在这场运动的最前列，但他依然成为随后的活跃的讨论氛围中众多强有力的发言人之一。事实是，在凡尔赛发生的事件引起的反响使他进入了公众辩论，并很快使他成为中国现代化的主要倡议者之一。

现代最大的动物地质学问题

当外面的世界大改变的时候，安特生却全身心投入了对中国大地的研究，研究其地层、其发展，他倾听着那些化石的无声的证词。对他来说，山脉并没有停止不动，它们还在讲述着戏剧性的革命，证明地球上生命的前提已经改变了好几次。

1918 年的冬天，安特生第一次调查了北平西南方周口店村附近一个洞穴里的化石土层。他在那里发现了鸟类和啮齿动物的骨头化石，并确定是某种野兽将其猎物拖入这个洞穴。随着时间流逝，它们吃剩下的骨头就被水从洞穴上的山坡冲入洞穴与红色黏土混合在一起了。

在第二年 3 月 18 日的报告中，安特生分析了他发现的动物化石的年代及这些动物活着时的主要气候。然后，他确定这种动物是相对现代的，并把年代定位为更新世（从 260 万年前到大约 11700 年前最后一个冰河期结束）。他还确定，红黏土本身的年代更加久远，一定是在比化石动物活着时的气候还要更温暖潮湿的气候中形成的。换言之，各土层在很长一段时间里已经彼此混合。

那时安特生的主要目标和人类起源问题并没有任何关系，他关注的焦点就是为地质调查所做的工作——为中国地质情况绘制地图，鉴定这个国家各地不同的地质层，为它们测年。但是，当他把周口店村外洞穴中的化石测年定为更新世，这个事实本身意味着这些化石是来自一个人类诞生的时期。那时他还想不到，自己是在三年后发现北京人的地方挖掘。

直到 1919 年初，安特生才意识到，他完全有可能发现了中国早期的前人类。

这是因为他和美国探险家安德鲁斯的一次会面。安德鲁斯据说是好莱坞电影《夺宝奇兵》（又称《印第安纳·琼斯》）里那位主人公的原型，曾为纽约的美国自然历史博物馆工作过。在他们见面后安特生马上发出的一封信中，他写道：

> 美国人的看法是出于这样的假设：中亚是最原始人类的避难所，这些原始人在新世界和旧大陆最偏远地区迁徙期间，是跟随着更大的野生动物的迁徙。

为这种中亚很可能是人类起源地的理论做最强烈宣传的人之一是安德鲁斯的上司，古生物学家亨利·法尔菲尔德·奥斯本。

在1919年中，安特生和奥斯本及奥斯本的同事威廉·迪勒·马修斯都有过直接的通信。马修斯给他寄来了论文《气候与进化》，其中他进一步发展了奥斯本的想法。安特生并不同意马修斯的气候理论，但是与美国学者的联络增强了他的认知，知道自己正在发现某些重要的东西。后来，当同一年瑞典中国联合考察队在内蒙古和东北地区南部发现了史前石器时代的工具的时候——就在同一地区，日本考古学家之前也有过同样发现——因此安特生立刻就把握住了这些发现的意义。这让他认真追踪早期人类和考古文化在中国的线索。现在他意识到美国人的理论也有一定道理，他就把这些理论和自己绘制中国史前气候的地图联系了起来。

1920年2月，安特生参加了北平的一个国际会议，在会上他介绍了新发现的石器时代的工具。会上还有另一个美国学者、人类学家阿莱克斯·赫尔德里西卡，他曾因1907年提出了美国印第安人是通过白令海峡到达美国的理论而闻名。赫尔德里西卡现场争辩说，人类的起源肯定是在欧洲。安特生在3月14日写给乌普萨拉大学维曼教授的信中谈到了北平大会上发生的情况：

> 美国人类学家赫尔德里西卡也到这里来了，他在新成立的洛克菲勒学院举办的一个医学大会上的演讲中说：亚洲和美洲的人口是一个来自欧洲的新石器时代的迁徙浪潮，而中国没有任何旧石器时代的人类，或者说，曾经到达这里的旧石器时代的人类无论如何不能生存下来，已经灭绝了。
>
> 对这种说法，我立即回应：我无法判断这是否正确，但如果是真的，那么其解释应该据于这样一个事实，即按时间顺序对应冰河时期的东亚黄土层气候如此不利于人类生存，以至阻挡了旧石器时代的人类。他们发现在冰川边缘，

即在南欧和西欧更容易发展。

正如您能看到的，这些看法都是还很模糊的猜测，但是它们涉及到我们当前面临的一些最重大问题。

显然，在这个方向上的材料开发需要对化石形式进行细致研究，要不断参考当前的动物群。

这是安特生现在决定从中国大规模收集材料的原因。既收集化石，也收集目前的活材料。他认为，这些材料放在一起，它们能解释中国的气候如何通过各个时期而改变，并影响到居住在这里的人类的种种前景。我们必须理解，在这一时间点，还没有取得在非洲的那些决定性的发现，表明人类的起源在非洲。

冰河时期的发现也表明，人们已经把它和现代人的分布做了对应。对于北欧的地质学家和考古学家来说，很明显，最后这个冰河时期已经消除了那里任何可能存在过人类的痕迹，而在冰消退之后，温暖的气候使得人类在那里生存成为可能。早期人类才迁徙到了这些地区。同样，来自全球各地的古生物学意义的动植物发现源源不断，这也导致了这样的看法：这些动植物一方面是彼此相似的，另一方面一定是经常生活在与所发现地完全不同的气候中。换言之，很明显，地球一定经历过不同的气候事件。

这是安特生和他同时代的研究者以人的迁徙和气候来思考的原因。几年后安特生把这个问题推到了逻辑上的极端，那时他开始关注中国更现代的考古史，试图理解他在这个国家获得的涉及史前农民的发现。但是在 1920 年时他的研究基础依然还是很广泛的，尤其是他最感兴趣的第四纪时期，当时全球气候都以反复出现的冰河期为特征，而许多当今的现代哺乳动物包括人类也在那时出现了。正如安特生在给维曼教授的同一封信中写的：

> 现在，我要谈到这件事的地质和气候方面，这是我有极大兴趣的方面。在我看来，这也是此种材料的重大意义所在，因为在这里，我们是处于类人猿和其他形式哺乳动物的上新世——更新世发展的中心。
>
> 我确信，在这里，我们正在触及当代动物地理学上最大的问题。

安特生给国内的信件非常轰动，也很快导致了瑞典这边大力增强了有关活动。

这些信件使瑞典学者意识到安特生在中国寻求的答案实际上意义重大。此外，这些信件也触及当时瑞典学界研究的顶尖问题。

在追踪亚洲人类起源问题上安特生和美国学者的对抗

就在安特生受到美国学者启发，开始寻找中国的人类祖先的时候，这种启发同时也进入了其他的方向。安特生事实上犯下了极大的错误，他给安德鲁斯和奥斯本都写了信，开诚布公地告诉他们有关自己在中国的实地考察工作，有关他的气候研究及他对分布很广的旧石器时期工具的发现，甚至有关那些神秘的山西恐龙蛋。尽管他很快也意识到自己的这种错误。不仅如此，安德鲁斯在安特生根本不知情的情况下，把安特生的想法和计划做了详细的笔记，向自己在纽约自然历史博物馆的老板奥斯本做了报告。例如，在1920年，他在信中向老板报告，安特生"对大面积的探查特别感兴趣，今年夏天是在（内）蒙古，而他希望明年在那里继续工作。他的最大希望是找到人类遗骸，并以此为目标在各个地方进行测试"。

对奥斯本来说，他当然想要发现他的有关人类起源于中亚的理论依据，那么安特生在实地考察的计划自然对他也是极有意义的事。在与这个瑞典人会面之前，安德鲁斯主要致力于射杀大量哺乳动物，并将其送到纽约的博物馆。现在他改为向他的老板建议，应该让他做安特生正在做的事情，同样去做中国的跨学科领域研究。奥斯本立刻同意了。他也认识到，这个瑞典人的工作方式开启了巨大可能性，但是速度也是至关重要的，因为毕竟北平的这个矿业顾问可以随时做出决定性的发现。

来自美国人的强烈兴趣使安特生本人也了解了自己工作的重要性，他在中国自然历史研究中第一次遇到了严重的国际竞争。早在1919年2月，他就在给拉格尔留斯和其他瑞典同事的一封信中讨论过这种危险：

> 从我最重要的研究任务，即哺乳动物化石的研究来看，因为我是这里的第一位也是最后一位，那么我目前在中国占据的幸运的职位是肯定不会持续很长时间了。除了日本人在中国的土地上一个接着一个连续执行重要的科学任务外，在东方这里的美国人最近也表现出了最大的多方面的主动性。

仅几个月之后，安特生就收到了来自美国的一个令人吃惊的邀请。美国人展示出他们对于安特生在中国的独特地位的极高兴趣，以至于他们非常直截了当地开了价，要买断安特生和他收集的材料，要把这些本打算为北平和瑞典收集的东西转给纽约！但是安特生对安德鲁斯和奥斯本的固执及他们的处事方式感到不自在。他觉得这件事有些不对劲——这是**他的**研究，对方的开价也使他再次意识到自己正走在极其重要的轨道上。他不能让这一切从他手中溜走。美国人的举动唤起了他身上的战斗精神。

1919 年 6 月，安特生写了一封有决定意义的信，最终使瑞典的极地研究方向再次转向了中国。他直接写信给南极委员会主席海军上将路易斯·帕兰德·阿弗·维嘉，向他们讲述了来自美国的邀请："他（安德鲁斯）刚听到了一点有关我的计划，就直接向我开价，他富有的博物馆将提供资金由我支配——以我的收藏为交换。"安特生继续说，美国人的计划"提醒我们要采取行动，而且要果断"。这是一个迅速取得资金的问题，以便走在美国人前面，与这个新的危险的竞争对手抗衡。最重要的是，在和美国人在亚洲追踪人类起源的竞赛中赢得胜利。

五四运动和丁文江

丁文江坐在去斯德哥尔摩的轮船上的吊床里。他的笔在淡黄色宣纸上快速而热烈地移动，这个中国人流畅地写下典故和睿智的哲学格言。也许他不是个诗人，像他的朋友胡适或者在北平见过几次的作家鲁迅那样。但这将是一篇很好的文章，它必须是一篇好文章！现在他开始对这篇文章感到非常得意。他一如既往地是从自己的信念出发，发自内心。他非常强烈地感到这一点。

即使巴黎和会已经结束，对中国是一场灾难，中国代表团带着激愤和怒火离开了巴黎，但丁文江对中国未来正确的前进道路却有绝对把握。在过去几年中，他结识了北平大学的许多具有改革意识的教师，也认识了新任校长蔡元培。他还参与了成立于 1915 年的中国科学学会，成为该学会会刊《科学》的编辑，很快也出版了自己的学术期刊。不久丁文江就成为改革界的知名人士。在巴黎和平会议之前，当中国代表团也需要一位现代科学方面的代表时，有一位熟人推荐了他。

在凡尔赛的会议上，丁文江也结识了梁启超。在清朝末期，是梁启超和康有为等人挑起中国改革工作的重担，但是失败之后被朝廷判处死刑，两人也都被迫流亡国外。康有为在疯狂地试图恢复帝制之后，又一次陷入失败的耻辱境地。但梁启超依然不变，还是梁启超。这就说明了很多问题。

在巴黎时丁文江能够告知梁启超和其他人有关他的背景，他在格拉斯哥的学习，有关他一度在上海当老师的经历，有关北平的地质调查所及其对工业化的重要意义，以及他对西方科学的力量的信念。他也认识到，西方成功背后是西方的思想。不过多年前曾为同样的理论做宣传的梁启超，此时却突然改变了想法。因为在巴黎和会结束之后，梁启超就发表了一系列文章，对西方列强和他认为这些列强代表的现代的、冷酷无情的科学发起了猛烈的抨击。他解释说，西方及其科学曾经被誉为通往黄金和幸福未来的道路，而旧中国及其价值观被视为落后过时的。但是他在欧洲看到的事情让他重新思考：使用机关枪、轰炸机、芥末毒气和坦克的世界大战是疯狂的，固然证明了西方科学的功效，不过，难道这就真的是人们为之奋斗的事情吗？科学实际上对人类提供了什么好处吗？科学给人类带来幸福吗？不，欧洲已经证明，科学仅仅是一种破坏性的幻想，对科学的肯定信念实际上只会导致人类的灾难，创造一个在废墟中的世界。世界大战因此成为人根本不值得为科学而奋斗的证明。这个世界必须再做思考，中国必须再做思考。

在大战后的年代里，毫无疑问，西方也有许多人，如果他们能够读懂梁启超的文章的话，也会引起共鸣。但是丁文江并不同意梁启超的看法。放弃对西方科学的正面信念对他来说是完全不可能的。在中国社会陷入的极度不幸和反乌托邦中，除了寻找解决方案之外，别无他法。只有继续进行，为未来而建设。他认为，梁启超和其他对西方思想失去信心的人似乎已经放弃了努力。

丁文江希望给他们再注入勇气，给中国再注入勇气。

丁文江知道自己必须这么做。带着自己的信念给他的信心和勇气，他奋笔疾书，开始写出一篇篇回应文章，积极参与后来的大辩论，一定要说明继续相信科学及其逻辑方法对中国有多么重要。在这场辩论中，他针对的不仅是梁启超及其他人的说法，而是针对大众。归根结底，这个问题涉及整个现代世界！

因此，在他到欧洲各地旅行之后，他开始为科学对人类的正面作用辩护。他认为人也必须科学地对待科学。他解释说，战争本身是错误的，但不是科学的错误，而是政治、教育和人类心理的错误。因为人们如何思维和行动及其原因，也是人们必须科学地考量和分析的因素。而且，他认为人类和科学是普世性的，他完全相信西方和东方的思维只是表面上的不同，将来会融合在一起。因此，中国必须在现代科学方面进行投资。

在后来几年中，来自各方面的针对这场辩论的很多文章，引发了知识分子的一场大讨论，涉及的问题有关如何思考、个人如何对待外部世界、科学是属于善还是恶、需要不需要科学的方法、知识分子讨论和逻辑方式的重要性等等。而讨论中也是要找到中国未来的最佳解决方案。在很多方面，这场讨论和安特生自己在乌普萨拉大学学习时见过和经历过的热烈讨论很相似。但是，在中国，由于政治形势和在凡尔赛发生的事情，这场讨论就有了更大的力量。一方面，北平还在继续进行反对巴黎和会结果、反日和反西方的示威活动，同时，还有众多知识分子的声音在为中国寻找救国方案进行大讨论，而梁启超、丁文江及他的朋友胡适，尤其是还有张君劢（1886—1969）——丁文江后来与张展开过最激烈的辩论——都是其中重要的代表。

凡尔赛会议后续的事件对中国与瑞典的合作也有直接的影响。因为这使丁文江更努力地专注于中国的地质调查和它所代表的科学。他要让调查所成为一种有力而雄辩的例子来证明他是对的。因此，与瑞典的交流及对具体科学成果的需求成了丁文江在辩论中的工具。这就是为什么他现在环游欧洲，不久还出发去美国，建立新的合作项目和进行科学交流，把中国的科学放在地图上。这就是为什么他现在正坐在前往斯德哥尔摩的轮船上——加速和继续巩固目前与瑞典的交流。

极地研究转为中国研究

1919 年 9 月 4 日是瑞典和中国合作的决定性的日子。安特生早先在夏天写的那封信在斯德哥尔摩引起了热烈的反应，南极委员会主席帕兰德召集委员们来开会决定对策。会议日程中有一个重要的议题：有关停止委员会的活动，把资金从极地研究转到中国的新领域的问题。在开会这一天，瑞典的极地考察的主要领导人围坐在会议桌旁讨论这个问题并做出决定。开会的人有会议主席帕兰德，他曾经是南极号考察船的指挥者，这艘探险船 1878 和 1880 年之间曾在欧亚大陆东北航道来回航行；会议秘书是奥托·诺尔登舍尔德，他曾经在 1901 年到 1903 年间和安特生一起指挥过南极号考察活动；植物学家和动物学家卡尔·斯科茨拜利耶也曾经参加南极号考察活动；来自自然历史博物馆的阿·格·纳索斯特和来自斯德哥尔摩大学的吉拉尔德·德·吉尔，他们两人都曾经领导过数次北极考察；来自自然历史博物馆的动物学家艾伊纳·伦贝；还有和安特生同名同姓的贡纳尔·安德森，他是瑞典人类学与地理学会主席，研究过极地旅行收集来的材料，也参与过其中多次考察活动的组织工作。这个委员会的司库、总经理兼筹款人阿克塞尔·拉格尔留斯也在场，是他曾组织了南极号探险的筹款活动。

这个委员会实际上是六年前，在1913年成立的，成为一次新的南极探险种种计划中的一个核心组件。安特生和诺尔登舍尔德是共同发起人。其目的是在瑞典和英国的领导下，在南极的格拉汉姆兰岛上建立一个国际科学站。实际上，自从瑞典人到过那里以后，英国就宣称拥有南极这些部分的主权，因此现在瑞典人是被迫与英国合作。安特生和诺尔登舍尔德在1912年还专程到伦敦去讨论过这些计划。他们与英国博物馆达成了一个合作协议，瑞典政府也为这个项目提供了十三万五千克朗资金。英国方也答应投入资金，还要设立一个和瑞典南极委员会相对应的委员会。但是第一次世界大战阻碍了计划的进展，使得计划完全落空。到1919年，瑞典在世纪之交对南极研究投入的努力就被人们遗忘了。同年3月，英国人表示他们要退出。相反，英国政府想资助一次完全由英国人参与的南极探险。

这一消息与来自美国方面的新竞争正好巧合。因此，安特生在1919年6月22日给南极委员会主席帕兰德写了封信。他解释了与中国的合作如何变得越来越重要，范围也越来越大，对中国研究的需求也不断增加，以及它为两国打开的可能性，还有他从美国那里得到的开价。他解释说，那样做的风险是除了转向为美国人工作以外，他看不到任何其他的出路。他继续写道：

> 对我而言，没有什么比在瑞典管理我的收集工作并由我们的委员会接管更有价值的事情了。在这种情况下，委员会必须更改其名称和宗旨。但是，如果因为英国撤回了他们的合作意向，瑞典的南极计划现在落空，我还是会感到遗憾。而我斗胆特别向瑞典南极考察队的创立者和领导人诺尔登舍尔德教授、向我在那次考察中的同事斯科茨拜利耶博士提出呼吁，如果他们依然无法让一个或多或少地走旧路线的瑞典南极地区研究组织准备就绪的话。我也向所有南极委员会的委员提出呼吁，首先当然是诺尔登舍尔德和斯科茨拜利耶，请他们调查一下是否没有计划比我在中国的努力更接近南极基金会的初衷。尽管在北平

从极地到中国——瑞典考古学家安特生传

工作了多年，但我从未放弃我的瑞典同事。相反，我一直注意把这个网络看成与中国交流项目的一部分。数位委员会委员已经与丁文江有了深入合作，共同研究和分析在中国获得的发现。

安特生的信对在瑞典的南极委员会的委员们产生了极大的影响。现在，他们面临的挑战不仅是由于大英帝国对南极地区的殖民者般的主权要求会使他们失去在该地区进行研究的可能性，而且还会失去安特生和他在中国的合作项目。此外，进入20世纪以后，安特生就一直是这个极地研究网络的主要推动力。瑞典极地考察现在看来前景暗淡，而在中国的研究则前景一片光明，而且有真正的可能性以委员会努力发扬的精神在这个领域继续研究。

因此，在9月4日，南极委员会最后一次开会。在严肃的气氛中，会议决定委员会剩余的资金应该给与创建者：一万克朗给诺尔登舍尔德，用于他已经计划好的一个南美考察项目，三万克朗给安特生的中国研究项目。他们还决定通知瑞典政府，不再需要政府承诺的用于南极站的十三万五千克朗，但建议这笔款项应该用于支持安特生在中国的研究。此后，会议主席帕兰德在桌子上敲下议事槌，宣布委员会解散，其工作完成。

但是，这位海军上将依然握着议事槌，并举起来再次敲在桌子上，因为在这天的会议结束之前，该委员会又重新组建了，而且按照安特生的建议改名为中国委员会。其理事会构成也与南极委员会完全相同：主席是海军上将帕兰德，阿克塞尔·拉格尔留斯担任司库，贡纳尔·安德森担任秘书。其他几位主要委员继续参与中国委员会资助的研究工作。例如，艾伊纳·伦贝分析所有同时代的动物学材料，而阿尔弗雷德·纳索斯特和他的继任者图尔勒·赫勒研究所有古植物学的材料。

当海军上将帕兰德1920年去世之后，瑞典王储古斯塔夫·阿道尔夫接过了他的委员会主席议事槌。王储后来继续积极参与中国委员会的工作，并成为其主要驱动力，直至他1973年去世。

安特生的理念代表了20世纪对极地研究的投入的产物。他继承了自19世纪中叶以来就使这个研究团队脱颖而出的很大一部分目标和心态。

这个研究团队已经到位，而同时还有不能用于计划中的极地研究的资金，这就是后来几年瑞典与中国的合作获得巨大能量的原因。不到两个星期，中国委员会就提出请求，让瑞典政府资助安特生在中国的研究项目。同一天，瑞典报纸就刊登了来自山西实地挖掘的神秘的巨蛋和象牙的照片，并宣称瑞典现在有三个研究目标：发现"人类起源"，理解哺乳动物的发展及其在各大陆的迁徙，测定中国黄土层地质的年代。此外，这些报纸也提到了安特生已经开展的"与中国政府及其官方机构的密切合作"，以及"瑞典与远东这个伟大古老的、具有高度文化的、现在再一次蓬勃发展的国家之间建立和维持多方面文化合作的重要性"。

有了来自中国委员会的支持，以及瑞典政府的资助，这群研究人员将取得远超过预期的成果。在接下来的几年中，新的科学报告和发现成果源源不断地涌来。安特生和瑞典中国合作团队将兑现诺言。而中国也是如此。

此外，很快连续发生了两件事，使瑞典和中国方面都加强了对古生物学化石的收集，进一步加快了两国之间的交流节奏。

从极地到中国——瑞典考古学家安特生传

丁文江访问瑞典

小舱房里的灯光闪烁摇曳，突然这条蒸汽船沉闷的汽笛发出信号声。出了什么事？那是 1919 年 7 月 21 日星期一的早晨，丁文江透过舱房的舷窗可以看到外面海水在阳光下闪闪发光，棕灰色的潮湿悬崖在溅起的浪花中沐浴，在带状排列的岛屿上细长的松树向天空伸展。他们正在接近陆地。

又过了一个小时左右，丁文江就到了斯德哥尔摩，安特生的瑞典。丁文江的这次旅行有确定的目的。在巴黎的时候他就和赫勒有了通信来往，两人制订了一个旅行计划。这是一次学习访问，有一个排满了会议的时间表。他将头一次会见瑞典方的筹款人阿克塞尔·拉格尔留斯，还有自然历史博物馆和斯德哥尔摩大学的主要研究人员。他还特别要求与丁格兰再次会面，后者现在正撰写一本有关中国钢铁工业和历史的著作。丁文江希望他在地质调查所的新书尽早出版。此外，安特生还告诉他，这个芬兰裔瑞典人也是瑞典铁矿床方面的专家，丁先生想借此机会到基鲁纳矿山和格兰斯拜利耶矿山进行学习考察，去看看瑞典采矿和钢铁工业是如何运作的。

丁文江根本没有时间休假或观光。因为中国的事态发展总让他感到不安和焦虑，要在最短的时间内完成尽可能多的事情。他现在到这里来是为了更崇高的任务，现在的问题是加强与瑞典的合作。原本是安特生希望要加强合作，而在发生了巴黎和会的事情之后，丁文江也比过去更迫切需要这样做。他肩负着更大责任，对自己的目标也充满了前所未有的信心。他有一个决定性的目标就在眼前，并且知道他将如何实现这一目标。

但是国内地质调查所的财政是不稳定的。他想让部里对他的工作投入更多资金，但他的努力徒劳无功。原因是缺少来自部里的理解，所以不会优先考虑他的工作。古老的化石全都非常好，但是它们不会给中国带来现金。政客们并不懂自然历史研究的实用性，但是瑞典人懂。交流研究材料和收藏品对丁文江来说，毫无疑问是国际科学的一部分。此外，来自瑞典的资金也会有帮助，让中国的旗帜继续飘扬，去实现未来的目标。

与赫勒和周赞衡的重聚充满情谊，他们叫了一辆汽车，穿过这个瑞典首都到城外的自然历史博物馆去，那是一座相当宏伟的五层大楼，有巨大的门面和廊柱。在街上，马车、骑马的人、骑自行车的人及汽车络绎不绝。人行道上，西装革履的男人、衣服鲜艳多彩和帽子招展迷人的女人，在温暖的阳光下行走。通着电缆的有轨电车在沥青路面的轨道上顺畅地滑行。斯德哥尔摩的街景一定让丁文江联想到了天津和上海的租界。这个城市井井有条、洁净整齐，绿树芳草也正在最好的开花季节。因为他们是从一个岛屿行进到另一个岛屿，他们的车会越过溪流之上的拱形桥梁，有时他们的汽车通过时发出的噪声仿佛改变了城市的音符。他们一直向北朝郊外行进，朝弗雷斯卡蒂行进。斯德哥尔摩是一首田园诗，而这是一个宁静的夏日。安特生的瑞典就是这样的吗？

十五年前，康有为和他的女儿曾经住在这个城市。他把这个井井有条的城市描绘成一个天堂，一个乌托邦，"在士多贡（即斯德哥尔摩——译注）则寸寸皆兼城市山林、湖海宫馆之胜，为地球所无焉"。在这些街道的灯光下，康有为曾经在夜晚四处漫步，在斯德哥尔摩的剧院、酒店、饭庄、茶馆之间来来往往。白天的时候，他也去参观研究过煤灯厂、图书馆、学校、监狱、贫民住宅等等，观察到这个国家"民富而国治"。这是一个理想的未来。然后他补充道：

> 此其妙法，真吾中国人古今所未解者，故挟数万里之广土众民，而民贫国匮，司农终日仰屋而嗟无术，甚哉！

> （以上引文见康有为《列国游记》之十"瑞典游记"，
> 上海人民出版社，1995 年，第 252~271 页——译注）

这些话是在 1904 年清朝最后的动荡时期说的。现在是 1919 年，是一位来自中国到斯德哥尔摩来访问的现代官吏。不过，丁文江面对的问题也许和他的前辈是一样的。要创造一个有六百万人口的理想社会是容易的，但要创造一个有四亿人的理想社会就是另一回事情了。中国很大，太大了。问题也那么多，困难是那么难以克服。需要的改变是如此根本，如此彻底。如何去说服四亿人，让他们懂得改革的必要性，而其中大多数人甚至不会读书读报？如何让他们把古老的迷信和祖先崇拜抛到身后而去寻求新的思维？但是丁文江决心去尝试。这正是他来这里的原因。

在自然历史博物馆沉重的大门后面，大厅是崭新的，天花板很高，墙壁之间回荡着的是亲朋好友的寒暄声。在研究室、陈列的展品、体内塞满填充物的动物标本、堆满书籍的图书室之间，大理石砌成的楼梯和过道铺开延伸，石头上印着三叶虫的图案，仿佛它们在飞行中被时间永远捕捉定格。在古生物学部里，周赞衡展示了他的写字台，图尔勒·赫勒给他看了实验室，植物样品在这里被清洁和拍照。在周围的房间里保存着来自自然的物品，墙边排列着索引卡片，在实验室里的桌子上，立着现代的蔡司显微镜。在侧翼的大楼里，瑞典地质调查所把他们的博物馆搬了进来，民俗博物馆也打算搬进来，有他们自己的房间。与巨大的主楼遥遥相对的地方，矗立着瑞典皇家科学院，荣耀而气派，它领导着全部的研究活动。

弗雷斯卡蒂就是这个国家的前卫空间——为人类环境和潜在可能绘制出蓝图和提供知识的一个中心。这里的科学机构既要抓住流逝的时间，同时又要捕捉未来，为了科学和对未来的信念。

* * *

午餐之后，他们登上一艘船到瓦克斯霍尔姆岛去。赫勒在那里为丁文江、周赞衡和丁格兰安排了晚餐。第二天是丁文江和阿克塞尔·拉格尔留斯、铁矿署的总工程师阿克塞尔·瓦尔拜利耶、经济学院的贡纳尔·安德森及瑞典地质调查所的派尔·格耶尔共进午餐，格耶尔也是斯德哥尔摩大学的一位高级讲师。瓦尔拜利耶和格耶尔也来午餐是因为丁文江想在去瑞典北方之前，尽可能了解瑞典采矿及钢铁工业的情况。

就在那个晚上，这个精力充沛的中国矿业局长就登上了去基鲁纳的夜行列车，到北方诺尔兰省的那些矿山去参观考察。他在那里逗留了好几天，然后再南下到了达拉纳郡那边的格兰斯拜利耶矿山继续考察。在那里又过了几天之后，他本来打算去林德斯拜利耶城外的斯特罗萨矿山访问，但这个计划后来未能实现。

因为丁文江在访问瑞典之后就要立刻去哥本哈根，及时赶上从那里去纽约的一条美国轮船。7月28日晚7点10分，他登上了去哥本哈根的夜行火车，瑞典方的主人们齐集月台和他挥手告别。去美国的轮船30日就要启航了，而丁文江甚至还没有时间对他的美国之行做好安排。人人都很担心这次旅行后来会怎么样，不过8月12日这个中国地质调查所所长来信报告一切都很顺利，他赶上了那条去美国的蒸汽船。

丁文江的这次访问对瑞中双方来说都是非常成功的，也是以一种典型的丁文江式的快速节奏进行的。

1919 年秋，中国东海

北平号的灾难

1919 年 8 月 31 日，瑞典亚洲轮船公司的蒸汽船北平号从日本西海岸的唐津港启航。几个星期前在上海，将近九十个大型货箱——那个时代的集装箱——装载到了船上，其中几乎包括了中瑞研究团队当时发现的一切中国自然历史材料，很大一部分对世界来说是全新的东西。有图尔勒·赫勒在中国的那几年实地挖掘出的所有植物化石，还有周赞衡在 1918 年为农业部收集的东西。另外，丁文江还装运了地质调查所收集而未鉴定分类的植物化石，他希望运到斯德哥尔摩由赫勒和周赞衡来鉴定。他们的计划是由这两位研究员一起研究这些材料，然后赫勒就可以写出有关中国植物古生物学的专著，既可以用于研究，也可用于调查所的实际工作。

从唐津港启航，北平号经过中国台湾开往红海。其目的是在前往欧洲的途中，穿过苏伊士运河，到达地中海岸的塞得港，预计到达时间是 10 月 5 日或 6 日，但是在那些反复无常的水域中刮起了一场风暴。1919 年 9 月 2 日，船长诺德兰德尔曾通过他的无线电报员询问中国南海上台风警报情况。此后，北平号就再无音讯了。该条船从未在埃及的塞得港露面。航运公司和瑞典驻上海总领事反复多次询问塞得港和沿途每个可想象的港口，但所有答复都是负面的。没有人再见过北平号。到了十月份，他们开始担心最糟糕的情况发生了。

11 月 5 日，一条标记"斯德哥尔摩"字样的舢板漂浮到台湾海峡澎湖列岛的岸边。舢板上有一具男人的尸体。船运公司知道，北平号从它的姐妹船斯德哥尔摩号上借了两条救生用的舢板（所以舢板有"斯德哥尔摩"字样），北平号的灾难成了无情的事实。后来该船的海难调查中报告说，该船已经沉没，连同船员和船上的一切，它或是被当时袭击该地区的强台风摧毁，或是触及一战中残留而漂浮在海上的水雷。海难中丧生的三十七名船员全都来自瑞典。随船一起消失的还有赫勒和周赞衡在过去一整年在中国南方实地挖掘中收集的所有化石和照片，有中国地质调查所自己的大部分收藏品（包括 1914 年安特生在中国的第一个夏天里在斋堂发现的东西）也沉入了海底深渊。所有这些化石至今仍然沉睡在那里。

10 月 27 日，安特生从大草场胡同的家里给拉格尔留斯去信时写道：

我现在必须承担起沉重的责任告知你，我们收集的第一批材料如何随着蒸汽船都沉入海底了……就是说，我在星期一收到了……艾克曼的一封信，信中他们送来了如下的信息：

有关北平号运输的货物，我们很抱歉，给你带来非常令人沮丧的消息。该蒸汽船是从大连出发前往唐津港，在装载所需数量的煤炭后，于 8 月 31 日从该港开往沙璜港。9 月 2 日她还与当地的法国无线电台进行过无线电联络，询问当天的台风信号。此后就再无她的消息，我们非常害怕她在 9 月初中国海的剧烈台风中沉没了。

发运的这批货物安特生没有购买保险，不仅意味着丧失了不可替代的研究材料，整个项目花费的时间付诸东流，而且丁文江和瑞典方面都蒙受了非常可观的经济损失。现在，他们被迫从零开始，以便尽快想办法找到新的资金来重建失去的一切。因为他们收集的而现在沉在海底的材料已经不是一个小数目：装有安特生收集的植物化石的大货箱有十六个，装有图尔勒·赫勒收集材料的箱子有十二个，另外还有二十四箱中国地质调查所收集的植物化石。此外，还有十九箱是安特生收集的脊椎动物化石，六箱无脊椎动物化石，一箱昆虫化石，这些箱子都是他为乌普萨拉的自然历史博物馆和中国地质调查所收集的。

装有植物化石的五十二个箱子是最大的损失。在斯德哥尔摩的弗雷斯卡蒂，赫勒被完全击垮了。他无法理解，不可想象的事情已经发生了，他就写了一封又一封信给航运公司，给北平的安特生和丁文江，给在瑞典的同事。他也给当时正在哥德堡植物园的植物学家斯科茨拜利耶写了信。当年南极号在冰海上失事的时候，这位斯科茨拜利耶也在船上。赫勒在 10 月 10 日去信写道：

> 您可能已经看到消息，北平号肯定在中国海的一场台风中失事了，是吗？船上有我从中国收集的所有东西，还有安特生收集的东西（主要是植物化石），除了脊椎动物化石之外；还有中国地质调查所收藏的所有植物化石（我本来要对它们进行鉴定工作）。因此，世界上现有的来自中国石炭纪地层的全部化石材料实际上都在船上。有时候，我不禁会想，一定是更高的权力把我挑选出来，作为他们一段时间以来开玩笑的对象。

斯科茨拜利耶在两天后回复说：

> 兄弟！
> 北平号的事情本身的确可怕，不过你的来信实际上让我不安。如果所有这些东西真的都丧失了，那简直是无法描述的地狱——就像南极号的灾难一样。我从未停止过为那时堕入海底的一切感到悲伤。但这也不足以安慰你。

对大学生周赞衡来说，这也是一次沉重打击。毕竟这是他打算与赫勒在未来数年中一起工作的全部材料。而丁文江一直期望着用这些材料能得以写出一部有关中国古生物学植物群的宏伟而全面的百科全书。另外，现在所有中方拥有的材料都和瑞典轮船一起消失在海底了。11 月 4 日赫勒写信给丁文江：

> 亲爱的丁先生：
> 你可能已经听说，北平号蒸汽船和所有船上的植物化石收藏都在运往瑞典的海路上丧失了。这是巨大的灾难——在瑞典船运史上绝无仅有的灾难——对我也是一个沉重打击，同时我也深感遗憾，作为我们协议的结果，中国地质调查所遭受了如此巨大损失。对于已经发生的事情，这类出乎正常日程的意外事故，无法责备任何人，但知道这点也无法给人安慰。

问题是现在该做什么。我认为，尽快恢复对中国煤田的化石植物群的收集和研究工作，对于中国地质学和一般意义的古植物学研究都是非常重要的。就我自己来说，我已经失去了本来会成为我今后几年主要工作的全部材料，而我也急于摆脱我的厄运。我将竭尽全力为一次新的古植物学的中国之旅筹集资金，如果我成功了，我可能会自己来。

同时，周赞衡也开始为继续自己的学业而研究其他的材料。赫勒联系了王储古斯塔夫·阿道尔夫，王储就把私人收藏品交给周赞衡处置。如此就出现了中国在瑞典的第一位交换生为瑞典未来国王的私人收藏品绘图的事情。它们并没有完全相同的科学分量，但事实上是不坏的替代品。

这场灾难使在中国的同事们以更大强度去收集新的材料，以替代丢失的东西。现在还有另一个加紧工作的原因，不仅有关安特生和瑞典团队与美国人的竞赛，还有丁文江需要证明现代科学是为了中国的未来。1920年发生了一些事情，使得中瑞合作成了丁文江最优先考虑的工作：中国要向西方列强证明自己属于现代文明世界的可能性，从而有权对自己的领土进行调查。1920年他与罗伊·查普曼·安德鲁斯发生了冲突，表明他确实需要这样做。

1920 年与安德鲁斯的冲突

1920 年的某个深夜，丁文江和安特生在中国地质调查所的所长办公室里会面。这两个人态度都很坚决，正商量应该做什么。他们必须果断地采取行动，这一点是很清楚的。

在两人面前，丁文江的办公桌上，放着最新的几期《亚洲和科学》期刊。他们从中读到，安德鲁斯和奥斯本正计划对中国进行跨学科的考察。美国人声称，这样做的原因是该国"从未进行过大规模的系统性研究"，纽约的博物馆将在中国内蒙古等地进行实地科学考察，更确切地说，是在安特生和中国地质调查所已经做过研究考察的完全相同的地区。美国研究人员将以北平作为他们的大本营，从这里开展工作。文章还说，新发现的收藏品会从中国北平运到美国，在纽约的美国自然历史博物馆展出。就好像这还不够：安德鲁斯大言不惭厚颜无耻地宣称美国考察队可以为中国的"启蒙教育"做出贡献，因为"中国没有科学机构可以通过现代方法研究和展示自然历史的物品"。这种措辞激怒了身在北平的这两个朋友。这是对他们自1914年以来就一起完成的所有工作的公然否定。

早在1919年，他们就让安德鲁斯到他们的工作场所来过。安特生把这个美国人介绍给了所长丁文江和副所长翁文灏，也给他们看了中国地质调查所的办公室和在丰盛胡同的新博物馆。不仅如此，同年丁文江去美国的时候，也回访了纽约的博物馆。安德鲁斯的文章是相当傲慢粗鲁的，这个美国人非常清楚，事实上有一个国立的地质调查所在为中国政府服务，对自然科学的研究也正在其主管并与瑞典的合作中顺利地执行。在丁文江办公室里的两个人都认识到，美国人的做法也是纽约博物馆和在中国的这个瑞典人之间进行竞争的一部分。

但是对丁文江来说，这起事件还有一个相当不同和更加严重的方面，这件事是直接反对调查所创建的背后的完整理念。

对于像丁文江和他的同事们这样的科学家，中国的问题和达尔文对自然的看法是一致的。强者取代弱者，这是自然定律。中国现在是羸弱的国家，是更强大的生物的牺牲品，这些生物根据某些自然法则，威胁着中国的生存。对于所有科学家而言，要做的事就是分析为什么中国如此羸弱，而猛兽却如此强大。丁文江及其同事们得到的答案是中国缺乏理性思考的能力。

因此，丁文江的前辈章鸿钊几年前就倡议创建国家地质调查所。章鸿钊解释说，中国因为羸弱而"受到世界文明大国欺辱"，而调查和照管好自己的财产是"一个真正的土地所有者的任务"。如果你做不到这一点，那么你真的没有权力来管理你自己的国家。他也指出，"没有一个文明国家不建立自己的国家调查所"，并且"不去使用现代科学方法来认真研究自己拥有的自然资源"。他认为中国必须要设立自己的地质调查机构。

1913年，丁文江接过了章鸿钊的衣钵，就在新常富和瑞典公使瓦伦拜利耶与中国进行谈判的同时，他制定了一项计划，要创建地质调查所。

这样的思维方式，使用了"文明""现代性"和"达尔文主义"等词汇，在殖民主义的时代是相当自然的。在瑞典也一样，安特生就曾有过完全相同的想法。1907年，作为瑞典地质调查局的新首脑，安特生曾经在发表于瑞典杂志《技术期刊》的一篇文章中解释说，调查局为瑞典自然资源绘制地图的工作是维护国家对其自身地质权益的必须之举。正如他文章中写的：

这是所有先进国家地质调查机构的主要任务，所以我们地质调查局在这些领域的工作必须出自国家的立场，理解为在国际合作中的文化防御工作。

那些未能为自己的地区测绘出资源地图的国家，在科学的普遍利益上说，就有被更强大、更现代的国家碾压的可能，这些强国将以文明的名义来取得接管的权力。事情就是这样在发生的。

对于安特生和丁文江来说，这也是简单而严酷的现实。在 1915 年日本对中国提出二十一条及在凡尔赛发生的事情之后，这一点就显而易见了。现在它再次发生，尽管是以较小的规模。美国人的计划对他们是一个信号，说明他们不得不捍卫调查所的地位，以及对中国领土测绘地图的决定权。

这两个朋友决定写信给纽约，提出尖锐和正式的答复，并提出抗议。安特生要写信给安德鲁斯，而丁文江作为调查所的所长，要写信给美国自然历史博物馆的馆长奥斯本。但是对他们来说，主要问题是他们还没有发表过任何能够证明他们的科学研究的文章。北平号的灾难把一切都推迟了。作为替代办法，他们拍了调查所和博物馆内部的照片，作为他们存在的证据（摄影师可能是艾尔莎·鲁森纽斯），然后逐点解释说，有关研究和展览的确都在用现代方法进行。安特生在 1920 年 12 月 6 日给安德鲁斯的信中指出：

> ……我认为，中国地质调查所作为活跃的科研机构而存在……的确，到目前为止我们还没有公开发表过有关该调查所存在的公告。但是我带您来见过调查所所长和副所长，以便让您熟悉这个机构。当您谈到您要在中国建立自然历史博物馆的计划，我也指出过，一个与地质调查所相关的地质博物馆已经存在，并邀请您来参观这个博物馆。

安特生也解释说，当他看到安德鲁斯的那类在中国实地考察的计划与自己与中国地质调查所已经共同完成的计划完全相同，他是多么惊讶：

> 我感到非常惊讶的是，我在您的文章中读到，您的计划已经有如此巨大的改变，以至于广泛的古生物学研究工作将在中国领土上进行，而那个地区就是过去四年中我和中国地质调查所开展最紧密合作的地方，我在那里积极收集用

从极地到中国——瑞典考古学家安特生传

于专题研究的哺乳动物化石，而所有这些事实您其实是充分了解的。

而丁文江给安德鲁斯的上司奥斯本写的信措辞更加直接坦率，他解释道：

> 我已经注意到安德鲁斯先生在最近这期《亚州和科学》期刊里发表的文章，其中有这样的段落：
>
> 中国还没有可以学习自然历史文物并以现代方法进行展示的国立机构，没有她自己的人民的科学研究工作可以得到鼓励和指导的机构。
>
> 作为一个中国国立地质调查所所长，我们调查所在过去四年中展示和研究过自然历史文物，我们的基本目标就是鼓励和指导科研工作，我无法让您上述的公开言论传播而不受到挑战。

丁文江还附加了他们现在拍摄的调查所博物馆里陈列的自然历史收藏品的照片。这些展品是安特生布置的，而丁文江也做了说明：现在在博物馆里展览了"2850 件贴了标签的物种，陈列在 17 张桌子上的 87 个玻璃柜中"。他继续写道：

> 这些自然历史文物经过研究吗？我附上几张我们已经制版用于图示说明植物化石和微观岩石剖面的图片。我进一步附上一些绘图照片，它们将会制成珂罗版图片，用于一套古生物学专著丛书的插图，这套丛书我们将称为"中国古生物志"。我希望您能从中看到，这些充分的证据证明我们不仅展出而且还研究了我们的物种标本。

也可以看出，丁文江信中提到的文章和照片其实当时还没有发表。他们正在中国和瑞典研究人员合作推出的过程中，准备发表在一个期刊上，不过这份期刊由于缺乏资金而尚未印刷出版。对于丁文江来说，尽快让这期刊物出版，并用能得到国际认可的文章来充实它，现在绝对是当务之急，这不仅是因为凡尔赛和会之后中国内部的辩论，也是对付刚刚发生的事情。

2

动物地理学问题

3 "为了中国和古老的瑞典"
——追踪人类与中国的起源

瑞典人的战斗召唤

与安德鲁斯的冲突也导致了安特生这里发生了某些事情。紧接着的信件中出现了一种新的语气，这是以前没有过的，是一种完全不同的驱动力，一种前所未有的果断坚定，有一个唯一的总体目标——要战胜安德鲁斯，要展示来自纳尔克郡克尼斯塔村的约翰·贡纳尔·安特生肯定会做得至少和任何纽约人一样好。安德鲁斯试图拿走安特生在北平拥有的东西，这像一点火星，在安特生身上点燃了没有任何其他东西可以比拟的火焰。一种竞赛的精神开始在他身上燃烧，而且在多年之后还会如此。这是从丁文江和安特生决定一起行动的同一天开始的，作为同一个人面对美国人的行动。他们两人事实上商量出了一个解决方案，给瑞典提供一个机会来对付美国，同时建立中国的科学地位。从那天起，完全占据安特生思想的就是赢得这场他和美国人之间的国际竞赛。

数天之后，安特生就给阿克塞尔·拉格尔留斯、图尔勒·赫勒及卡尔·维曼写信说：

> 丁文江和我针对安德鲁斯的反水雷现在已经爆炸，获得了全面成功。
>
> 丁文江已经书面通知了安德鲁斯，他以绝对的独家权利，为我们保留中国北方等地区，即直隶、山东、山西、湖南、陕西、甘肃等省份。安德鲁斯已经以最友好的方式承认了这一保留，并感激地接受了我们为他在中国其他地区云南、四川、内蒙古等地的工作所提供的帮助。
>
> 因此，现在正式确定，我在未来数年中将拥有在华北地区工作的唯一权利，其中包括那些著名的曾发现丰富中国龙骨的地区。在与我们能想象到的最富有和最有能力的对手进行的这场友好竞赛中，我把这看作符合我们瑞典利益的一个史无前例的胜利，是一次成功，是对我们有利的局面，必须用无情的力

量加以充分利用，因为就开发有如此丰富的哺乳动物化石发现的地点来说，我们瑞典人几乎不可能再有机会处于如此有利的形势。

安德鲁斯曾说，他的公司将是前所未有的最大的哺乳动物化石收集公司。他当然会竭尽全力，但是即使如此，我也不太相信，他的预想会成为现实，根据是在这场友好的竞争中我们现在拥有如此难以置信的优势。

安特生在信中的话不是装模作样。现在是到了他和小小的瑞典通过与中国的合作而站起来对抗超级大国美国的时候了。这个瑞典人激动的语调也可以从三方面来看：首先，他感到自己相当愚蠢，因为对美国人如此坦诚地交代了自己的工作和他在中国的目标；其次，他已经知道自己处在重要的轨道上；最后，前一年的挫折令人难以置信。"北平"号的灾难几乎扼杀了整个瑞典与中国的合作。在那次打击下，这个团队失去了他们本来应该做分析并发表的所有材料。要是化石运到了瑞典，他们就可以具有更大的优势，作为建设未来的基础。现在不仅没有了这种优势，倒有了一个新的竞争对手。就在瑞典人被迫从头开始的时候，这个竞争对手倒拥有另一种资源。瑞典方面有被抛在后面的巨大风险，甚至可能失去在超级大国中的独特地位。在这种情况下，安特生得到了丁文江的支持，对瑞典也有重大意义。

不过，这丝毫不意味着瑞典在丁文江背后"剥削"中国。恰恰相反，在安特生这封信的背后确实存在他们两人之间达成的一个协议和共同策略。它涉及到他们如何最有效地对付安德鲁斯的问题，如何实现共同目标。他们两个都想从他们对中国自然史的绘图工作中尽快尽可能多地收集到资料，并对收集到的化石进行专业的鉴定并能发表。这种出版物对中国和丁文江达到目标是非常关键的。因为在北平缺乏出版印刷的资金，他们都同意一个全新的解决方案。安特生答应，不仅承担出版费用，要一心一意地投资瑞典和中国合作研究的那些领域——而且他本人要捐献出从政府得到的大部分薪金，放入他们两人在北平开设的一个单独的银行账户——成为一个出版基金，用于支付调查所的出版费用。因为他们已经决定，瑞典中国合作研究的成果要以调查所的名义出版印刷。在1921年到1924年间，安特生把来自其薪水的总计两万美元资金存入了这个基金。

安特生寄给瑞典的信并没有提供全部情况。他知道如何表达自己的意见，以便引发瑞典国内对于和中国合作的最大反应，提供最多的资金。他给极地委员会和在斯德哥尔摩及乌普萨拉的合作伙伴的信，带有明确的目的，格外引人动容——它唤起民族主义的战斗精神，使得小小的瑞典觉得，在中国他们可以真正站起来，抗拒世界的大国。在这方面安特生特别成功。在随后的几年里，他有意识地同时也是成功地在瑞典激发起这种情感。正是这一点吸引了赞助人的资源，为这项工作提供了动力，并激发了国内人民的兴趣。显然，这里也有来自安特生本人的动力，他要赢得这场战斗，让瑞典的研究机构另人刮目相看。而他做到了——他确实做出了贡献，既是对瑞典也是对中国。确实，这不只是空谈。

但是，在这封"战斗召唤"的信中，从字里行间能读到的还有另一件事，即丁文江请安特生帮助安德鲁斯，当然是在有一定限制的范围内，为中国调查所而利用与美国进行教育交流的可能。因为美国对于他和对中国都很重要。而安特生对丁文江是信守诺言的。

尽管给国内的信很有民族主义的情绪，在来自瑞典的资助不断增加的同时，安特生也以一种绅士风度的协议态度，与美国既合作又竞争。安特生派去了他最好的收藏家，交换了马匹和化石，并确保最有经验的瑞典人——拉尔森公爵——去帮助美国人在"他们的"地区提供后勤服务，这将有助于保证安德鲁斯的考察也相对成功。此外，安特生也邀请安德鲁斯的古生物学家瓦尔特·格朗格到周口店访问，让这个美国人指导中国人和瑞典人使用最新的材料保藏技术。这是一次礼貌而互惠的交流，格朗格还成了他的好朋友。但是安特生和丁文江都和美国项目负责人安德鲁斯保持了一定距离。他们没有忘记，安德鲁斯曾经尝试过背着他们和调查所行动。

丁文江自己并未受到瑞典民族主义和为科学而战的斗争精神的困扰。那些是他可以理解的动机和策略。他们两个商定的解决方案是让所有各方都在调查所的调控下一起工作，取得的成果既有效果，效率也高。有那么多从其他国家来的自然科学研究人员，他们只知道从中国偷走东西，却一点都不愿获得授权或者进行交流，那么对比之下，丁文江与瑞典既有协议，还有对收集的那些材料正在进行的合作研究，取得了对双方都有好处的进展。与瑞典的科学交流是一项开拓性的项目。因此，在丁文江和其他国家的联系中，他一次又一次提到和瑞典的协议，是美国和其他国家应该效仿的榜样。尽管双方有矛盾，丁文江给奥斯本和纽约的美国博物馆写了封信，用他相信的国际主义的那种典型方式做了结论：

> 国外的科学家开始更加关注中国的科学发现的无限可能性，对我来说没有

什么比这更值得欢迎，而地质调查所的既定政策一直是尽其所能帮助外国人来这里工作……我很高兴为你们提供中国北部所有动物区系（包括三趾马动物区系）的材料副本，前提是您同意接受一项安排，其类似于中国地质调查所和斯德哥尔摩自然历史博物馆之间达成的协议。

在乌普萨拉和斯德哥尔摩的研究团队

在瑞典，与中国的交流现在开始蓬勃发展，变得越来越重要，以至于人们会很难理解，为什么随着时间的流逝，它们会渐渐被历史遗忘。与安德鲁斯的冲突，仿佛一把火，点燃了这种交流的新生命。现在，这已经不仅是涉及安特生的一场科学运动了，就算他是这场运动的先锋。在斯德哥尔摩和乌普萨拉，这个项目也汇集了更多动力。

随着中国委员会接管了极地研究的资金，瑞典中国的合作项目也就获得了国家最初计划用于南极基地的资助。利用这些资金，中国委员会得以支付往返于中国和瑞典之间的所有托运货物、安特生的实地考察旅费、聘用真正优秀的中国同事的经费，这些中国同事可以帮助自然科学的收集工作和动植物标本的保护等等。委员会也支付了地质调查所的工作人员的劳务，其中数名新聘用的学生在完成他们日常工作的同时，也参与了收集古生物学材料的任务，以便将材料运往瑞典进行研究和分析。

斯德哥尔摩和乌普萨拉的研究团队因此也在不断壮大。瑞典的数个不同的研究小组现在合并起来，以便完成数量尚不明朗的材料的分析鉴定，提交科学报告和已经能判定性质的化石，并及时地运回中国。新的助手和大学生组成的研究员被聘来处理安特生源源不断地从北平运来的大量材料。不少博士生在赫勒、伦纳拜利耶和维曼教授这里得到职位，将撰写有关这些中国来的材料的博士论文，并将在中国发表。正如我们现已看到的，那对丁文江来说，也是这项合作的最重要的方面之一。瑞典人对这种重要性也充分理解。正如安特生在 1920 年写给赫勒的信中所说：

> 你无法想象，（自从赫勒 1916 到 1917 年的访问以来）地质调查所现在发展到了什么程度，在一个仍然很少认识到科学方法重要性的政府内部，他们已经

组成了一个备受尊敬的科学研究前哨阵地。在这种科普宣传工作中，对丁先生来说，重要的是在他手中有一部关于中国化石植物群的专著，不是在一个遥远的国家出版，而是由他自己的调查所出版。

要吸引国际性的研究，对不论什么科学机构，都意味着威望，而对丁文江来说，自从安特生受中国政府聘用而这项合作由中国人控制以来，地图绘制就可以看作是地质调查所本身工作的一部分。

在新创立的期刊《中国古生物志》里，将会有由瑞典人或他们与北平地质调查所的中国同事在19世纪20年代共同撰写的大量学术报告。由于北平的拮据财务状况，期刊的出版会由瑞典方支付。不仅安特生贡献了资金，拉格尔留斯和王储都去寻求过瑞典金融家伊瓦尔·克鲁格的帮助，他也提供了可观的资金。对此丁文江也做出了回报，在头几年的新期刊里，他把克鲁格的名字写在扉页上的"创办人"名录下。

来自中国史前时期的线索

在与安德鲁斯发生的冲突过去之后，安特生也非常合理地推出了新的科研目标，要在中国寻找人类祖先的工作中取得成果。与自然历史研究相比，古人类学和考古学当然是可以兼容的领域，但也是需要深思熟虑的领域。

1919年夏天，安特生派朱庭祜（1895—1984）去执行一项特殊使命。朱庭祜是安特生主考过的一个学生，现在也是中国地质调查所的一个地质学家。朱庭祜现在要到内蒙古东部和东北地区南部之间的边界地区做一项古生物学调查，费用由瑞典的中国委员会支付。但是他也要留意所有可以想象的史前人类和文化痕迹。在这次旅行中，朱庭祜留意到当地农民保存的犁地后从土地里暴露出来的奇特石头，于是他就出价买下来，把它们带回了北平。这些石头就是安特生第二年参加人类学大会，与人类学家赫尔德里西卡会面时带给他的石器工具。

1919年11月1日，安特生给斯德哥尔摩发出了一份备忘录，标题是《重新收集中国北方的石器工具》。其中他描述了朱庭祜的发现如何启发他坐上火车前往这个地区做一次系统调查。安特生宣称，他已经收集了多达169件石器工具。他补充说，除了日本人已经收集到的东西之外，这必定是全世界"中国新石器类型"石器工具最大的一次收集。他继续写道："现在我面对这样一个问题，即这种文物的收集是否应该在下个季节继续进行"，然后解释说：

> 对我个人来说，我必须承认，这项任务对我有最大的诱惑力……首先，我想指出的是，就如哺乳动物化石的事情一样，这件事涉及到一项几乎还未触及过的研究领域……我进入这个课题，是因为我一直在不断地寻找，看看是否有一天，在我们开挖洞穴或其他更新世哺乳动物栖息地的过程中，会看到旧石器时代的人类踪迹。这是一个大胆的期望，迄今为止还没有实现过。但是，在这样的工作中，我们能一步一步前进，就该满足了……
>
> 无论如何，对我来说，这种新石器时代的材料似乎具有其自身的、意义重大的有意思之处……
>
> 这种工作显得非常具有诱惑力，通过收集大量材料，寻求确定在这些物体中间是否可以分辨出不同时代和不同地理类型。一位熟悉这些东西的收集者最近去了河南的黄河周边地区，这里被视为"中国人的摇篮"。他是否能在这些地方发现一些石器物体，会是非常有意思的问题。另外一个收集者，也得到关于这类物体的指示，现在正在黄河上游与陕西交界的地方做同样的挖掘。

自然，安特生现在重新提到了与美国的竞争，几乎在他给国内写的每封信中这一点都表现出来，为的是在瑞典激发人们的兴趣，为在中国的研究取得更多资源：

> 该做的事情，就必须坚决果断地完成，因为美国人也在洛克菲勒基金会的支持下，在这里"行动"……在美国人已经在这里计划好的庞大事业旁边，我竟然希望为小小的、遥远的、可怜的瑞典做点什么事情，这的确有点荒唐。但我相信在某些工作方法上我还有一定力量，我希望去尝试一下。

安特生明白，他进入了一个全新的尚未被人触及的研究领域。因为至此为止，史前考古学的所有意图和目的在中国都是不为人所知的。在 1914 年和 1915 年，日本的考古学家鸟居龙藏曾经出版过在朱庭祐去过的这个地区发现的石器工具的著作，但这个日本人相信，这些石器工具属于较近年代，起源于蒙古人。

现在，要紧的是尽可能快速取得更好的成果，对于安特生来说，他也知道应该怎么做。为了真正加快对这条线索的追踪，他让艾尔萨绘制出这些史前石器工具的图像，以此为底本印出了大量蓝图（是这个时期的主要复制技术），然后他在地质调查所内部分发，并分发给他在全国各地的联系人，尤其是当时遍布中国各地的大批瑞典传教士。这些传教士都是1914年以来安特生在中国各地旅行时认识的。这些联系人也认识他们生活的地方的当地人士。整个关系网现在都开始关注安特生和丁文江在中国的土壤里要寻找的东西——矿石、动物和植物化石、现代的和古代的植物动物等等，当然还有这个国家史前历史的遗迹。

"野蛮"工具的奥秘

沙尘暴卷起如此大量的细小黄土沙尘，以至于安特生几乎相信自己回到了大风用厚而柔软的黄色积雪把中国大草原覆盖起来的地质时代。云层变化无常，出人意外地向高处移动，从早晨起，他就一直在外面露天的工作场地干活，为部里考察周围的矿区。几分钟里，尘土弥漫的云层把白天变成了黑夜，他赶紧把自己的测量台、笔和散乱的纸收拾起来，又去牵来他那匹叫安东的马，此时马正在一棵枯瘦的松树下面吃草。然后，他系紧了马鞍的肚带，绑定好背包，就跨上马鞍朝平原飞快驰去。多石的地面像是被薄雾笼罩着，但安东的蹄子稳稳地踏着地面，朝他们上山时经过的村庄奔驰，安特生打算在这天剩下的时间里到村里躲避沙尘。最后这一小时对于马和骑马者来说都是最容易的一段路，这时他们在下山进入村庄的凹下去的道路上找到了躲避风沙的地方。在数百年岁月流逝的过程中，成千上万的车轮在周围的矿坑之间来回滚动，碾压出的道路在深达几米的狭窄沟壑里，穿过这片灰黄色的土地。当村里第一个屋顶的轮廓在沟壑上显现的时候，安特生就打算在这里过夜了。

第二天一早，安特生走到外面的晒谷场上，把背包再次搭到安东的背上。皮肤被晒伤的老太婆和手指含在嘴角的小孩子们，不知不觉地聚集在他周围。他们指指点点，长大着吃惊的嘴巴，带着好奇心盯着他，他已经习惯了这种表情。村里除了房屋、自由自在啄食的母鸡和顽皮的狗，男人们都出去了，在一片壮观的长得一米高的高粱地里干活；高粱是中国的一种硬质粮食，在中国各地都很普遍。安特生在好几个省份都看到过长得壮观的高粱，既见过白色品种，也见过红色品种或是糯性品种。在这个国家，不同高粱品种用于不同食品，从饺子、烧酒到粥。但是，吸引他眼球的不是这种谷物，而是那些男人们劳作的姿势，比如在打谷场上脱粒时，他们挥起粗壮有力的高粱秆，在地上打击高粱穗。安特生自己是在瑞典中南部奈尔克郡的一个农庄上长大的，所以他知道一点农作技术，可是在瑞典老家，他从来没见过这种技术。

大约在这个时间段，安特生与兵马司胡同里的同事们已经讨论过中瑞团队从中国北方考察挖掘收集中零星发现的新石器时代石器工具的重要性。尤其是章鸿钊，对发现的这些东西是否与中国史前史有关系表示怀疑。但是自前一年开始，安特生已经收集了将近两千多个样品，最让他着迷的主要是一类石头手工艺品，即长方形或半月形的石刀残片，这些石刀肯定是用巨大石块加工而成的，并且在顶端钻有小孔，固定过什么东西。是什么东西呢？这些石刀是用来干什么的呢？

现在，他亲眼看到了，农民们是如何用铁镰刀割掉丰收的高粱穗子的。他们用某种皮革手柄把它们直握在手里。让农民非常惊讶的是，安特生冲了过来，买下了其中一件工具。安特生立即取下皮革手柄，看它是如何固定在镰刀上的。在这个工具的侧面有两个小孔，上面有一根绳子穿过小孔，就可以把手柄牢牢地固定住。钻出的小孔就和安特生发现的石器时代的石刀上的小孔位置完全一样，距离也完全一样……所以，这是完全相同类型的工具，不过现在是用铁而不是石头制成的。

然后他问自己，这怎么可能呢？安特生抬眼眺望着黄土平原，男人们在那里辛勤劳作，时不时还发出笑声，就像他们以前的一代代人做的那样。

在后来的数月和数年中，无论是住在北平的城墙内，还是他遍及整个国家的一次次旅途中，安特生都会尽自己的能力购买许多旧工具和农具，而且也是他认为类似于考古学上的石器时代的工具。他开始觉得时间紧迫，也至关重要，这关系到在时间痕迹消失之前设法在某种人类考古学的文献工作中捕捉住时间。捕捉这些现代的史前史的证据对他来说近乎一种疯狂行为。突然间，他有了用这些文物创建一个博物馆的想法，终有一天能够提供"从石器时代到今天的中国人民物质发展的全面图景"。

安特生想着他骑马驰骋穿越过并且为之努力工作的中国。这是一个直接从中世纪屹立起来进入未来世界的国家。在她的乡村到处都有古老的样本，同时现代化也迫使她突飞猛进跨进现代城市。当然，他自己和他在兵马司的同事也是这种社会发展的一个组成部分，走向新时代，走向未来。不，他不能同意章鸿钊的看法。那段史前史和历史已经留下了一直保存至今的鲜活遗产。这在某种程度上不就是典型的中国特色吗?

1920 年 7 月 14 日

索菲罗城堡

在遥远的欧亚大陆西部,瑞典南部的赫尔辛堡城外,此时三十七岁的瑞典王储古斯塔夫·阿道尔夫搬进了他在这里的夏宫索菲罗城堡,要在这里度过一段非常艰难的时光。就在几个月前,仅仅几个月前,他被剥夺了他的幸福和对未来信念的巨大来源。他的妻子马格列特王妃,在怀孕八个月时突然患病,于四月去世。在这样的打击之后,要在他的新生活里再找到一个落脚点不是件容易的事情。这座城堡是他们大婚时接受的礼物,这些充满回声的可爱的房间也许是把他和亡妻紧密联系起来的纽带,然而这肯定也会让他感到孤独凄凉。

在这盛夏的日子里,他的面前放着两封信——一封来自拉格尔留斯,另一封来自安特生,其中还包括了他在中国拍的照片。安特生在信中说,他现在考虑更多地关注中国的考古学。事实上,这是一个真正让王储阿道尔夫感兴趣的课题。王储因此把这天的时间都花在写一封很长的信息丰富的回信上。也许,这是让他从遭受的悲痛中解脱出来的一件好事:

> 首先,让我再次感谢您,安特生教授,感谢与您富有趣味的通信和收到这些照片。我能够在这里安静地研究它们,并考虑您的建议,作为我对此事的看法,让我表达如下的意见。

> 如您所知,我对中国过去的艺术史与考古学久已深感兴趣,后者的科学分支与前者也有着明显的联系,在某种程度上我自己也致力于此方面的研究。依我之见,这些研究领域具有独特意趣,引人入胜,不仅因为较早阶段的中国文化必须视为我们已知的最令人印象深刻的文化,而且因为我们至今为止在这方面的知识仍然非常有限,就早期的文化来说简直到了最低限度……

> 因此,您的计划对我来说值得最高度的鼓励赞赏。首先,因为它涉及纯粹的考古研究,但由此,根据我的理解,您打算将调查等联系到或多或少属于艺

术史标题下的文物。

自 1910 年的地质学大会以来，王储就与安特生有了交往。安特生作为首席地
质学家曾担任大会的秘书长，并为此次会议设定了两个目标：首先，来自世界各个
角落的大会嘉宾研究人员应该共同编制一份有关世界铁矿资源的报告。然后，他们
还应该汇集世界上已掌握的有关第四纪地质的最新知识，尤其是关于上个冰河时代
以来的气候变化的知识。安特生请王储来做大会开幕演讲。于是，在 1910 年 8 月
18 日，时年二十七岁的古斯塔夫·阿道尔夫致辞欢迎国际嘉宾到会，并用以下言辞
赞扬科学的发展和对未来的信念：

> 科学现在正努力争取实际的成果，为人类服务。因此，科学对我们变得如
> 此重要，以至于我们可以说，如果没有科学和科学家们的帮助，我们整个现代
> 工业主义和非凡的进步就不可能存在。

然后，王储热情地谈到地质学本身和地质学考察的重要性，最后用下面的话结束了他的开幕词：

> 有关这个方面，还应该提到由瑞典（国会）委员会正在进行的另一项国际性调查，即关于晚期冰川纪气候变化的一项调查，该调查以一种出色的方式揭示了最近的地质学时期的气候历史。在我看来，这一课题是最有意思的一个课题，因为它照亮了人类发展的道路……

王储阿道尔夫在某种程度上对安特生实际上正在做的事情也有深刻的洞察。很快王储也参与了中国委员会的工作。毕竟他已经对所有相关人员都非常熟悉，而且长期以来他一直对东亚艺术、历史和考古学也有浓厚的兴趣。也许他还认为，与他因自己的身份而承担的许多行政事务和礼仪职责相比，中国委员会的事情对他来说更有成就感，更有知识性的启发。当年迈的委员会主席帕兰德将军在1921年去世之后，王储就接任了主席的职务。在接下来的几年中，王储阿道尔夫亲自建立了紧密的人事网络，利用自己的名声得到了更多赞助人，让他们为中国的研究捐赠了新的资金。他与中国的研究人员及北平的安特生都保持着密切联系，而他的参与也自然地提高了整个项目的国家声誉。对于王储阿道尔夫本人而言，这不仅仅是一个荣誉。

大草场的新基地

> 这是我本人参与挖掘的最漂亮的材料……总之，是刘（常山）和我一起用刀子挖出了您现在看到的大型有蹄动物。我们趴在潮湿的黏土里干了整整一天，那是我在中国最愉快的一天。
>
> （引自1920年10月18日安特生致维曼的信）

安特生现在开始把自己的工作越来越多地安排在大草场的住宅里。在外出旅行之间的空当里，他几乎没有时间去造访调查所的办公室，而且那里的房间随着这个政府机构的扩大也变得越来越拥挤。现在有三十个人在丁文江手下工作，其中十八个是实地考察挖掘的地质学家。所里的员工里添加了另外一个国际成员，即美国人阿玛德乌斯·格拉鲍乌（中文姓名葛利普），是丁文江在美国之行时遇到的一位地质学家，后来全职参加和中国的合作直至去世。安特生称其为"丁（文江）的又一大师绝招"。葛利普的任务是调查实地挖掘过程中收集到的所有无脊椎动物。此外，1920 年调查所也在主楼前面又开始建造一个新楼，后来成为一个几层楼的图书馆。丁文江与世界各地的研究机构都有通信往来，也和私人的收藏家有联系，以便得到捐赠的图书。在建楼的同时，图书也在源源不断地到来——尤其是来自图尔勒·赫勒的书，他担任了从欧洲买书的采购员。在他们等待图书馆竣工的时候，大批书籍就成堆地收存在办公室里。

结果，兵马司就变得非常拥挤，安特生大部分时间或是在博物馆工作，他毕竟是那里的主要策展人，或是越来越经常地在胡同里自己的家中，而这里开始成为实地考察之间的收集材料和人员的一个中转站。为了能给所有东西和所有人都留下空间，安特生在过去这段时间里还在大草场胡同和小草场胡同之间的交叉路口多安排了两个完整的院子供自己使用。在这些院墙之内，全部算起来，总共有十七个房子，不过大部分非常小，每个只有一两个房间，生活标准很低。这些屋子里冬天阴冷夏天潮湿闷热，大多数房子只有纸糊的窗子防护。但是其中两个房子稍微大一点，有更加现代一点的内部装饰。安特生在这两个房子之间盖了一个过道，在里面安装了一个中国式的带烟道的炉子。

在一封写给拉格尔留斯的信中，安特生说明了大草场在 1920 年看上去什么样子，在这里有：

> 存放收集箱的库房，用于再打包、贴标签等等的实验室空间，有我们所有本地助手的宿舍。这些助手有的来来去去，有的不得不住在我这里，这样手边有人也很方便。总体来看，我可以说，我们的日子非常好过，在很大程度上，所有事情都可以在我的两个非常宽敞的院子里完成，不过（现在）屋子里都变得那么拥挤，几乎到了滑稽可笑的程度。这个春天里，传教士埃里克森带着他太太和孩子们到我们这里做客的时候，我自己不得不搬到一个堆满收集箱的小角落里，几乎都放不下我的床。这真是件好玩的事，但我在这里提及，只是为了让你明白，我让中国基金付的份额绝不是贵得不合理的。

艾尔萨·鲁森纽斯也住在大草场的一个房子里，也把越来越多时间用在这边，而不是在兵马司。她也管账，订购东西，支付薪水，给出差的人员报销费用等。此外，安特生在信中写道，"她也做了大量科研方面的工作，比如进一步做（此处有一个词字迹不清，可能是'简单'）准备工作、绘图等等"。在安特生外出旅行的时候，艾尔萨也负责托运货物的事情，既有要交给政府部门的，也有要运到瑞典的。她还开始负责和厨师一起购买外出考察人员的干粮食品。

那些能够直接鉴定分类的古生物学材料，安特生会直接拿走送到地质博物馆去，但是大多数其他东西会收集起来在大草场这里做托运准备，贴标签，然后运往西方。

在实地考察中发现的现代动物植物也在大草场这里收集。除了别的东西外，熊皮和其他射杀的动物毛皮是为了斯德哥尔摩的自然历史博物馆购买的，由中国员工做内部填塞。有大量复制品交给了教育部，有时还有一些零碎的东西的运送是通过大草场这里，比如说两只活羚羊，它们也是通过这里运送到动物学博物馆的。因为安特生答应帮助不同的政府部门，此外，这也是由中国委员会付款的。

1920 年春天安特生制订了带最好的中国收集者一起去内蒙古的更大考察计划。艾尔萨问，她是否可以跟他们一起去，还负责采购物资。因为部分考察是在戈壁沙漠，那里沿路都不可能买到食品，艾尔萨精心准备了全部的食品。在之前的冬天里，她用了几个月制备干菜，把所有东西都打了包，这样就容易保存，也容易带到实地。从他们在卡尔甘建立的大本营，安特生向拉格尔留斯报告："无论如何您都应该知道，她是多么出色和勤奋。现在，她绝对想进入戈壁沙漠的中心地区收集植物。她真的全心全意都用在这上面了"。

安特生在这段时间里旅行特别频繁，有时是为了收集，有时是为政府出差，以至于他回家也只是匆匆忙忙，很快就再次收拾行李又出门了。仅在 1919 年冬到1920 年春的全部旅行中，就有两次到山西考察，结果是在一个叫保德的化石挖掘地收获了八十大箱化石（其中的犀牛化石后来用发现者的名字命名为"安特生大唇犀"）。之后又有一系列为政府的出差，到了长江沿岸的湖北、安徽和江西等省份，途中顺便也收集到了大量化石材料。这些收集在夏天之前就已经发运到瑞典自然历史博物馆，同时还给乌普萨拉的维曼教授发运了一百二十五箱动物化石做分析。好像这些还不够，就在 1920 年的这个时间点上，在大草场胡同还有另外一百箱哺乳动物化石尚未编辑目录，在能够发运前还必须做好防护准备，更不用提还有新的考古学和人类学材料正在由艾尔萨绘制素描的过程中。

对于安特生来说，要处理所有这些材料已经开始变得困难了。无论怎样，是他在指挥全体研究人员和在各省到处旅行的收集员的网络，是他在管理运输、申请许可证和维持与每个人的联系。此外，他也一直转运书籍和递交先期报告，这些报告包括有关发现材料的信息，来自考察实地的理论，地层评估等等，既是交给地质调查所的，也有发给斯德哥尔摩和乌普萨拉的，以便他们准备实验室的分析。除此以外，安特生还继续寻求新的国家资助和私人赞助者的支持，让财源如涓涓细流持续不断。

那年 6 月 13 日，安特生与艾尔萨去了内蒙古的挖掘现场。此时他又写出了新的计划和新的考察行程，一次是到河南继续追踪考古方面的线索，另一次是再到长江流域的新考察，是关系到中国现代和化石的自然历史的跨学科研究。但是安特生也明白，这样的计划都是要花钱的，为了不让拉格尔留斯感到不安，以为中国的研究开始变得太昂贵了，安特生就想到了一个变通办法：在一次去汉口公务出差的时候，他注意到了一艘"大帆船，所谓的房船"，于是有了一个胆大妄为的想法："从宜昌（坐船）一直到入海口全程进行长江流域的调查"。但是这一想法一直没有实现，因为中国未知的史前史科学奥秘先摆到了他面前。这时在河南省的偶然发现的现场挖掘引起了他的关注，他就把下一次考察的方向指向了那里。

1921，河南渑池

仰韶文化的发现

我的巨大欣喜就在这项工作本身，在这个现场的露天生活中，在令人激动的发现中。

（1921 年 3 月 27 日安特生致维曼教授的信）

这是一次重大的计算错误。一张没中奖的彩票，也根本不是安特生一直希望的结果，就和找到解决方案的喜悦浪潮击中他全身的速度一样快，喜悦在瞬间又变成了冷酷而无底的失望。已经旅行了这么远，却一无所获！

1920 年下半年，安特生派他的付薪收集员刘常山到河南西部去寻找哺乳动物化石（跟踪传教士玛丽亚·佩特森提示的信息）。刘常山还负有寻找石器时代工具的任务。当他 12 月份回到大草场时，带着一百多件石器时代的工具，有石斧、石刀碎片和不对称的石凿，全都是从渑池城外一个叫仰韶的村子买来的。安特生意识到，这些工具的实际来源——产生这些工具的文化，很可能就在附近的什么地方。迄今为止的问题是，在中国各地收集的所有石器时代的工具都是意外发现的。之前一直不可能把这些工具和土壤中的特定土层或考古学意义的文化联系起来。如果安特生要说服章鸿钊和兵马司的其他中国同事，说这些文物确实属于中国史前时期，而不是什么别的时期，那么他需要在地面找到一个尚未接触过的地方，而石器时代的工具在这里曾经和使用这些工具的石器时代的人类并排放在一起。

　　1921 年 4 月 18 日，安特生走在从渑池城通往城北十五里外仰韶村的一条碎石铺成的道路上。他注意到，沿路的地面都是由厚厚的黄土层组成的，而这些土层在

岁月严重侵蚀下，破碎成狭窄的深谷、裂缝和沟壑。这里的地形平缓地上升，从路边最深的土沟沟壁可以看出，黄土层的厚度在 30 到 50 米。在黄土层下面，他可以看到来自中国上新世的第三层红黏土层显露出来，安特生就沿着这个红土层走，它覆盖了黄土层经过第四纪形成之前一直到最近这个千年人类开始在这片土地上耕种的整个时期。但就好像这还不够，如安特生在给国内的报告中写的，"如果附近地区能够大量生产第三纪和第四纪时代的生命形式遗迹，那么对历史文物也应该同样如此"。他解释说，因为"这个地点沿着历史早期主脉的开放情况"是沿着"中国周朝和汉朝的两个政权和文化的重点，即东部的洛阳和西部的西安之间的一条伟大而古老的主干道"。然后他继续写道：

> 该地区具有古老历史领地的所有标志……环绕渑池平原的山峦上都点缀着寺庙和古代堡垒；当人们走上从这个地区首府到仰韶村的道路时，会经过数百计雕刻精美、刻有丰富铭文的纪念碑，都是为了纪念杰出人士而立的。

站在两条大沟之间的山顶上，安特生看到足有一公里外的仰韶村，决定越过他前面最近的深谷到那边去。就在这里，他解释道，"我不得不越过一条非常大的沟"，它壮观奇特就像"一条微型的大峡谷……当我爬上这条大沟的北边，我看见在沟沿的陡壁上有一个非常有意思的形象"。在底部"暴露出来的是第三纪的红黏土"，也是他在中国到处都已经挖掘过很多的那类土层。但是在这个土层上面，他看到"一个尖锐的、有角度的"土层边缘，与周围的地质结构并不对应。他走过去，用手去感觉土壤特点。它是"松散的，碎裂的"，"富有灰烬"，他在记录中写道，这时他的心跳也加快了，陶醉兴奋的心情传遍全身，因为这里的土壤"充满了陶器碎片"。

安特生用自己的手挖掘这个土层里的碎陶片，"搜寻了几分钟后，我就在这个文化层的底部发现了一小片精美的红色陶片，在抛光漂亮的表面还有黑色绘画"，而那让他感到特别失望。因为这块陶器碎片太精美了。在他看来，几乎"不可想象"，如此漂亮的东西会与他们见过的石器工具有任何联系。这太新了，发展得太完美了，时间也太近了——这些东西一定属于该地区的庙宇和纪念碑所见证的人类发展阶段，而不属于他梦寐以求去发现的史前时期。他又抽了一张没中奖的彩票。

他后来在一篇自我分析中写道："相当令人沮丧"。当时就离开了这个山沟，改道去了更远的另一个村庄，在那里花了两天时间做古生物学研究。他在那里会找到另一个难题的解答（有关那个巨蛋的难题，后来他确定巨蛋属于一种已灭绝的鸵鸟蛋化石，在20世纪30年代被人加了个副名"安特生蛋"）。但是到了晚上，他还是忍不住去思考仅仅几公里外的那个地层边缘。4月21日，他决定再去那里更仔细地观察。

在仰韶村的"大峡谷"又搜寻了两个小时之后，重大的突破到来了。首先，他成功地从红黏土中挖出了一个石斧，然后又挖出了一个类似于刘常山在村里买来并带到北平给他看过的石凿。没有任何疑问，这意味着这些石器工具都是处于发现过陶器碎片的同一个原状层中，它们来自同一时期，而且是同属一类的。带着快乐的心情和不断增强的决心，他继续研究这一个地层。仅仅用这座山边缘那些经风雨侵蚀的沟壑上从上新世到更新世的干涸田畦里发现的这些石器工具和黏土碎片，证据就很明显，现在他可以说，这是人类的新石器时代。他在那里一直工作到下午很晚的时候。他发现了仰韶文化。

不过，即使春天的阳光在温暖他的脊背，好像在给他奖励，同时一堆又一堆的陶器碎片呈现出来，问题仍然没有解决。现在这是一个确认埋在这里的东西属于什么文化的问题。他决定不再触碰这一层。他需要进行一次系统的科学发掘。

回到北平，安特生通知了丁文江和时任农商部总长王迺斌（1870-？），建议在仰韶做一次系统性挖掘。在得到总长的许可之后，地质调查所和河南省政府及渑池的地方当局合作，在1921年8月和10月27日至12月1日两次在仰韶做了大规模的挖掘。这是中国的第一次现代考古学的挖掘。

那年冬天，安特生给瑞典中国合作项目的捐款人之一哥特弗里德·凡纳斯腾写信告知他如下信息：

> ……去年秋天，政府对我异乎寻常地体谅支持，准许我在河南一个非常有意思的发掘地点进行大规模发掘。我从各地方当局得到的帮助也确实非常突出……北平的中央政府给河南省省长写了信，而省长又下达命令给地方官员，要他们在各方面为我提供帮助。这么做的结果，上述地方官员以最有礼貌的方式为我们的工作提供了帮助……我在北平的部里还为我提供了一个绝对出色的助手[指袁复礼（1893—1987）]，所以，我可以毫不夸张地说，中国当局通过他们明智和友好的合作，为我们的发掘成功做出了贡献……

受过良好教育的中国人现在完全改变了看法。就像我去年夏天就告诉他们的那样,他们现在已经充分意识到,这种石器时代文化是古老的中国文化,或者换句话说,是中国最古老的历史文化的开端。毋庸赘言,这个地点的发现引

起了这里的人极大的兴趣……

安特生的工作开始得到人们的赞同。他有五名付薪的中国助手跟他一起挖掘，另外还有奥地利古生物学家奥托·师丹斯基也来工作了一段时间。还有另一个帮助他从一个墓穴中挖掘出人类头盖骨的人，即戴维森·布莱克，是北平协和医学院的一个解剖学专家，取了中文名字布达生。布达生是加拿大人，已经成为这个瑞典人的亲密朋友，而安特生和丁文江也与他达成了协议，所有人类的骨头都应该交给这个医学院做科学的分析调查。

这次挖掘的结果将非常令人惊讶，并且是以完全出乎安特生预料的方式。

周口店的牙齿

那个夏天很热，而在北平城外四十公里山峦起伏的地方，奥托·师丹斯基正站在炎炎烈日下工作。因风化而松散的沙土在他眼前的筛子里晃动着流出筛孔，这个奥地利人用经验丰富的眼睛盯着看，时不时地还用手指去捏筛子底留下的干黏土和碎石，看看是不是什么化石，或者只是一块碎石头。在野外工作了几个星期之后，他已经有了一套相当不错的工作程序。

1920 年 12 月 7 日，安特生给维曼教授写了封信，而这封信的结果就是师丹斯基被派到这里来。利用中国委员会的资金，安特生想聘用"一位年轻古生物学家，让他来这里帮助挖掘最丰富的哺乳动物化石群"。不过，维曼教授没有推荐一个瑞典人，而是推荐了一个奥地利人，一个维也纳大学的博士候选人师丹斯基。他在那年早些时候曾经作为交换生到过瑞典，有段时间也为瑞典中国合作项目做过一点材料研究。安特生开始还有点怀疑，先征求了丁文江的意见，看看这是不是一个好主意：

> ……我与丁文江对此事做了详细讨论，让我高兴的是，他解释说，如果不可能派一个瑞典人来，那么有必要的话，派一个奥地利人来也是可以接受的。中国和奥地利已经达成和平协议，和德国人则还没有，所以一个德国人是不可以接受的。但是丁文江也提出了条件，如果是为了得到一流的研究员有必要那么做，那么也可以是一个奥地利人。只有一个这样的人员才是理想的。

维曼教授立刻给家在维也纳的师丹斯基发了电报。电文是"师丹斯基先生是否愿意前往中国在实地工作三年，包括旅费和生活费？"奥托·师丹斯基已经在乌普萨拉大学见过一些瑞典学者当时正在研究的来自中国的材料，所以他知道其潜在的意义。能得到允许到实际上未被接触过的实地挖掘全新的材料，对于一个有雄心壮志的年轻古生物学家来说，这不是一个艰难的决定。仅过了两天，他就在德国给乌普萨拉写了回信，表示没有问题——他是奥地利人这个事实其实倒成了一件方便的事情，而他也热切希望到中国来——但是也有条件，那就是允许他能够出版所有他发现的东西，并且用他自己的名字。安特生觉得这是可以接受的条件。在出发之前，师丹斯基也通过了他的博士论文答辩，论文题目是论维也纳自然历史博物馆的乌龟化石，当他在 1921 年 7 月的中旬到达北平的时候，他已经是一个古生物学博士了。在刚过去的这一年，师丹斯基的生活里发生了很多事情。

在中国，事情也有了很多进展。师丹斯基在这个国家的地质调查所与安特生、丁文江和翁文灏有过几次匆匆的初步会面，几天以后就坐火车出发，去了北平城外数十公里的山区，再步行上山到了周口店村外的一个悬崖。安特生曾说过，这里是了解中国地形的好地方，也可以继续调查三年前他在那儿发现的哺乳动物群。不可否认，这的确是一个好地方。还不到一天，师丹斯基就有了新发现，是安特生曾经谈起过而师丹斯基在乌普萨拉大学也看到过的三趾马属动物群。

奥托·师丹斯基很快就投入了这项工作。但是作为一个初来乍到的奥地利人，他并不知道自 1914 年以来发生的事情的全部背景，不知道为什么瑞典和中国现在在科学交流方面做了如此多的努力。他完全想不到，就在安特生请求维曼教授的帮助，派一位同事来中国参加实地挖掘的同一封信中，他也提到了与美国人的冲突，以及丁文江给纽约自然历史博物馆馆长奥斯本的信。现在，安特生全身心投入了与美国人的竞争，也是他要求维曼教授提供额外帮助的原因——要在追踪中国和人类祖先起源的竞争中能够应对一切困难，击败美国。他在 12 月 7 日写给乌普萨拉大学同事的信中说："我现在也正在把安德鲁斯在《亚洲》的文章发送给拉格里乌斯。"他继续写道：

> 请相信我，当我这么说的时候，妖魔鬼怪已经放出来了。丁文江极为愤怒，给奥斯本寄了一篇精彩的、很有男子气概和压倒气势的文章，读了会让您兴高采烈，爱上这位丁先生，确实是一个伟大的伙伴。现在丁文江也加快了前进步

伐，正考虑春季就去保德府，以便在省政府帮助下安排我们继续完成在那里的挖掘工作……

我想，我们的工作现在开始变得真正活跃起来了。现在我们是在为中国和古老的瑞典工作。我仍然不相信安德鲁斯是对的，认为他的事业在科学意义上才是最重要的。这场比赛让我真的觉得很有趣。我会果断地继续前进，但是也会注意用好我的资源。

师丹斯基从维也纳经乌普萨拉来到中国，直接就进入了一场竞赛之中，而对他涉足的事情却几乎一无所知，也不可能充分理解他已经成为这场竞赛的一部分。事实上，这也不会影响到他，因为这是瑞典、中国和美国之间的国家问题。他在这个战场上是新手，不理解什么会激怒人，他也无需着急。他打算以镇定和讲究方法的态度处理他的任务，去了解放在他面前的材料。就算安特生教授是他的上司，但他们之间毕竟有君子协定，他自己能发表他的考古发现，而不是这个瑞典上司。奥托·师丹斯基已经发现了大量化石，足够他写很多论文，所以他这时要考虑的事情也很多，也有很多事情可做。

而此刻，就在这一天，师丹斯基又一次用筛子在筛选一些砂石，以免漏掉任何小的化石和骨头碎片。突然间，它就在那儿出现了。很小，就像一块小石头或一块粗糙的碎石，他用一把头发刷小心地把这块东西刷下来，然后在北平的阳光下仔细研究。一块坚固的臼齿化石。是猿的牙齿吗？还是一个原始人的？一颗牙齿，这是毫无疑问的。是的，也许这归根结底是一颗人类的牙齿。或许是猿和人之间的什么动物？很有意思。这是需要有更多时间再检查的东西。他把它塞进口袋里，又把另一勺干黏土和沙子放进筛子，继续进行筛选，但也更仔细地寻找颚骨化石的碎块，它们是来自距今五十万年的一个世界。

来自北平的箱子堆成山——材料猛增

1921 年和 1922 年里，古生物学材料的收集也在持续不断增加。为了加强这方面的工作，新常富早在 1919 年就已回到了中国，在山西省太原建立了中瑞研究所，协调山西大学和调查所的工作。最重要的是，他带来了非常能干的年轻瑞典地质学家埃里克·那琳，还有来自哥德堡大学的动物学家大卫·舍兰德和来自乌普萨拉大学的植物学家哈瑞·史密斯。丁文江给山西省当局写了一封介绍信，请他们支持中瑞研究所的工作，还从调查所派去了几个同事以加强他们的力量，安特生也保证中国委员会将支付实地考察和挖掘工作。这也产生了很好的结果。

中瑞团队很快就开始加快工作速度，在一系列覆盖中国大部分地区的考察工作中进展也非常顺利。大量工作实际上是在山西省由埃里克·那琳和他的中国同事共同完成的，这些同事包括孙建楚（1897—1952）、张广司和曹世禄。此外，安特生也培训了更多收集员，像白万玉（1899—1970）、刘常山和焦中禾等，而他们不负众望，在山西与河南都发现了植物动物化石，也收集了现代植物动物标本。

现在有越来越多的迹象表明，在地质发展史上，中国确实存在过截然不同的景观类型。中国土壤里的红黏土有典型的草原动物群，而红沙中包含完全不同类型的植物和动物化石——森林动物群。对安特生来说，这是他自 1916 年以来一直全力以赴进行的"动物地理"制图的延续。这是一个理解地球历史上不同地质时代的动植物群如何发展、迁徙和变化的问题。

当安特生开始他的穿越中国自然历史之旅的时候，他一直在未知的领域里摸索探路。瑞典中国团队对动植物化石的系统收集正开始使一切变得清晰起来。每一块能鉴定识别和测定日期的化石，都使得工作变得更加容易。而发现的化石开始变得越来越多，也越来越大。

但是到了 1922 年，竞争又重新活跃起来。4 月 21 日早上 6 点，五辆汽车的发动机轰鸣，驶上向西开往卡尔甘（张家口）城外的山峦的道路，司机的方向盘指向蒙古高原。安德鲁斯已经开始了他最冒险的考察之旅。而由拉尔森公爵率领的一支美国支援驼队早在一个月前就出发了，以便建立燃油库并为野外实地工作的人员做后勤准备。出发后第四天，汽车队就停在一个沉积物地层边，在这里发现了他们的第一批化石。仅仅几天后，美国考察队就有了一个真正重大的发现。瓦尔特·格朗格用刷子刷出了一条恐龙的小腿。

"同时"，安德鲁斯在 8 月 29 日写给美国的报告中说，他自己"早在春季开始时就与地质调查所的博物馆密切合作，我也出任该博物馆的馆长，该博物馆是在 7 月 17 日举行了由共和国总统揭幕的盛大开馆仪式"。博物馆现在是在一个全新的现代建筑里开放。但是，从美国人那里传来的正面结果是让人担忧的，自此安特生就把奥托·师丹斯基派出去，到实地寻找新的发现。1922 年，这个奥地利人在甘肃省的边界地区花了很长时间挖掘，只在圣诞节才回到北平。安特生在给瑞典的信中写道，师丹斯基带回了"如此范围巨大的材料，超过我们迄今为止收集的所有东西"。材料如此多，以至于安特生担心，乌普萨拉的维曼教授会如何反应。因为师丹斯基写信来，"焦急地谈到压在他身上的'堆积如山的箱子'"。要及时处理所有材料已经到了瑞典团队的极限。但是有这么多材料这一事实就是师丹斯基已经找到了大型哺乳动物的完整骨架，尤其是有蹄类动物。当安特生亲自清理师丹斯基的箱子的时候，他意识到，其中有几个：

> 尺寸如此之大，以至于几乎不可理解，他如何能够把它们从甘肃的发现地点长距离运输……到河南的铁路终点站。它们是用大而结实的大车运输的，大多数时候有两个人走在车队前面，为了用铁锹填平一路上的坑洼。

但是，很快还会有更多箱子。多得多的箱子。迄今为止，瑞典与中国团队已经绘制了从始新世一直延伸到渐新世和上新世的动物群，而且他们已经能够追踪哺乳动物的发展，直到周口店的洞穴里发现的三趾马属（史前马）动物群。但是安特生还有另一个目标。正当他精心计划一次到西部的重大考察时，出现了一条完全不同的线索，使他转到另一个相反的方向。而且它展开了找到比他们早先发现的任何东西都要古老得多的材料的前景。

1922 年 12 月，山东

蒙阴山地的巨蜥

> 我自己在这里度过了一段美好的时光，过着自然研究者奇妙的自由生活，有时带着诧异想到我在地质局快成为官僚化石的那段时间。
>
> （引自 1919 年 9 月安特生给朋友雅尔玛·维吉克的信）

那是一种奇怪的地形。在其下方，肥沃的平原像薄煎饼一样平展地铺开，但是在其侧面，安特生和谭锡畴（1892—1952）现在躺着的高高的山坡上，有一条长长的由圆形山丘排列成的山地地形，很奇怪的是这里完全缺乏植被。它们光秃秃、黑乎乎，像戈壁滩一样干旱，这是在平原上突然升起的荒漠般的火星地貌。就在地表下面，他们的铁锹挖进一个灰绿色系列的土层，非常松散，以至于一碰就破碎成薄而窄的碎片。再往下是坚硬的土层。他们必须小心地保护自己的脸部和眼睛，以避开挖掘时会崩裂起来的讨厌的碎石屑。之所以他们在这年很晚的时候才到实地来挖掘，是因为一个月前在北平兵马司有关一块石头的讨论。

安特生和师丹斯基在研究中碰到一个有半米长的东西，是 1916 年地质调查所创建时就保存在所里的。原本是一个德国矿业工程师送的礼物，而他自己是从一个当地牧师那里得到的，那个牧师在 1912 到 1913 年间发现了这个东西。这是一块砂岩，上面突出了三块强大的脊椎骨，明显属于某种已灭绝的史前动物。在两人讨论时，师丹斯基认为这些脊椎骨属于一条古代巨蜥，这引起了安特生的兴趣。会不会这和安德鲁斯考察队发现的东西是属于同一类的？安特生变得非常兴奋，他问翁文灏，是否可以带国家地质学家谭锡畴去实地考察发现这块沙岩的地方，尽管北方的气候已经非常寒冷了。谭锡畴也是 1916 年安特生主考招收的学生。

这次旅行的距离相当长。他们先坐火车往东到了天津，再转乘往南开往山东省省会济南的"蓝色快车"。快到济南之前他们经过了黄河最东端的泥泞水域。在济南他们再次换车向南行驶，经过了著名的泰山和泰安市。又前进了几十公里之后他们在一个小火车站下了车，在这里雇了几个当地人。这些人用很特殊的独轮车推着拉着他们和他们的设备向东走了九十到一百公里，沿着小而深陷的碎石路穿过一片越来越平坦的黄土田野。他们的目的地就是那些在冬日阳光背景下矗立在天际的圆形山包。路上他们也不时会遇到推着同样独轮车的运输队，车上装着煤炭，就是从他们要去的地方回来的。当他们到了叫蒙阴的那个村子就停了下来，在北平的那块砂岩据说就是出自这一地区的什么地方。白天他们就开始在这个地区搜寻，越来越深入那些圆形的山丘。安特生发现了淡水贻贝的化石，这证明他们目前所在的特别地形可能是史前某个时期的大湖湖底，但是他们仍然没有发现任何更大的东西。

但是，12 月 3 日那天，当他们在靠近宁家沟村的地方，两人都在他们租住的房子上面的山上各自挖掘的时候，事情发生了变化。谭锡畴发现了所谓龙骨，即化石。他就呼喊安特生过来。安特生匆忙赶过来，于是他们两人就一起趴在地上挖着，刮着，用刷子刷着，干得热火朝天，越来越深地挖进这个新发现的地方。尽管有霜冻，而且不久后又下起了持续不断的雨夹雪。当"小块骨头"出现的时候，他们没有停下来，然后又发现了"一对尾椎骨"和一个"奇怪的椎间盘，像是一块大肩胛骨"，以及曾经存在这里的湖中或湖附近的水生生物，如龟类和鱼类。最有趣的是它们的年龄。

在后来的数星期里，他们发现了几个其他的有化石的土层。但是随着圣诞节的到来天气也越来越冷。他们在地图上标注了这些发现的地点，以便能再来找到它们，然后就回到了铁路线，又经过长途旅行回到了北平。但是这次冬季之行已经得到了丰厚的回报。

就在新年夜，安特生急忙给斯德哥尔摩的拉格尔留斯发了一个电报：

> 已从山东归来。发现有恐龙龟类鱼类的广泛中生代地形。也发现有爬行动物和哺乳动物的更广泛始新世地形。请通知委员会和维曼。最诚挚的感谢1922年，并向你和家人致新年的最美好祝愿。

这些新的发现表明，在山东的土层里有中生代（距今2.51亿—6600万年）和新生代（6600万年前至今）这两个时期之间戏剧性转变之谜的关键性线索，当时哺乳动物取代了在它们之前统治地球的物种——恐龙。

到了3月中旬，谭锡畴又以中国委员会的名义被派回山东，而且由委员会付费。他不仅重访了蒙阴地形，也到了这个省东部。5月1日，安特生给瑞典寄去了一份报告，其中他能够进一步汇报：

> 从这位优秀的同事那里很快就陆续收到好消息。他报告了在有脊椎动物的地层中如下的发现：
>
> - 漂亮的植物化石；
> - 至少两个昆虫物种；
> - 多种鱼类化石；
> - 来自至少两个发现地点的大型恐龙骨骼；
> - 不确定类型的始新世化石。

据此，毫无疑问，在我们面前有非常广阔的带有脊椎动物的地层。以我手边已有的信息为基础，我计算出，这些新地形约有六百公里宽。作为谭锡畴和师丹斯基工作的成果，今年年底应该……可以获得丰富而多样的收集……

谭锡畴发现的东西，绝对都是好东西。在莱阳城外六十公里的地方，他发现了一个丰富的植物群，里面有来自白垩纪晚期（即恐龙最后一个时代）的针叶树，而始新世的发现则来自哺乳动物的时代。它们可以说明植被是如何同时变化的，新近从自然历史博物馆毕业的周赞衡跟他在一起对这些植物化石进行了分类。不久后，在不远的地方，谭锡畴又有了更重要的一个发现。那是一个四脚的恐龙，而脚是三趾鸟的脚趾，后来由乌普萨拉大学的维曼教授做了鉴定。他把它的种类划分为鸟足类，或叫鸭嘴龙，又将其正式命名为"谭氏龙属"。

几乎和谭锡畴同一个时候，奥托·师丹斯基也被派往山东的新发现地点。这个奥地利人本来想回国，但被说服在中国再待几个月，以后继续在乌普萨拉大学做分析工作。

就在一年前安特生和谭锡畴挖掘过的同一地点，师丹斯基有了和谭锡畴同样重大的发现，是一个前所未知的硕大恐龙，长达十米，属名定为"师丹斯基盘足龙属"，后来再定名为"师丹斯基盘足龙"。他们在那半年中挖出的东西是在中国发现的最早的恐龙。牧师梅尔滕斯早在 1913 年前后就看到那三个椎骨的重要性，应该得到第一个发现者的荣誉。可以确定的是，俄罗斯研究人员 1914 年就在俄罗斯与中国之间的边境地区黑龙江附近发现了有恐龙化石的地层，而安德鲁斯的美国考察队 1922 年夏天在内蒙古也有过开创性的发现。但瑞典中国团队在山东的发现是中国领土上最早的有科学意义的出土恐龙。

有关中国文明起源的仰韶理论

在河南完成了有历史性意义的考古发掘之后，安特生回到北平兵马司的办公室，坐下来给中国地质调查所写报告，但他遇到了一个重大问题。其关键是在仰韶村的墓葬发现的东西和至此为止在中国其他地方发现的东西都不一样。

安特生写信给瑞典考古学家图尔·约翰森·阿恩提出咨询。他在信中解释道：

就中国的情况来说，这些研究领域可能是相对未触及过的，因此并无有关资料可以参考……实际上，我的中国同事多半把我看成一个木匠斧凿之类工具的荒唐的收藏家，他们把这些东西视为俗物，直到现在他们看到对这些东西的研究可以得到具体的结果，他们才明白过来。

现代考古学研究之前在中国还没有过，现有的那些考古学家却有幸可以得到最详尽资料，穿越已知的各朝各代追溯到几千年前。结果，他们对原始的石斧石凿和动物骨骼没有很大兴趣，不像他们的欧洲同事兴趣那么高。因此，仰韶村就成了中国领土上第一次系统的考古发掘的地点，而史前考古在中国是全新的事情，没有什么别的东西可以做出发点。因此安特生面临的绝非一件容易的任务。

在现代的碳十四方法发明之前，很长时间内只有两种方法给发现的文物测年：一是将材料与已发现并已经确定年代的其他材料进行比较；二是研究材料的工艺，以便根据其技术水平来判断年代。但是，当像安特生这样的人面对如此全新和前所未知的事物，又没有可对比事物的时候，他该怎么办呢？

安特生的直觉反应是从他的生存精髓开始的——以一个地质学家的态度来对待从仰韶村获得的材料：

> 另一方面，新石器时代类型的某种文化的众多遗迹表明了与那类最吸引人的地质学问题的一种关联。也就是说，现已表明，我去年深秋在河南调查过的一个大型发现地点，现在我称为"仰韶文化"的人类定居点，它代表的一个土地表面与现存的土地表面是非常不同的，因为华北地区非常独特的沟壑地形是在仰韶时代以后才产生的。过去四千年里在此发生的异常巨大的土地侵蚀，解释了很多问题，包括黄河在这块冲积平原上的大量沉淀物的沉积。看起来，这些调查的完成似乎可以为中国的人类定居历史提供一个框架，在某种程度上就像海平面和陆地水平的变化对斯堪的纳维亚半岛提供了框架一样[1]。这样一来，纯粹的考古学的工作就成了一种为地质学研究做的准备，而在该研究中，我打

---

[1] 斯堪的纳维亚半岛上的现代人类的早期踪迹与北欧陆地水平的上升密切相关。在最后的冰河期，北欧陆地是被沉重的冰壳覆盖和压住的。由于最后的冰河期以来这种"地壳的反弹"，陆地重新出现在海平面之上，于是最早的定居点和早期农业才在新的肥沃土地上出现。因此，对人类定居和土地隆升引起的环境变化之间的联系做跨学科研究在瑞典和北欧非常普遍。

算使用陶器作为时间记录，大致上就和地质学家使用化石的方式一样。

事实是，用这种方法，安特生会得到有关仰韶周围环境的一些革命性想法。但是这种分析还是需要花时间的——他已经从挖掘地点周边整个地区收集到了大量动物骨头和植物化石，也研究过了这里的地形。但是在 1922 年的北平，此时他的下一步骤首先是设法确定他所发现的文化的年代。他宣布：

> 我们调查的定居点……具有新石器时代的特征，因为它们实际上包含了所有通常类型的晚期新石器时代的物体，而迄今为止尚未发现一件金属物体……因此，在一个初步的基础上，我倾向于把仰韶看作新石器时代非常晚期的产物……

换言之，仰韶文化是来自新石器时代。在安特生心中，有关"野蛮人"的工具的争论记忆犹新，他继续写道：

> 另一个重要的问题是，用中国人最自然会想到的问题措辞来说，仰韶文化在多大程度上是中国人或原始"野蛮人"的。如果不是中国人，那么它显然可以是前中国人的，或是来自周朝时期仍生活在华北某地区的众多民族的一个分支。

很清楚的是，这不是一个来自有朝代时的什么东西的问题。他们也没有发现具有中国特色的东西，可以直接表明它曾经是中国文化。不过，在陶器中有三足的器皿，安特生的同事袁复礼认为这与中国周朝的青铜三足鼎非常相似。袁复礼还指出，中国古代用于表示一种煮食炊具的词，其实际字符"鬲"（发音 lì，也可发音 gé）是象形文字，即一个能形象呈现这个字符所描述事物的字符。这个象形文字与在仰韶发现的三足陶器是一样的。那么，是不是仰韶的这个陶器，随着时间的流逝，在一种书面语言发明出来的时候，就成了表示那种炊具的字符的样本呢？

这种推论使安特生对这件事有了自己的判断。他宣称："我几乎不再怀疑，这是早期中国的东西"。这其实也是他从一开始就相信的。不过，他也补充说："古老的仰韶文化有很多方面都指向了人们可以称为原始中国人的人类"。换言之，这是中华文明之前就出现的事情。问题只在于它是如何产生的，它实际上是一种什么样的文化，他如何解释和定义这种文化。

正如安特生指出的，还有一类东西也占有主导地位，他们已经收集到——

> 大约一百个箱子，有石器时代的东西、骨头做的小玩意、鹿角、猪的獠牙、贝壳，以及数量巨大但非常散碎的陶器材料。看起来，要想对仰韶文化有更深入的了解，陶器将成为最重要的物品……

那么，陶器本身就能提供问题的答案吗？现在，这是安特生最专注的事情。而在这些陶器中间发现的复杂模式使他感到惊讶。无论安特生对少得可怜的现存文献做了多少研究，与北平的同事们进行多少讨论，但他们中没有一个曾经见过任何类似的东西。这么看来，所发现的陶器在中国是完全未知的。没有任何东西可与之比较，要测年和决定这些发现的历史位置对他来说就极为困难。

安特生意识到，他不得不扩大他研究的范围。为了得到答案，他需要检查中国边界之外的资源。他吞食着他能找到的一切有关新石器时代的报告形式的资料，最后他的确发现了一点东西，能在那些骨头上添加更多血肉，而这是在丁文江的新图书馆里发现的。在兵马司的图书馆书架上，放着三卷书，其中有差不多二十年前在半个大陆之外的一次挖掘的结果。

在 20 世纪初，另一位美国地质学家拉斐尔·皮珀利在中国西边遥远的中亚地区、当时属于土库曼斯坦的一个叫安纳乌的村子里，发现了另一种有考古学意义的文化。对安特生来说，来自那里的绘图特别有意思。他向阿恩解释说："让我立刻感到震惊的是，仰韶彩陶的类型在整体上与安纳乌的类型惊人地相似。"

皮珀利把安纳乌文化描述为一种早期的农业文化，在这个美国人看来，它也许还是最早的之一。安特生想，这就意味着在中国西边曾经有过一种新石器时期的文化，有类似的陶器，有可能比他发现的这种新石器时期晚期陶器还要古老。那么两者之间会有一种联系吗？

1922 年 1 月 24 日，安特生给北平一个名为文友会的社会团体作了首次演讲。他向他们展示了在河南仰韶村发掘出的黏土碎片和安纳乌陶器的照片。正是在此时此地，他首次公开提出了他的仰韶文化理论：

……河南和安纳乌的彩陶器具如此惊人地相似，有共同装饰元素的例证数量如此之多，以至于我们有理由问一问是不是存在一种艺术设计迁移的可能性。

安特生认为，这就表明，史前的中国以某种方式受到过西方的影响。

他继续寻找国外的报告，很快发现越来越多的他认为可以与仰韶文化里的模式很像的例子。他在一周后给阿恩的信中写道：

在您如此好心地为我找来的那些书中，有两本书里包含着有趣的彩陶照片。其中一本……展示了一个来自俄罗斯西南部特里波利文化的容器，这与我在河南收集的陶器上的图案非常相似，所以我在比较图稿中让它们排在一起展示。

不过，安特生也指出：

现在有可能，一个专家会立即看到，把上述展品放在一起，在安纳乌文化和河南仰韶文化之间找到平行之处，是一种疯狂行为……如果您觉得我也已经走上了疯狂的道路，我将非常感谢有人指出。因为我完全理解，从这些假定的相似关系中得出任何结论都为时过早，但是在我看来，仔细地指出其相似性，仍然是有道理的。

一个月后，在给资助人高特弗里德·凡纳斯腾的一封信中，安特生进一步阐明了他现在投入的工作的全部内容。他解释说：

然而，仰韶这个定居点可能是全世界最大的石器时代定居点之一，能提供一种完全不同类型的独特性。常见的陶器碎片多半是来自一种非常精美的抛光过的黏土容器，有非常好的红色材料，上面画有黑色的图案花纹，在某些情况下是白色的图案花纹。现在，我要讲到最奇怪的一点，就是这种精美的彩陶容器用其图案和颜色表现出它们和在土耳其斯坦、俄罗斯、希腊和意大利发现的石器时代末期的陶器有明显的一致之处。这也是东西方之间最奇妙的一致之处，我已经把这种彩陶器皿的一些样品寄给了博物馆馆长（拉格尔留斯），为了让他先向王储展示，然后再向一些有学问的考古学家展示。我急于知道这些考古学家的意见。

大草场胡同的茶点时分

丁文江是一个很有意思而且一流的汉子。我越了解他，就越清楚他不仅有不同寻常的天赋，而且就他的性格而言，是一个特别杰出的个人。我相信，有这样一个人对我们的事业全力支持，我们可以感到很幸运。

（引自 1922 年 8 月 29 日安特生给拉格尔留斯的信）

就在安特生忙于撰写有关仰韶文化的报告之时，兵马司胡同也在发生一些事情。地质调查所的财务状况此时又一次变得很紧急。对丁文江来说，就算他还没有孩子，但有妻子和几个弟弟需要他抚养，而他也为地质调查所制定了宏伟的计划，所以财务危机是让人失望的事情。在跨入 1922 年的时候，他对这种财务状况感到沮丧，以至于他决定辞职，转而出任天津市一家私营矿业公司的负责人。到了初夏，他给赫勒写了封信，告诉他：

大约六个月前，我辞去了公职，成为一家煤矿公司的经理，因为我的薪水不足以维持我的生活，而行政管理如此沉重，让我无法做任何个人的科学工作。

不过，农商部说服他继续担任地质调查所的荣誉所长，他也接受了，因为"这不涉及任何责任，却能让我以独立的能力帮助地质调查所"。这样做也有好处，即使翁文灏现在接任了中国地质调查所的领导工作，丁文江也没有放弃他的生命之作，可以更自由地行动，而以科学为他的主要目标。就这方面的工作来说，他本人、翁文灏和安特生都相信，《中国古生物志》期刊对地质调查所的生存是关键。安特生已经写出了有关仰韶文化的报告初稿，丁文江和翁文灏也都看过了。当然，他们也知道有哪些其他文章正在准备中，以及这些文章会得到什么样的关注。

在安特生这方面，他在 1921 年 5 月已经再次签署了和中国政府的合同，就和过去一样，继续把他政府顾问的一部分工资提供给期刊《中国古生物志》。

不过，他在中国最好的朋友，因为有了新工作搬到天津去了。虽然丁文江也把自己在北平的房子卖了，但是他还是经常来北平出差，那时就会到安特生这里过夜，而不是去住酒店或其他朋友家里。安特生在大草场居所最东边准备好了一个房间，"时刻准备他来住"。安特生后来描述道，一旦"打来电话说他已在路上……我的仆人们就会急忙将一切整理妥当"。他还补充说：

> 在他来北平出差的这些时候，他是非常忙的……不过，偶尔某个晚上他有空的时候，我们就会有几小时丰富的思想交流，这时翁文灏博士和哲学家诗人胡适博士，或许还有其他一些朋友，都会聚集在我的客厅里，无论是开玩笑还是严肃的对话交流，都会一直不断。

> 但是很多次，丁文江在北平都是整天的会议和讨论，我几乎只在早餐或者午夜左右才能见到他。然后我们两人会一起喝杯茶，在安静深夜里的那些谈话对我来说是宝贵而令人难忘的课程。

安特生和丁文江彼此亲近，是以一种当时并不特别常见的方式。两人在安特生家的"客厅"里的那些讨论，会经常提到科学的进步，还有涉及一切的理论，从古生物学意义的化石蛋的发现和第三纪植物群到黄土层的测年，尤其是中国的起源问题。安特生在他的中国朋友那里测试着他的理论，因此而获得本土专家的有关提示，以及在最古老的历史资料中到底说了什么的有洞察力的见识。而且，他在西方文化中追踪痕迹的做法，也得到了这些中国朋友的支持。

安特生的那些有学问的朋友告诉他，他有关仰韶文化的理论，对于他们并非想象的那样有革命性颠覆性。1894 年，法国历史学家、汉学家拉克伯里就曾提出一个相当奇妙的理论，即中国人的祖先是传说中的黄帝，他率领自己的子民从巴比伦东迁来到甘肃一带。这种理论已经被东方一些人接受，也很快就进入了日本历史书籍，甚至有中国人相信它，例如语言学家和哲学家章炳麟（1869—1936）。

但是，安特生理论的新奇和令人震惊之处，是第一次有人能展示出这种说法的证据。通过胡适和丁文江的介绍，安特生也和天津的考古学家、收藏家罗振玉（1866—1940）建立了联系，安特生在自己给阿恩的信中把罗振玉称为"中国目前

最活跃的考古学家"。

那几年里，在大草场安特生家里常有愉快的知识性交谈的时光。在一年中比较温暖的季节里，当只有安特生和丁文江两人在家时，他们就会搬着藤椅到室外来，坐在内院的花园里。那时丁文江肯定会抽烟，而安特生会请他喝瑞典的潘趣酒，他们两人会从忙碌的生活中偷闲休息一下，在北平夜晚的星光下享受片刻。

错失西方的链接

在随后的几个月里，安特生在他的中国和欧洲同事们那里小心地测试他们对他的理论的看法。他给王储古斯塔夫·阿道尔夫寄去了十二块仰韶彩绘陶器的碎片，王储又在1922年5月专程前往伦敦，向大英博物馆的陶器专家罗伯特·洛克哈特·霍布森展示了这些碎片。霍布森对安特生有关仰韶和安纳乌与特里伯里之间有关联的理论是很肯定的，认为这些样本"清楚地"表明它们和近东的样本一样，属于"同一设计家族"。他还指出，早在公元前3500年，在巴比伦就发现了彩陶。

在北平，安特生对那些三足陶罐及其与甲骨文字"鬲"的相似之处进行了更多的思考。如果中国的语言文字借用了仰韶陶器的元素，他想象，这种文化肯定是刚好存在于最古老的中国源头之前。通过丁文江，他得知考古学家罗振玉和他的同事们在河南的另一个地方，安阳城的附近，发现了带有文字的甲骨。在甲骨上有关于中国最古老朝代的信息，这就使得给这些甲骨测年有了可能性。

在安特生用 1922 年全年时间才完成、第二年才发表的报告中，以及在这之后立即在瑞典考古学地质学期刊《于美尔》上发表的一篇广受欢迎的文章里，提出这样一个测年：

> 如果……在公元前 3500 年的巴比伦已经发现了彩陶，而在另一方面，如果我们回想一下我上面说的话，即仰韶文化的测年可能接近中国书面历史的开端，而这个开端不可能早于公元前 2500 年太多，那么其可能性的平衡就说明，彩色技术的传播是从西向东，而不是相反的方向。

安特生还对仰韶地区进行了跨学科的调查，并指出，自从该文化存在以来，仰韶村周围的环境已经完全改变了，因为他在周围地面发现的鹿骨化石及煤层可以表明"这种鹿曾经生活在仰韶人用闪长岩石斧砍柴获取燃料的森林中……然后和人一起消失了"，因为今天在那里已经找不到鹿了。他也发现了其他动物的头盖骨，而这些动物也消失了，包括豪猪。他宣称："这可能表明，仰韶时期比较温暖，也许还更潮湿"。

一个更多雨的也更温暖的时期被后来的干旱且气候较冷的时期取代了。而且，他相信，当农业发展要求更多土地和燃料的时候，剩下来的森林在这段时间里也被砍伐光了。当保护性植被就这样消失以后，地面逐渐受到侵蚀，随着时间流逝，黄河及春季的洪水把黄土层切割成了周围到处可见的沟壑。

但是有两个主要的问题还存在。为什么瑞典中国团队至此还没有发现在发明农业之前这个很长时期里的人类痕迹？如果在仰韶存在的这种彩陶技术是受到西方来的影响，那么这种影响是怎么传到这里来的呢？

安特生想象着，问题的答案既是在气候里，也是在安纳乌文化和仰韶文化之间的那些联系中，可以解释为中国"自历史性时期开始以来……就通过派遣和平贸易使团的方式与西方取得联系"。然后他继续写道：

在青藏高原和西伯利亚针叶林之间，从里海几乎一直到太平洋，延伸着一个草原与沙漠带，而这里的气候，根据皮珀利和埃尔斯沃斯·亨廷顿在某些时期的调查，在历史上比今天好得多，更适合人类居住。

带着这种看法，安特生又回到了他在1920年2月和赫尔德里西卡的讨论。看起来在中国，在最早的石器时代（似乎没有来自那个时期的人类踪迹）与农业时代之间存在一段空白。那么，新石器时代怎么可能突然无中生有一样突然在仰韶出现呢？赫尔德里西卡的论点是说，亚洲是通过来自西方的新石器时代浪潮才有人类居住的，那么他是否都对呢？

因此，安特生决定要一劳永逸地找到这些问题的答案，他现在需要以多种方式来努力攻破的难题，为此他将开始他在中国的所有岁月中最长的一次考察。他在1923年春季结束了自己给地质调查所写的第二份报告，即有关中国地质历史的报告，结束语如下：

从极地到中国——瑞典考古学家安特生传

我希望某一天会有个幸运的发现，证明赫尔德里西卡博士和我的推测无效，本着这种精神我结束这份报告，开始继续进行实地研究。

安特生当时还根本想不到，师丹斯基已经找到了类人猿的牙齿。但是毫无疑问，考察的指南针现在已经指向了那里。指向了西部。

4 西行记

分裂的中国和团圆的夫妻

1923 年，安特生的生活中发生了很多事情。新年一过，农历春节的庆祝活动结束之后，在北平召开了一次地质学家的会议，丁文江和安特生安排了一个临时展览，而在他给瑞典的信中写道，我们"尽量展示了那时我们可以拿得出的收藏"。北平的大报《北平导报》也报道了这次展览。

安特生也在为计划 5 月开始的实地考察做最后准备，这将是他在中国的时间最长的一次实地考察，同时他也开始考虑自己的未来。在过去这几年中，他与艾尔萨·鲁森纽斯变得越来越亲密，早就开始了一种恋爱关系。此外，安特生在瑞典还有之前的婚姻留下的孩子要考虑，尤其是最幼小的女儿玛格列塔（西格娜正在办理与金贝尔离婚的手续，已经返回瑞典），所以安特生也开始考虑在中国的这些考察完成之后自己的生活。他到了该回瑞典的一个拐点，这样才有机会看着女儿长大。他对他的朋友拉格尔留斯已经谨慎地表达了这个意思，希望后者能帮助，有一天能在国内给他找到一个职位。不过，就像他在信中写的："这个问题几乎不是什么紧迫的问题，因为无论如何我都必须先完成当前的旅行。"而北平也需要他继续工作，因为"丁博士和翁博士都尝试着做出安排，以便我能够在今后几年里继续在这里干科研工作"。要下决心是很困难的。不过，他解释道，这个问题也是一个政治形势的问题，"政府权力的不断丧失，结果是土匪遍地和各种各样的无政府状态。好像解体的过程已经到达一个新的关键阶段，可以预料那时悲惨事件会到处发生。"

安特生为之服务的中央政府完全依赖于军阀的军事支持，此外在南方，广东省有一个由孙中山（1866—1925）领导的脱离中央的革命政府。中国被分成不同的派系，也在南北之间分裂，军事冲突随时可能爆发。此外，安特生在给拉格尔留斯的信中写道，他的薪水"已经拖欠不付有半年多了，所以，如果我认为我应该考虑返回祖国并在那儿找工作，我希望你不会觉得不对劲"。

但是在安特生写给国内的信中，对他和艾尔萨在大草场的恋情，他仍然一字不提保持沉默。4月份他们结婚了，却没有告诉国内任何人。只不过六周之后，在5月29日，安特生到了陕西西安，在向西寻找仰韶文化起源的漫长路途上，他在给拉格尔留斯的信中突然冒出那么几行字，就好像是顺便写的。他写道：

> 我出发前太匆忙了，所以没有按我希望的那样抽出时间给您写信，谈谈我个人的情况。现在，在旅途中的第一个主要停留地，我很愿意这么做。
>
> 首先，我应该告诉您，自上个月16日起，艾尔萨就成了我的妻子……就我现在的地位，我非常高兴，我有了一个如此忠实的妻子，心甘情愿并且承诺为我的兴趣奉献出全部时间，确实是我所渴望的最好的工作伙伴。如果您，我亲爱的好朋友，能对我走的这一步分享我的满意，将令我感到无比高兴。

1923 年 7 月 5 日，西宁

在青藏高原边缘

> 西宁早6点的气压计读值，576.5（也许是毫巴，在高纬度读数时气压低），+15℃。

（引自 1923 年安特生的日记）

在他们到达西宁之前，安特生的考察队就已经在离城不远的地方有了意义重大的发现。这个考察队包括安特生、姓刘和姓陈的两个收集员，伙夫庄永诚和姓金的马夫。其中大多数人朝着不同方向前进，而安特生自己则骑马从兰州向西登上了青海高原更高的地方。这样就能够看到周围数十公里远的景色，一片美丽的翠绿景观。

在盛夏的酷热中，安特生趴在地上，再次挖掘中国的土壤。他狂热地挖掘，并且在第一份实地报告中记述道，他感到"极大的幸福"。因为土地里的遗迹让他感到吃惊，似乎真的在证明他是对的。在这里，在遥远的西部，在大地中他也发现了陶器！在第一天的挖掘之后，他就写信给王储殿下，向他禀报自己已发现了没有涂彩的"单色"陶制容器，"和河南发掘地点的情况比较，其类型要粗糙得多"。但是他也发现了在中国很常见的三足陶器，属于"鼎和鬲类型"，"是很粗糙的产品，其尺寸肯定比我们在河南发现的要大得多"。但是最重要的是他挖掘出了很多碎片：

> ……彩色图案（红底上黑色图案）陶器的碎片，其模式立刻让人联想起仰韶村的陶器图案。但是也有几个不同的地方。彩绘容器的形式似乎比我们从河南发现的要复杂得多，在某些情况下它们也被绘在内侧，这个特点是我们在河南没有看到过的，但在苏萨看到过。
>
> 最奇特的是，这里的骨头材料是和河南发现的骨头材料完全不同的类型。在河南我们只发现了猪骨头，而这边的情况下占主导地位的（材料）我相信是山羊或绵羊的骨头……我不会认为这是不可想象的，即我们已经超出了仰韶文化群的中国地区。一条由非中国人组成的桥梁肯定在中亚已经存在。

安特生在这里提到并和当下的实地发掘做比较的苏萨，是古代的一个史前城市，位于今天的伊朗西部。在前一个世纪，曾在那里发现了城市的废墟，更古老的新石器时代的痕迹及彩绘的陶器。

自从 5 月 6 日安特生离开北平并经过西安进入陕西省以来，发生了很多事情。6 月 21 日，在到达甘肃省内的兰州并在这里建立了此次考察的基地之后，这个团队就兵分两路行动。袁复礼带一个伙夫走上他自己的路线，去调查附近的煤田，为赫

勒正在进行的中国史前植物群绘图计划搜寻植物化石。而安特生手下最好的也是最年轻的收集员白万玉，被他派往"从兰州往西北的方向，去寻找哺乳动物化石，以及史前时期的居民点"，他要独自工作好几个月。不久白万玉就给安特生送来了草图和说明，以及重要的消息，他显然找到了"一个丰富的哺乳动物化石挖掘地点"，这会让他忙上一段时间。

安特生自己去了青海高原，带了姓陈和姓刘的两个收集员，姓庄的伙夫，和姓金的马夫，此外还有一个新成员，是姓李的翻译。李有朝鲜人的血统，又娶了一个藏族人，对这个地区非常了解，很快他自己就成了这个考古调查队最热情的员工之一。在从兰州出来的路上，这队人马首先沿着黄河的狭窄小路奔驰，然后沿着黄河支流西宁河（煌水河）向上进入更高的山区，直达西宁城。就在他们马上要到那里之前，在仅剩六公里的地方，庄伙夫突然大叫了一声，从马背上跳下来。他指着路边沟壑里的陡壁上显露出来的陶罐碎片让大家看。安特生后来宣称，"就一瞬间，仰韶文化的边界就从河南扩展到了西藏边界附近"。

就在这里，在西宁城外，他们建立了营地，从 7 月 6 日至 15 日挖掘了十天。十分奇怪的是，他们没有找到一件石器时代的东西，既没有石斧，也没有箭头，也没有一件金属的东西，但另一方面，他们却发现了大量骨针。当然，还有陶器碎片，最初安特生认为这些碎片具有"与安纳乌陶器和苏萨陶器相同的特征"，同时又与"中国文化圈"也有相同特征。挖掘结束后，安特生以 1∶100000 的比例画出了该地区地图的一个草图，也对发现的东西做了一点评论。

事实是，青海高原边缘的发现让他震惊。就如他在实地报告中写的："我对再次找到仰韶文化的东西最多只抱有一线希望，因为，河南古老文化充满了种种让人联想到古老过去的文物，在它和西藏边缘，在我看来挑战着气候的这些偏远之地之间有一种巨大的差别"。

在这里，在他四周，长长的山谷中到处都是绿色的植被，绵羊在高高的草丛里吃草，一片片梯田则是古老农业的见证。他在这里发现的并不只是疾风扫过的不长东西的山岗悬崖，而是"海拔 2000 米以上令人惊讶的肥沃土地的长长山谷"。但是，他想着，如果数千年前在这些地方就有早期的新石器时代的定居点，也许根本就不那么奇怪。

在遥远的北部，在闪烁蓝光的含盐的青海湖湖面上，矗立着祁连山脉的雪山顶。在东北的群山之间闪烁着广阔的沙漠之光，而在他身后，在这个高原边缘伸展

从极地到中国——瑞典考古学家安特生传

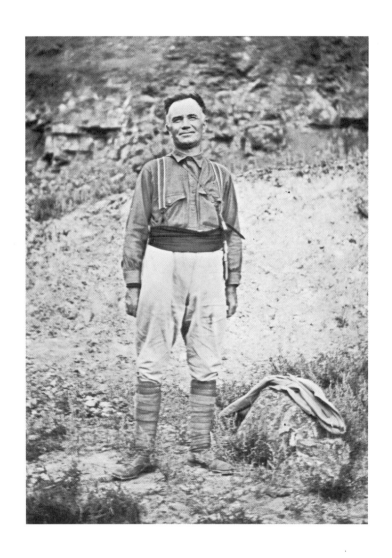

着河西走廊，这是中国和中亚之间的狭窄的驼队商旅之路。仰韶文化是从这条路传来的吗？这个谜团会在这里——在甘肃和西藏外部界限之间的边界地区找到答案吗？首先，他计划继续向西奔驶到更高的高原上去，以便研究青海湖的湖岸。他要在那里寻找地球秘密中的新痕迹，更多地了解那里的气候变化。之后，他计划向东南方向行驶，前往中国的大峡谷——归德峡，它有黄河沿岸河道极富戏剧性的景观，可供地理学、古生物学和考古学的研究。

安特生欣赏着一路的壮丽景色，现在也是几年来的第一次，可以在野外逗留比较长的时间。他走在科学的第一线，而就在那天，他感到眼前的风景正在尝试告诉他一些事情。距离是无穷尽的，还有很多事情要做。但是以前的各个时代在地层学中已暴露在光天化日之下，能够逗留其中也是一种特权和荣幸。

瑞典乌普萨拉古生物学办公室

人类之根①

奥托·师丹斯基用一把粗刷子和一把细刷子小心翼翼地把这个化石碎块刷干净，再用镊子举起来看。他在考虑，是人猿的吗？他站起来，走到靠墙的工作架前，伸手去拿一个放在高处的玻璃瓶子。他把瓶子拿到书桌上，然后用手指小心翼翼地拨弄出一个不大于 1×1.5 厘米的小物体。这是颗牙齿，是 1921 年从周口店挖掘出来的。他查看了一会儿，把它放在新发现的东西旁边。然后拿起放大镜，仔细研究它。毫无疑问，是来自上颚，那是他发现的第一颗臼齿，这点他已经确定了。现在的是一颗前磨牙，可能来自下颚。那是什么？人类的牙齿很容易辨认，因此他确信，那不是来自什么其他动物，但也不像一个猿猴的牙齿。在其中一块化石上，可以看到三个牙根，它们比一个猿猴的牙根长得更紧密。那么，是一个类人猿——是介于猿和人类之间的物种吗？他拿起卡尺测量出这个牙根有 16 毫米。然后，他花了很长时间从不同角度检查这两颗牙齿，同时思考着它们的重要性。这足以成为一份完整的报告吗？不，他再次感觉到自己还需要了解更多，他需要更大量的材料来构建自己的理论基础。师丹斯基认为，科学需要精确而不是推测，所以他的反应是可以理解的。

师丹斯基在维也纳受到过长期严格教育，如果说他学到了什么，那就是古生物学是一些小碎片组成的谨慎而复杂的拼图游戏，这些小碎片是从遥远的过去幸存下来的，遥远到似乎不真实的程度。就像儒勒·凡尔纳在其科幻小说和事实之间的边界上发明的东西一样。但是一个科学家是不能对小说屈服的，他要求的是事实。

师丹斯基在维曼教授称之为"堆积如山"的巨大箱子堆中四处寻找，这些箱子堆满了他身边，不仅堆在实验室里，而且一直堆到大门外，堆到了地下室里。他觉得压力巨大。还有如此多得不可思议的材料需要处理，需要清理、分类编目、鉴定和写报告。而师丹斯基知道，丁文江和安特生不断给维曼教授和赫勒写信，催促他们加快速度，请他们"快速鉴定"。北平的地质调查所需要事实，为了能够尽快绘制

---

① 关于发现人类牙齿的时间有不同说法，从 1923 年末到 1926 年夏天等等，而师丹斯基本人也从未提供确切信息。

出中国自然历史的地图，安特生也要尽快在《中国古生物志》期刊上发表鉴定报告，要赶在美国人、法国人、日本人和德国人的前面达到目标。师丹斯基不喜欢匆忙行事。他要安静地有条不紊地工作，在他面前仍然有堆积如山的工作要做，要从来自中国的箱子里再挖出了化石。现在就是缺少时间在所有这些箱子中做进一步研究。

因此，师丹斯基必须小心翼翼地把两颗牙齿用棉花包好，放到玻璃瓶中以备将来分析，拧紧盖子。然后，他把玻璃瓶放回架子上，又回到自己的工作，清理从中国运回的化石上的大量干黏土。也许他还认为，在他还没有检查的材料里，可能还有更多的拼图游戏的碎片，可以为他提供更好的立论基础，为什么要着急呢，无论如何，有很多事情要做。毕竟等待并观察材料里还会变出什么，不会是浪费时间。

1923 年 12 月 31 日

来自中亚门槛的新年报告

兰州的冬天干燥寒冷，来自西北方的沙漠大风刮个不停。安特生探险队所在地的木板墙透风，冷风吹进了工作室，安特生在那里用打字机打字。他孤独地在兰州过冬，不断给他在北平的朋友同事和遥远的欧亚大陆另一边斯德哥尔摩和乌普萨拉的亲友同事写信，给他的拉格大叔（拉格尔留斯）、瑞典王储写信，写了越来越多的信。他和妻子艾尔萨通信频繁，但自 5 月初以来就再没有见过面，从现在算起那是七个月前了。从她及丁文江和翁文灏的来信判断，她在北平干得不错，守卫着家这个堡垒。

安特生和袁复礼及全体员工住在这所房子已经一个半月了。那是一个高产的挖掘季节，但到目前为止还没有真正的突破。不过，就在冬天的暴风雪把中国历史的谜团冻结实之前，有事情发生了，使得他们要再多待一个季节。

在独自勘察几个月之后，收集员白万玉在深秋时节回来了，带回了很多有重大意义的发现。安特生很喜欢个子高瘦的白万玉，他是一个机敏又聪明的年轻人。但是现场发生的一件事，让白万玉和当地警察有了误会。在他拿出北平地质调查所的通行证，解释他挖掘的目的之前，警察就已经抓住他，把他捆绑起来，并抽了他五十鞭作为惩罚。警察还没收了他所有的笔记、陶器和化石。碰巧就在附近考察的

　　袁复礼赶紧来帮助他，并且请人向安特生传话。安特生立刻去找兰州的省长和军队的官员——他们知道这个瑞典人是为中国政府工作的。安特生要求他们给地方当局发一个电报，立刻释放白万玉，交还被没收的化石和陶器，并派士兵护送白万玉和袁复礼到兰州，保证他们安全回来。自此以后，一切进展顺利。安特生还结识了省会的警察，关系不错，因为他就住在警察局的隔壁。甚至他们团队一出门去勘探，就有一位警员过来看管他们的收藏。

　　自从开始在这里过冬，安特生在这个省会就结交了几个朋友，过得很开心。这些朋友中有金医师和他那位开朗的妻子及他们的一大群孩子，有苏格兰传教士乔治·芬德利·安德鲁，他大约35岁，是个"在艰难中也不会退缩……的很狂热的旅行者"，后来搬到山东烟台去了；然后还有甘肃的邮局局长，安特生叫他禅布特杜

（但后来又叫他恩·比·杜德哈，并补充说他是印度人）。这年从头到尾禅布特杜都在为安特生处理信件和汇款之类的事情，因此可以安全而高效地在他们实地考察时的不同地方之间送信送钱，不论他们碰巧是在河谷还是在山上。现在这个甘肃居民正在前往瑞典的路上，要到很多地方去，因为他这个冬天要在欧洲度假，并打算同时出席斯德哥尔摩的邮政大会。安特生已经写信给瑞典国内的朋友，向他们介绍了禅布特杜，并通知他们禅布特杜到达的时间。

那个苏格兰教士朋友安德鲁，向当地房东马先生询问，是否能让安特生租他的房子在这里过冬。房子就位于城墙外，如上所述，旁边有一个派出所做邻居，另一边是一所学校。

在圣诞节和元旦之间的日子里，安特生还拜访了传教站的教会学校，向学生们展示了夏天在西宁那边发现的材料，并解释了这些材料的含义。同时，他也向学生们提问，是否有人在他们家乡见过类似的东西。不久之后，就传来消息，要他赶紧去学校。

那天安特生看到的东西，"几乎让我要屈膝下跪了，同时我被一种奇怪的，过去从未经历过的惊讶、喜悦、急切和希望的情绪征服了"。那是一个完整无缺的墓葬陶瓮，有保存完好的彩绘，比他挖掘出来的任何陶器都更大，也是更加漂亮的一类，其图案也与来自西宁的陶器碎片上的相似。他判断，这是一个来自石器时代末期的伟大完美的发现，也许有五千年的历史了。

就是这个东西，他现在必须给家里写信报告。自从严寒不幸地"在 11 月 1 日前后终止了我们的挖掘工作，因为地面霜冻对我们确实太严酷了"，他要把最近发生的事情做个归纳，总结自己一直在考虑的一切。在他被迫下山到兰州过冬的隔绝生活之前，他曾经到西宁城外的山上再次挖掘过，当时无液气压计显示"海拔 2400米"。现在，他有足够的时间，平和安静地浏览这年挖掘发现的全部材料：

"致中国委员会"，安特生在新年夜的信这样开头，然后继续写道：

> 发生了一些事情，既完全改变了我这个冬天的生活，又使我更加确信，这是从石器时代（铜器时代）的角度来看，一个考古学领域举世无双的发现。

他继续描述了那个苏格兰传教士收集的文物，以及白万玉在他从省会往河西走廊方向搜索中找到的东西。白万玉也找到了史前居民点和墓葬地的痕迹，在其中一个地点，"从兰州往北三天路程的一个叫镇番的县（今民勤县——译注）附近"，他在历史遗迹中不仅找到了陶器，还有青铜器，更有深入到了大戈壁边界的一个奇怪的发现：

> 相当数量的小海螺黄宝螺的贝壳，在某些地方仍被原始部落用作小零钱。这一发现有很大意义，因为它表明土耳其斯坦附近的某个地方，在很早的历史时期就与中国华南或印度的沿海地区建立了贸易联系。

安特生感到，自己就要找到特别重要的东西了。在中国周边地区的地下埋藏着一些早已被人们遗忘的东西，而这里曾是人类历史上的某种国际中心。早在12月17日，他就在另一封信中宣布：

> 我相信，如果我说目前的情况就好像我们想象着东地中海和近东地区丰富的前古典文化仍不为人所知，而一次最初的开拓性考察找到了他们无与伦比的科学宝藏的第一个发现地点，那我也并不夸张。

同时，在镇番，白万玉又有了一个新发现，似乎能证实了这一点，这就是：

> 在我们迄今为止的全部考古挖掘中，最具科学价值的发现是绘有类似苏萨陶器上的鸟彩绘陶器。大多数情况下这类鸟彩绘只保留在小碎片上……但有一次他成功地挖出了一个几乎完整的陶器，从艺术角度来看，它的装饰是我们到目前为止发现的全部彩陶中最好的……
>
> 我把这一发现视为……最重要的。迄今为止，我们与近东彩绘陶器的比较只涉及简单的几何元素，可以认为它们是在两个不同的地区各自独立发展。白万玉发现的这些有特色的鸟彩绘似乎表明这样的结论，即来自石器时代末期和青铜时代初期的所有这些彩绘陶器必定来自一个单一的起源点，可能是在近东的某个地方。

随着12月除夕夜庆祝活动临近，这个来自瑞典的研究员发现，到了总结一下这年发生的一切事情实际上意味着什么的时候了。他列出了要点，论述如下：

从极地到中国——瑞典考古学家安特生传

1. 我们已发现，仰韶文化在甘肃西北部的发展比我们首次遇到的河南地区还要完善得多……

2. 在这些地区……我们还发现了一些墓地，其中有些简单的青铜制品与石器和骨骼制品一起出现，就像真正的仰韶土层中的那些发现物……

3. 仰韶文化是突然作为一种移民文化出现，它来自一个尚未被研究的来源点，就和年轻得多的含铜文化也被视为较晚的移民潮一样，因为金属物品就算仍然是非常简单的，但也是一种先进的类型，到此阶段就已经进行了长期的金属（加工）开发，以至于我们在这里也找到了痕迹。

4. 在有铜器的墓葬中发现带有鸟图案的彩绘容器，表明东亚的彩绘陶器是在石器时代和铁器时代之间的过渡期，与近东的相应陶器有着遗传联系。

5. 居民点代表了定居的农业村庄，在文化土层中有猪骨头出现，以及与仰韶村人和历史上中国人相应的丧葬习俗，这数种因素表明，这种文化的承载人是原始中国人的种族。

伴随着来自大戈壁的西北风在房角刮过的呼啸声，安特生在打字机上打下了他对即将过去的 1923 年最重要的结论：

由此，我们的研究似乎已经确立，中华文化从一开始就不是人们过去以为的那样是孤立现象，相反，世界上所有先进的文化都可追溯到一个共同起源。

在兰州过冬和陶器买卖

新年一过，安特生就发烧了，而且由于阴冷的冬天把冰冷的手放在地板和墙壁上，也不会让情况好转。他一会儿盖了几条毯子还觉得冷，一会儿又热得把它们全都掀掉，来回折腾。此外，他还"胸口憋闷……背痛手臂痛小腿痛，而且浑身无力"。于是他拼命吃药：为了退烧和止痛，就吃乙酰水杨酸，即阿司匹林，每天 1 到 4 克，每次 2 片。为了止咳，他把阿司匹林与普通盐水混合以后漱口，再喝瑞典带来的鲁森止咳药水。止咳药水是药性比较强的东西。它包含马萨拉酒、藏红花、甘草精和鸦片粉——安特生在他的笔记本中记录了"其他鸦片制剂都可以小剂量重复使用"。

也许是鸦片和发烧引起的谵妄导致了那个冬天发生的事情。1月8日夜半时分，安特生醒来，感到一种比以前任何时候都更强烈的不安。他感到一场竞赛正在进行中，而他快找到解决方案了，几乎伸手可及，但是他还没有抓到，最糟糕的是并不只有他一个人在抓。他从北平和兰州都不断收到信息，说外国来的研究人员正在这个省里追踪他的足迹。就在发烧迫使他躺在床上的时候，他的竞争对手却在外面连夜工作，决心在他之前就找到那个错失的环节。安特生不得不把脚移出床边，颤抖着下床走到书桌前，把一张纸卷入打字机上，在1924年1月9日这个凌晨，他写信给中国委员会，告诉他们，自己回到兰州后发现了什么：

> 不久前，我和我的朋友、传教士安德鲁谈起了美国人兰登·华尔纳和他的计划。安德鲁考虑了一会儿就说："好吧，我告诉你，博士，我相信华尔纳到这里来和你的考古工作有一些关系。他一听说你在这一带工作，就收拾好行李过来了，在兰州停留了几天，就出发向北走了。"

> 一个人会在九月份去北边的路上来这里，肯定是件蹊跷的事情，因为这时挖掘季节就要结束了。我们难免得出这样的结论，即他匆忙来这里是要参加一场大奖赛的，或者为了下个季节及早赶到某个发现地点……

> 但是，我要请你们注意这个事实：华尔纳，这个著名的美国考古学家，参加过对安纳乌材料的研究，因此对整个石器时代的问题肯定都很熟悉……

> 由于我已出版的资料，他当然对我在河南的工作了如指掌，但他不会知道我打算把我的工作一直扩展到甘肃，甚至进一步延伸到土耳其斯坦。

而他还补充道，这个美国人已经——

> 在往北去的途中于9月份经过了兰州，他本人说是去敦煌（敦煌洞窟），是斯坦因与伯希和发现著名经文书稿的地方……不过，长期在该地区工作的天主教传教士范戴克神父……告诉我，华尔纳还有他不愿透露的其他计划。

也就是说，美国人华尔纳在这个地区已经逗留了几个月了。只有上帝知道，他在这段时间里找到了什么。但安特生清楚，竞赛的加剧是他自己的错误。地质调查所在 1923 年春天发表了他有关仰韶的报告，以及他关于中国与西方文明之间有联系的理论，引起了极大的反响。丁文江为了满足人们的需求还加印了新版本，当然这也是他和安特生的计划的一部分，即把地质调查所的存在放到聚光灯下，但这对瑞典来说，也呈现出了一个主要的劣势。因为这意味着，现在其他研究人员也被中国吸引过来了，就和苍蝇会叮着糖块一样。罗伊·查普曼·安德鲁斯就是紧叮不放的一个，带着他特别现代化的考察队到了内蒙古地区。在天津，法国人桑志华也得到了他的同胞德日进的助力，在 1923 年安特生的报告发表之后，他们两人就立即跟随安特生的足迹，到了甘肃和内蒙古。很快，这两支考察队都得到了有重大意义的发现。7 月 13 日，安德鲁斯的考察队在内蒙古发现了恐龙蛋，成了那年秋天全世界媒体的头版头条新闻，而法国人的考察队在鄂尔多斯沙漠发现了旧石器时代的原始石器工具。就在秋天，安特生发现华尔纳——又一个考古学家——悄悄溜到了中国的西北部，而且还带着——似乎是——隐藏不露的动机。

这种国际性的竞争，以及要达到自己研究最重要目标的意愿，给了安特生所谓的隧道视野或速盲。在他有关东西方之间联系的理论中，仰韶陶器一直具有中心地位。那年冬天，尽管两名医生终于尝试了"治疗流感、风湿病和疟疾的方法"，但都没有结果，他还是"自新年以来大多数时间限于卧床休息"，但他也在床边得到了帮助，当地人给他送来新材料。安特生身体好一点的日子里，他会到兰州市中心去和那里的古董商交谈，他们中间没有人听说过这个瑞典人打听的陶罐，但他们满口答应，如果有任何东西送来就和他联系。但是发烧给安特生带来了严重的"风湿痛"，他再次"卧床不起"。别无他法，他不得已写了封信给王储：

> 我的出色助手、地质学家袁（复礼）先生来帮助我。他是中国绅士的典范，在这个国家是无价之宝，在这里形式和礼貌几乎意味着一切。在我对古董店的访问没什么结果之后，多亏了他，我们得到了一个线索。有一位与袁先生有交情的官员，成了我们的中间人，给我们带来幸运的结果，我因此能买到……一大批完整的彩绘陶罐，全都是属于仰韶文化的。

安特生在这个中国官员的帮助下买到的这批陶罐沾满尘土肮脏无比，自从土地里挖出来已经在人们家里存放了好几代。但是谣言已经传开了，很快就有好几个当地人来拜访安特生，要卖给他陶罐。对于安特生来说，陶罐是特别重要的。对他而言，下一个罐或下一个瓮都可能会有某种模式或线索，为有关中国和中亚的重大问题的整个大疑问——它们之间错失的联系在哪里——提供答案，安特生都买下来了。但是，当冬天的寒冷放松对地面的掌握，春风通过兰州城墙外考察队基地的房屋缝隙吹进来的时候，这些陶瓮开始有了另一种光泽：毫无疑问，它们是直接从地下挖出来的。

没人愿意告诉他这些东西是从哪里来的，安特生决定采取行动。安特生把伙夫庄永胜叫来，请他去跟踪卖家，查明这些陶器的来源。庄永胜一个星期以后就回来了，告诉他，他到了南面二百里卖方老家的村子，他在那儿看到村民们直接从地下挖出那些陶器。安特生后来写道，他"现在完全明白了，作为我们购买陶器的结果，一场非常令人遗憾的对史前墓葬地点的盗墓抢劫已经开始了"。这也确实是实际情况。正是他自己对这些东西的兴趣为卖家创造了一个市场，而这个市场以前是没有过的。

但是庄永胜带回的消息也说服了安特生，不再向西前往沙漠，而是向南进行了一次考察。他去拜访了省长，告诉他发生了什么事，并请求省长帮助阻止盗墓行为。随后，他本人出发向南，去寻找他在兰州见过的陶器的来源。

但是，在安特生到达庄永胜去过的那个村庄之前，他就发现了有考古学意义

从极地到中国——瑞典考古学家安特生传

的新的文化痕迹，迫使他停了下来。他发现的东西将会逐渐重塑他对中国起源的看法。

这次到洮河河谷的旅行导致的结果是，他不仅找到当地人已经在地下发现的考古学意义的文化根源，而且还会在未来几个月内为现代甘肃考古学奠定基础。因为他不仅发现了史前中国的一种文化，还发现了一个完整系列的新文化。

1924 年 4 月至 6 月

洮河河谷的考察

那个夏天，当安特生和他的团队穿过洮河河谷旅行的时候，没有人能想到中国的这个部分对于理解该地区最古老的历史有多么重要。他很快就会发现过去的丰富痕迹，而这会让他本人和其他人都感到惊讶。他们从来没打算做大规模的挖掘——他们的团队只往不同方向在地面上挖了一些测试坑，在发现什么东西的时候做了些小规模的挖掘，以便了解这个文化的年龄和背景，对有比较大意义的地点他们也绘制出了位置图。

* * *

如果说安特生曾对青海高原土地的肥沃感到吃惊，那么，和他那年初夏在洮河流域遇到的情况简直不可相比。这是一个富硕而带着微笑的景观，管理得当，光鲜亮丽，是他在中国的全部时间里见过的最富有的地方。从高高的梯田顶部边缘，用于灌溉的渠水自上而下流向耕地平坦的山谷底部，那里的小麦密集，一米多高的罂粟鲜花怒放。在下面的河谷里，清新的洮河水滔滔流去，成为汇入黄河的一条支流。爬上山坡的是杏树和桃树，也都盛开着花，而它们的果实，在那个夏天会向安特生证明，在大小和香气上，都是他过去品尝过的其他果实"无可比拟"的。在气压表仍指示出高度是"海拔 1800 米"的地方，这里的富饶实在是出人意料。

在辛店镇外还有段距离的地方，他们在一个叫郭家庄的村子里找到了住宿处。村子紧靠在河谷一侧山坡的陡峭边缘上。最初，他们的计划是在那里只住一夜，但当安特生在附近有所发现的时候，这个团队继续留下进行了为期数周的实地挖掘工

作。地质学家和考古学家袁复礼绘制出了辛店镇周围整个的地形图，安特生在接下来的几星期里调查了该村附近三个有趣的文化土层。南部是一条沟壑和一条小溪，叫做齐家河，在小溪另一边，他发现了一层梯田，完全被一层厚厚的有仰韶陶器的文化覆盖。仰韶陶器一直延伸到这里，但是在最上层是来自完全不同文化的青铜器。

在那条沟壑的北侧，就在村庄的上方是"一个青铜时代的墓葬地，是我们所知的最富有青铜器的墓葬"。从那里再往东，是安特生发现的另一个文化层，肯定也是年代最古老的，文化上是从石器时代的第一阶段，过渡到青铜器时代。

在10到12公里之外的沙楞村旁边，他们发现了更多的文化层。在两条沟壑之间的一个小丘上，安特生发掘出了一个曾经很繁荣的青铜时代的村庄，他根据该地区的名字把村庄的历史时代命名为"辛店时代"。

之后，这个团队把所有勘测工作都移到了洮河西侧，到了河谷那边。他们也在这里找到了一个拥有自己独特文化层的单独梯田。安特生给它起了个名字叫"齐家坪"，因为它的陶器类型与其他地方的陶器相当不同。安特生开始认为这里的陶器可能比最古老的仰韶陶器还要古老，因为壁薄而轻的黏土器具没有涂漆，而具有"精美的"形状和手柄。但是后来也发现了金属制品，表明这里也有早期的青铜时代文化。显然，安特生的团队在这几个星期里所发现的东西，是来自石器时代转变成铜器时代和青铜器时代的那个时期的文化。

* * *

　　除了挖掘工作，安特生也把大量时间用在绘制这些发现地点的详细地图上。他是用 1∶5000 的比例尺绘制，并插入了 10 米长的曲线来描述地形。不过，在绘制地图的过程中发生了一些事情，给安特生带来了很多麻烦，也影响了那个夏天余下的实地挖掘工作。有一天，他独自回到沙楞村准备做进一步地图绘制，他从北边穿过村子，手里还拿着测量桌，这时一条狗突然冲上来，在他左大腿上狠狠地咬了几口。伤口非常大，"裤子被撕成了布条，肉被咬成了碎片，成了血肉模糊的一团"。伤势非常严重，有流血过多致死的危险，即使他能幸存下来，也有感染并发热的危险。"此外"，安特生后来还写道："也没有办法知道这只狗是否感染了狂犬病。"这里也得不到医疗救助，安特生意识到他"现在把我的生命攥在我自己手里了，要做出相应的反应"。他冲进了最近一所房子的灶火间，请那里的三个女人离开，让他独自在火炉旁待一会儿。

　　然后，我拿出随身带的鞘刀，把它烧透，烧得又红又热，用它灼烧伤口。一股浓烈的白烟从灼烧处升起，总的来说确实不令人愉快。

　　我感谢了女房东，整理好东西，骑上马，奔驰十二公里回到辛店的指挥部。在那里我和姓金的马夫一起对狗的咬伤做了重新检查。我们认为伤口深处还有一部分没有被完全烧透，因此我们重新开始行动，这次使用了一种更合适的工具，即一支毛瑟枪的充弹杆，我们把它成功地插进伤口里烧透了。

伤口的愈合是一个漫长的过程，而且疼痛难忍，影响了安特生的实地挖掘工作。为了不失去时间，安特生教会了姓李的翻译绘制地图的基础知识，并教会了他怎么绘制墓葬地的简单地图，以便挖掘工作能够继续进行。很快就证明，李先生是很仔细认真的，做这项工作很有才干，安特生后来写道："他做这项工作如此认真负责，所以我能够把他绘制的十九幅墓葬图直接用到我的图绘著作《中国北方的史前遗址》里。"

＊　＊　＊

这个小小的团队同行同住同在现场工作，已经成为一个很抱团的集体。可惜到了五月底，袁复礼不得不离开这个团队回北平去了。好在经过安特生专门训练的收集者都留下了，他们都有考古学和古生物学意义上的墓葬挖掘工作的丰富经验。此外还有上一年就已经加入团队的其他成员，他们之间的关系现在也非常随便不拘形式了。当安特生外出旅行时，他和当时的很多西方人一样，能为自己做出安排，可以吃到为自己特别制作的西餐。同时，伙夫庄永胜也很快表现出他的考古挖掘天分比烹饪天分要大得多。那个夏天，安特生是和其他人一起在他们雇来做饭的不同房东那里吃午餐和晚餐，而让庄永胜腾出手来帮助实地挖掘工作。如上面说的，前一年就雇来的姓李的翻译也成了这个团队的一员，并像姓金的马夫一样被引进了考古学研究领域。金马夫也不是一个普通的马夫，而简直就是一

从极地到中国——瑞典考古学家安特生传

个照顾马匹的大师。此外，他出身于一个有名望的家庭，有个亲戚甚至当过总理。从小就喜欢马的安特生对金马夫表示敬意，1917 年春节期间在北平城里陪伴他长时间骑马的就是这个姓金的马夫。这个团队所有的新老成员到这个时候都已经互相非常熟悉了。在完成了两个挖掘季节之后，每个人都已经知道自己需要做什么，都逐渐进入了各自的角色。即使人人都知道安特生是老板，他也给了他们很大的各负其责的空间。

1924 年春末，金马夫被派去调查洮河西岸，临洮（当时称为狄道）城南十五公里的一个地点。在那里，一个叫马家窑的村子外面的山沟里，他有了自己这辈子最大的发现。他先按照安特生给他的指示，做了初步的小范围试挖，再将材料带回来给安特生看。后来在那个夏天的继续挖掘中，他们发现了 6043 块陶器碎片，还有一些完整的陶碗和陶罐。它们全都是在内侧和外侧都有彩绘的，有许多美丽而富有想象力的线性图案，常常看起来是在构成不同形式的动物和爬行动物，尤其是青蛙。安特生觉得，这些陶器是他们找到的来自中国史前时期的陶器中最漂亮的，他们还发现了拨浪鼓和石器工具及骨头制品。安特生把这个地点的发现命名为马家窑文化，而发现者是这个团队里的金马夫。

在那个夏天的挖掘工作中，安特生制作出了这个地区不同文化的一份最初步的发展年表，并定期写信给北平和斯德哥尔摩，描述他们的发现，以及他的有关这些发现的意义的理论。

* * *

到了六月底，这个团队在水光潋滟的洮河河谷已经成功地挖掘了两个月，然后安特生才带着伙夫庄永胜，还有两个当地的向导，在一个清晨出发，准备做一次不在预期计划中的长途旅行，进一步深入到更高的山里去。他们去的地方，就是伙夫庄永胜提到过的，他在早春时节看到了盗墓抢劫的地方。他们还没有到达那里，路上就发生了很多事情，真是令人难以置信。在那里他们两天内看到的事情，会夺走他们的一些幸福感。

1924 年 6 月 26 日，黄昏，半山

唯一的墓葬

安特生坐在他的野营折叠椅上，前面放着绘图桌，从海拔 2200 米高的地方眺望眼前壮丽的风景。往各个方向他都可以看到五十公里远的地方。但是在西南方，视野被一堵黑暗的山峰大墙阻挡住了，那是西藏高原耸立起来的地方，去年夏天他去过那里，他用铅笔画下了周围的地形，并进行了简要调查。他已经发现了据他判断五个分开的墓地，每个墓地都占据了一个自己的山丘，也是这个地区最高的山丘。但是没有一个墓地是还没有被人碰过而留给他的。

在每个地点，都有"大规模盗墓挖掘的痕迹，在被挖过的地方，到处都可以看到彩绘陶器碎片，其类型与我们在兰州购买的那些漂亮的、完好无损的陶器相同"。安特生是此时此刻到了现场，才明白这场灾难的范围多大，而且是不可挽回了。他写道，他在兰州做的买卖显然促成了"一场严重的盗墓抢劫，导致永远再无可能对这些墓葬中不同物体之间的联系进行科学分析"。不，已经发生的事情不可能再让它不发生了，事情就是这样。他宣称，他现在所能做的就是设法"拯救坟墓以前完好状态时未受干扰的证据中依然剩下的东西"。

他要设法重建这个地点，恢复墓葬里保存的东西。为了能成功做到这一点，他需要搜寻到一个完好的墓葬，对这个文化和它的背景有更多了解。

他的思想在眼前的绘图桌上徘徊，在他的想象中，他尝试让时光倒流，回到数千年前的迷人风景。他看到葬礼队伍如何"带着巨大的庄严肃穆和现在已被永远遗忘的仪式慢慢爬上山坡"。在这里，死者曾经眺望山谷里的劳作，一代又一代的人在那里"成长，劳作，头发变成灰白色，最后找到了一个被风吹坲和沐浴在阳光下的坟墓"。

在搜索了一段时间之后，两个实地挖掘的人在一座叫半山的山上发现了一个尚未被人挖掘过的墓葬，它能告诉他们更多信息，展示兰州购买的陶器和曾经生活在这里的人之间的直接联系。这次又是伙夫庄永胜发现的，他们两个一起工作，做了非常小心的挖掘。在整整一天的挖掘过程中，过去的故事就慢慢地、一点一点地从地下展示出来。到夜幕降临的时候，坟墓已在他们面前完全展开。这里"有十二个

墓葬陶罐，它们围绕一个完全成年的男子的骨骼摆放，而男子朝左侧身躺着，双腿紧紧卷缩起来。紧靠他的头部摆放着两把打磨抛光的石斧和两块磨刀石，使得这个富有的墓葬陈设显得完整"。不过此时天已经开始黑了，不可能继续下去。两个向导留下来在夜里看守，而他们这个团队则到附近的一个农庄寻找住宿的地方。

*　*　*

第二天早晨，来自当地的一大群村民都到这个墓葬地来了。村里的一个长者很愿意和安特生谈话。这个瑞典人请他喝茶，两个男人并排坐在这个陡坡上的墓地旁边的一块防水篷布上。这个长者不太高兴。他用一种友好但也很果断的口气解释说，他们这个团队的"挖掘已经在这个地方引起了普遍的不乐意的情绪"，他要这个瑞典人立即停止挖掘工作。他警告说，不然的话，就会有麻烦。

这个村民长者的反应是可以理解的。这时袁复礼和姓李的翻译都不在安特生身边，不过他已经学会了一点中文，所以这次是他自己在和长者谈话。首先，安特生用了点热烈语气做辩护，他要用科学的要求来拯救这个孤零零的"独特而美丽的墓地，而这个墓地的大部分已经暴露在我们的目光中"，因此他无论如何要做到这一点。在交谈了一会儿之后，他们两人达成了一个协议。安特生答应，在这个墓地的工作完成之后就立刻离开这座山，而这个村的长者答应帮助他。另一个住在附近的男人，也是那年春天参加过挖墓的人，走上前来说，他能够说明有些墓地是什么样子。那时他就在家里收集了一些石器工具，一些玉制品及大量的陶罐，安特生可以去看和购买。

安特生是带着对他看见的东西纷乱杂陈的感觉离开半山地区的。正如他后来说的，"半山是史前人类留给后人的最宏伟的墓葬地之一"。"不幸的是"，后来他又宣称，"这种大规模盗墓抢劫"——也是他本人引起的——"造成的结果是，对死者在坟墓里的位置及关于围绕死者的墓葬品的信息，我们都知道得太少了"。

尽管如此，很久以后中国考古学家们仍然在此地得到了许多与该文化有关的新发现。

* * *

在安特生回北平之前，他还有此次考察的最后一个目的。在往南去洮河之前，他还想往西到中国边境地区的沙漠去。目的是寻找新的线索，能够证明或反驳有关他发现的中国文化得到西方启发的理论。因此，现在他希望亲眼去看看那个收集员白万玉去年发现货贝贝壳和有与苏萨陶器相似鸟图案的彩绘陶器的地方——那些安特生在 1923 年新年夜从兰州寄给瑞典的信件中描绘过的发现。

1924 年 8 月，离镇番 30 公里处，沙井

荒漠里的高潮

赤日炎炎高挂在天空，安特生和庄永胜用那个镇番老头给他们带来的西瓜汁解渴。他们在沙漠里最炎热的时候干活是非常艰辛的。几个星期以来，他们一直蹲在干涸的泥浆碎石地里挖着，刷着，刮着，用筛子筛分着所有的沙土，以免错过任何一点东西。那是一片很大的墓地，不下四十个墓葬。这是一个见证了数千年的人类生活的地区，而这个地方实际上不应该有人能够生存。

他们在这个沙漠中心由两三户人家和几个烂泥棚组成的小村庄里安置了宿营

地。这里的部分居民是靠给附近一个盐湖中收集盐巴的工人送饭为生，也为从兰州和镇番来的要穿越沙漠继续向西去的旅行者提供食宿。除此之外，这里就没有别的工作可以谋生了。水是从某种浅井里舀出来的，这里没有农业，只有很少的沙漠植物可供骆驼咀嚼及一些豆科植物。它们有蓬松的白花，在沙子与干黏土混合的地方勇敢地生长着，像从冬天留下的雪花一样。但是所有人和动物需要的食物都不得不从镇番的中心市镇的绿洲运过来，有整整三十公里路程。安特生眺望整个地区，在西边只有光秃秃的山脊，而在东边，眼力所及的地方都是寸草不生的荒凉沙漠。气压表显示相当于海平面的高度，与西南边遥远的祁连山脉形成鲜明对照，那里覆盖冰雪的山峰高达 6000 米，从这里也能一览无余。他从去年在青海的第一次考察就知道，在那边更远更远的地方，在山脉连绵的悬崖峭壁下面，山坡上绿草茵茵，有牧羊人在放牧绵羊。山谷里有大片森林，而山坡上有燕麦、荞麦和粟米的农田。与他眼前的世界形成鲜明对比。

镇番的古代遗物都埋没在沙丘之间，每天都有十厘米厚的沙层刮进来，覆盖在他们新挖的沙坑上。附近还有汉代有两千年历史的烽火台废墟，他们在同一时期的土地层里也发现了痕迹，尽管他们实际上在寻找更古老的发现。在沙子下面他们还挖到了泥屋的墙基，发现那里也有陶器和硬币，清楚地表明它们属于汉朝。在另一座烽火台里他们发现了只有几百年历史的瓷器。

在地下更深一点的地方，他们找到了大量史前时期的墓葬。他们挖到了陪葬陶瓮，其图案设计和在兰州使安特生兴奋异常的那些陶器是一样的。他们还发现了绿松石珠子、石制箭头及金属物体，零碎的铜和青铜物件及死者衣服上的纽扣。

到了这个挖掘季结束的时候，安特生知道，长达两年的实地考察只剩下几天了。

在最后一天，1924 年 9 月 6 日，他们有了"一个独特的发现"。那是一个也许比任何其他地方都古老的居民点，但到这个时候已经太晚了。他们不得不回到设在兰州的基地，为回北平的长途旅行做准备。当黄昏降临，一颗又一颗星星开始在天穹中闪烁的时候，安特生和伙夫庄永胜一起骑马在荒漠沙丘和月亮投下的阴影之间走完最后一程，又回到那个小村里打包准备离去。

＊　＊　＊

在本已显得太小的泥棚里现在确实太拥挤了。屋子中间是炕，有一米高，像一个小小的四方的平顶山，这在安特生过去几年住过的旅店里都是非常普通的：一个用泥墙围着的睡觉的地方，下面有一个可以生火的灶膛，能抵御冬天极度的寒冷。在每年这个时候就几乎用不着生火了。而且，安特生认为冬天睡炕太热而且危险，尤其是炕上面通常还铺着易燃的草席。他在这里的替代做法，也是他通常会做的事情，就是把自己的行军床放在炕上，"在床上我会得到疲倦的旅行者安静而无梦的睡眠"。但是这个晚上，他躺在床上却醒了很长时间，通盘考虑自己的事情。在摇晃不稳的桌子上放着打字机及他所有的纸、笔记本、草图和铅笔。而屋子的其余地方，就和外面的大车一样，已经完全堆满了行李袋，他的所有仪器及经过仔细分类、编号和包装的发现物品。

这年的 7 月 24 日，安特生在孤独偏僻荒漠中的小泥屋里庆祝了自己的五十岁生日。直到回到兰州之后，他才收到了来自斯德哥尔摩经过漫长旅途由北平的艾尔莎转到兰州的美好祝愿。

这次安特生一口气在野外连续生活和工作了十六个月，期间当然也见证了最变幻不定的气候和环境。他知道山区的降水量和冰川，知道汹涌的春洪和会进一步切开沙漠和黄土流向沙漠绿洲灌溉渠的河流，或流向东南方中国的心脏地区，成为使生命绽放花朵、让人类得以生存的水脉。是气候成为生与死之间、文明与灭绝之间保持微妙平衡的关键。在这里的沙漠中，曾经有整座整座的城市生长，然后又消失，而现在它们永久安眠在流动不定的沙丘之下。

在这十六个月中，安特生做了一次穿越时间的旅行。在他的思想中，他曾经回到死者的年代。为了了解环境的变化，他学习了地层学，收集了现代植物和动物标本，调查了发现的化石，还收集了史前墓葬和居民点的动物骨头和种子，这些需要花费数年的时间进行分析。他现在很想回到老家斯德哥尔摩，那里有实验室，也能仔细研究所有这些东西，以了解他感觉在他掌握之中的解决方案。现在的首要问题，是到北平去进行讨论，以便他有时间和机会草拟一份适当的报告，并检查全部这些材料。

不过，镇番之行也是一件令人失望的事。安特生没有找到那个错失的链接，而这是革命本身在何处开始的最关键的证据。因为这是自从 1919 年偶然发现新石器时代的石器，又在仰韶的农民石器时代进行考古发掘，以及此次在甘肃省他穿越时光回到铜器石器时代和青铜时代，他一直在苦苦寻找的东西。对于农业能够在这里出现这个事实，气候是打开秘密的钥匙。但是，究竟在哪里，是谁，首先有了驯养动物和培育植物的想法，以及它又是如何传播开去的？中心点在什么地方？是在中国这里还是如他和他的同时代人所相信的，在他放眼望去那多变的通向西方的甘肃走廊中这片广大沙漠的什么地方，或者甚至更远？冰河时代并没有在这里覆盖过它令人窒息的毯子，恰恰相反，庄稼已经能够生长，牲畜在地质学家想象中的快乐花园里吃草。但是来自镇番的材料让人感觉比他在洮河河谷里发现的材料还更年轻，这没有道理。剩下的问号太多了。

是的，到了继续前进的时候了，要把方向朝着东方，向中国的首都进发。时间有些紧迫，但实际上他不想着急行事，他觉得他必须再回到这里来，问题只是如何回来及何时用何种方式回来。

两三个星期后他回到了兰州，向中国委员会书面报告了他刚刚在甘肃省北部所做的事情：

> 从某些方面来看，镇番之行成为这次考察的高潮。当八月的太阳在荒凉的沙丘风景之上燃烧最热烈的时候，我们被迫竭尽全力充分利用余下的几周时间。

可以这么说，在这次实地挖掘工作的最后几天，在向西进行考察期间，我进入了两个世界之间：一边是戈壁沙漠，在望不到边的广阔中向东北延伸，隐藏了成千上万尚未被人知道的宝藏，一边是西南边遥远的覆盖着雪的南山山脉。在这些整日整日骑马的行程中，我带着庄重的心情写下了未来的新事业的大胆计划，要进入沙漠，到达遥远的土耳其斯坦，在那里新的重大的问题总会有时间找到解决方案。

*　　*　　*

这时气氛庄重的骑马旅行也是安特生骑着叫安东的这匹马的最后一次旅行。安特生知道，他不可能把两匹马都带回北平去，而且两匹马都已经很老了。到这时为止，两匹马都已经跟随他七年了，安特生无法接受这样的想法：在它们生命的最后几年里把它们交给可能会虐待它们的人。他解释说："我很清楚，在任何情况下我都不会把它们卖掉，因为那就总有可能，它们最终会落在某个为它们安排中国老马通常的不幸命运的人手里，不是拉车就是拉犁，直到这匹可怜的牲口因为年迈和负重而倒下。"因此，回到兰州以后就到了大限时刻，这时悲哀"对我的马夫来说，就和我自己内心一样深重"，不得不做的事情就得做。安特生解释道：

> 在过去这一星期里，我们给了这两匹忠实的老仆人特别好的、丰富的饲料，也许在那段时间里它们也不时得到了比平常多得多的友好拍打。（十月）四日天一亮的时刻，我们就派两名工人到城外的指定地点，在那里为两匹马挖了一个坟墓，然后我去了……并用我的勃朗宁手枪完成了痛苦的但不可避免的任务。

于是，就在兰州当时的城墙外的某个地方，两匹马并排安息了。其中一匹在丁格兰的妻子玛雅骑过一段时间之后得了个名字玛于斯。另一匹是骄傲的、缓步骑行的白色走马，名叫安东。在驮着安特生到处旅行的七年中，它对中国的见闻一定比其他任何马匹都要多。安特生后来回忆道：它"被允许在我的院子里自由走动，尤其是在兰州……也不可思议地总愿意走上前来，把蓬松的脑袋靠在我的大腿上，像一只大狗那样温顺驯服"。安东最初几年的生活是在内蒙古度过的，并在那里随着原主人"芬兰传教士安东·阿尔姆布拉德的名字而叫做安东，我是从那个芬兰人手里买下了它"。自从 1917 年它来到大草场胡同安特生的家，就一直是安特生最宠爱的马。

骑在安东马背上的那些岁月毫无疑问也是安特生一生中最快乐的时光。因为安特生在中国的生活一直和考察、发现有关，以及与思想开明的丁文江一起获得的那些的令人喜悦的成功。另一方面，接下来的几年将是坐在办公桌后面和收藏品中的漫长耗时的辅助性工作，是有关另一种交流和网络工作的无休止的谈判，包括讲课和一个亚洲博物馆的创办，而这个博物馆会因为他的研究，成为同类博物馆中具有世界领先地位的一个。

1924 年 10 月 5 日，流向包头的黄河

皮筏上的漂流

我热切希望，如果委员会帮助我度过 1924 年，也许可能有理由让委员会为我个人购买保险，因为我想象，在旅行中全部收集品的损失可能与完全失去约·贡·安特生是相等的。

随函附上传教医生签发的一份医生证明……我生于 1874 年 7 月 3 日，已接种天花和斑疹伤寒疫苗。身体状态极佳。

（1924 年 1 月 5 日安特生致阿克塞尔·拉格尔留斯的信）

这是一个翻卷动荡的世界，一个无与伦比的奇景，以疯狂的速度向前猛冲。一排激流紧接着又一排激流，只有短暂的间歇中水流才平稳一点。乘客坐在绑紧的包装箱上面的第一排，紧紧抓住绳索，以便能跟得上这场紧张的戏剧。这种自然景观要比美国影星范朋克和加拿大影星玛丽·毕克馥在白色银幕上的任何电影冒险都更加壮观更加精彩。但是他们并不担心害怕，这两个皮筏子穿越泡沫翻滚的滔滔河水柔和而流畅地向前摆动，操纵皮筏子的人非常熟悉他们该做的事情。从兰州缓缓滑下水之后，漂入标志着这个城市边界的铁桥下，一切都进展得非常迅速。沿岸都是高高耸立的悬崖，在流向东北方的水路上激流一个接一个涌来，把他们抛起又扔下，就像在斯德哥尔摩绿树林游乐园中坐旋转木马一样。在四个小时里他们漂流了整整九十公里，然后在第一天下午 1 点左右到达了水面比较平稳的地方，一个更加

开阔的景观。在陆地上蜿蜒盘旋着古老的中国长城，到处都有残破失修的城墙，到处也能看到昔日的威风雄伟，而乘客们则聚集在一起享用一顿便餐。这是10月5日，皮筏上有安特生和225个装满考古学和古生物学材料的箱子——是整整两个挖掘季的科学工作成果——从兰州走水路运送到2300里外的内蒙古包头，然后准备运到北平。

这看起来好像是一条危险的绕道路线，但安特生已经计算过，这是把自己和收集的材料带回首都的最安全同时也是最快的方法。正如他在9月25日给翁文灏的一封信中指出的那样，农村发生了动乱，走陆路不安全。

早在去年12月11日，安特生就第一次想到这个河运解决方案："我在兰州向很多人征求过有关运输问题的意见，他们全都这样认为，我应该坐皮筏在黄河上漂流下去。"

那时他给北平和瑞典中国委员会都写了信，向他们预告了下一年可利用的各种运输方案。他列举了两种方案的优缺点：要么是走河道到包头市，从那里再转为铁路运输，要么是走陆路路线，用骡马和大车走艰难的道路往东到邻省陕西，进一步再到河南西部的铁路终点站。他认为哪个方案最好是毫无疑问的：

从
极
地
到
中
国
——
瑞
典
考
古
学
家
安
特
生
传

费用。河道旅行可能花费还不到大车旅行费用的一半……

费时。河道旅行时间是大车旅行的一半，两周对一月。

完全损失的危险。如果不计强盗抢劫的风险，在这种情况下大车旅行当然更优越（见下文）。走河道总会有发生沉船事故的一定风险，但是所有富有经验的人都认为该风险非常小，所以可能不应对此风险给予太多重视……

收集材料的磨损：在这方面河道旅行是好得多的选项，因为没有磨损风险。

在大车路上，磨损是可怕的，因为这种路不是我们说的那种意义的道路，这种两轮大车没有弹簧。可以肯定的是，我们包装的方式应该使这些东西完好无损……但是在这种道路上载着这些精致的陶器与其他精致的东西行驶一千公里以上，这种想法让我深感不安。

遇到强盗的危险。两条路线都有强盗，但是目前在大车路上这种风险实质上大得多。这是月月都在变化的一个因素……

河道旅行限制在春季的两三个月和秋季的两三个月，此时的水位正好使河上旅行可以进行而无要紧的风险……

安特生相信，河道路线是运输的最佳和最安全的路线，事实也说明他是对的，因为一切都很顺利。而且，翁文灏和甘肃省长陆洪涛（1866—1927）联络，特地派武装人员护送这两个皮筏，保护他们免遭掠夺。因为在农村地区，孤立的武装团体利用了当前的局势，利用缺乏命令的乱象，攻击贸易商旅驼队和旅行者。因此，安特生很高兴自己选择了黄河这条路线，能够跟随着桀骜不驯的激流，顺着弯弯曲曲的河道漂下去，进入鄂尔多斯沙漠，直达包头。在那里等待他的是火车，一直把他送到直隶省和北平。问题是，通过陆路路线他会到达吗？因为在前往包头的途中，谣言就四处流传，说是首都爆发了革命，军阀冯玉祥（1882—1948）已经迫使总统下台。

安特生从镇番回到兰州以后，就和省长陆洪涛讨论了很多事情。9月17日安特生从沙漠回到省会兰州，在来自北平的大堆信件里发现了一份给他的电报，这时麻烦就已经开始了。事情是这样的，北平的农商部收到了：

> 一份甘肃省政府对我的起诉书，声称我的工作不是为了中国政府进行的，而是涉及瑞典的利益，并且具有商业性质。

安特生在他9月25日给地质调查所所长翁文灏的信中写道，有谣言在散布"关于无价之宝青铜器皿的奇妙至极的想法"。他解释说，其实他们发现的只是几件金属物品，大多数是铜和青铜的小纽扣。但是这个谣言也立即导致了北平和兰州之间数星期的信件和电报的紧张联系，直到这件事搞清楚为止。

9月28日，安特生在给拉格尔留斯的信中，总结了发生的事情：

> 我的补救行动中最具决定性的是请北平的农商总长发给甘肃省省长的电报，该电报完全重申了我纯粹的科学工作者的身份，我是严格按照该部的指示操作。在我急需帮助的时候，我不可能向北平的上司请求到比这更好的帮助了。对于我为中国政府服务十年来认真和忠诚的工作，总长的帮助是我能想象到的最好的承认和致谢。

安特生也向兵马司的同事翁文灏通报了他和省长及其手下官员会面的情况，以及他如何在邮局局长杜德哈的帮助下为自己做了解释，并提供有关自己的考古调查的目的和结果的信息。安特生还将十分之一的收藏品（二十五箱）交给了甘肃省，并在兰州城市公园内的一个展馆里安排了这些文物的展览。展览向公众开放，省长的幕僚长魏将军对此极感兴趣，他也伸出援手并做了笔记。其结果是这次展览成了这个省考古学的头一次展览。分开收藏品的决定和来自北平的支持完全改变了当时的情况。正如安特生给致翁文灏的信中写的："您会注意到此刻我在兰州阳光明媚的地方。"

之后，为运输的准备工作进行了一个月，两年来挖掘出的墓葬品都经过了仔细的包装，准备把它们从兰州运到北平。最后，在与省政府首脑、友人、办公室工作人员和官员举办过告别晚宴和考察结束的庆祝活动之后，安特生于 10 月 5 日离开了这座他生活了一年半的城市。

但是真相是，即使安特生没有发现任何黄金和青铜宝物，在对他的批评中仍然有一些真实的东西。到此时为止，中瑞双方只是在与以往关于自然历史文物收集的同一个协议的基础上处理问题的，而制图工作也与考古学平行地继续进行着。但是由于甘肃考察队取得了如此让人惊奇的巨大成功，考古学有了一个全新的面貌，它处理的东西已经是和古老的化石完全不同的东西了。

发生的这些事情意味着丁文江、翁文灏、安特生、阿克塞尔·拉格尔留斯和王储古斯塔夫·阿道夫都认识到，他们需要就妥善解决考古收藏的未来达成共识。瑞典方面询问中方，是否可以获得一半的考古发现的材料，而作为交换，瑞典方愿意为整个研究项目提供资金。瑞典方还提议，将以新的收藏品为基础，在北欧创建一个中国考古学和艺术史博物馆。因此，双方将在未来几个月内在北平启动新的谈判。

1924 年 12 月至 1925 年春

北平的谈判

10 月 29 日安特生回到首都的时候，北平的气氛与 1923 年春天他离开时已经大不相同了。当安特生还在黄河上用皮筏漂流的时候，北平发生了政变，军阀冯玉祥重新绘制了北平的政治地图。他电邀在广东的国民政府临时大总统孙中山与他本人和北洋政府就统一中国的和平解决方案进行谈判。孙中山途中在天津停留时宣告，内战将结束，而殖民大国与中国的不平等条约的终结也指日可待。因此，北平的民族主义潮流很强烈，反对外国人的情绪也在高涨。

此外，美国人罗伊·查普曼·安德鲁斯和兰登·华尔纳在这一年里也干了不少事情，在北平造成了对外国人更大的不信任。在发现了恐龙蛋之后，1924 年的冬天安德鲁斯在纽约召集了一个新闻发布会，借宣传的成功筹集资金，得到更多用于实地考古发掘的钱。然后他宣布，这些恐龙蛋将拍卖，卖给出价最高的买家。这自然引起了北平方面的抗议。反对美国人出售来自亚洲的如此独特的研究材料，此外，华尔纳实际上在兰州干了什么事的细节也浮出水面。他把完全未经测验的化学溶液带到了敦煌的洞窟，并用这种溶液从洞壁上弄走了唐朝的壁画。然后他居然把这些千年文物当作战利品走私带到了美国！因此，中国甘肃省政府有充分的理由对外国人的活动持怀疑态度，而且发生的这些事情肯定也增加了包含在他们秋天里向北平报告的对安特生的指控中的怀疑。不用说，在这种背景下，对安特生来说，请求中国政府允许他把自己的考古发掘文物出口到瑞典去，真不是最好时机。

此外，在农商部，两位新的部门负责人会见了安特生。他们根本不知道两国之间一直进行了十年的密集交流是如何开始的。他们的自发反应不是继续促进，而是要终止整个合作。

安特生感到绝望。他与自己在兵马司的朋友们讨论了这个问题，并给政府写了一封又一封信。12 月 8 日，他给副总长刘志洲（1882—1963）写了求助信，解释了自 1918 年以来瑞中合作的整个背景。然后，他解释说，中方和瑞典方都认识到仍有机会，也有一种需要，来执行自然历史和考古方面的研究。他继续写道：

> 不幸的是，农商部没有可用于此类研究工作的资金，在这种情况下，我自愿在我的祖国瑞典筹集资金，成立了一个由瑞典王储殿下领导的研究委员会，目的就是支持这项工作……

他指出，自 1918 年至 1924 年，已从瑞典募集"102337 大洋"（中国银圆）捐赠给了中国的研究工作。他还解释说，丁文江从一开始就"订立了一个条件，即对于用瑞典基金所有完成的考古发掘收藏为基础的专著出版物都要在中国地质调查所发行的期刊《中国古生物志》上发表"。这个瑞典人还另外捐赠了 25000 大洋作为印刷基金，专门用于出版该所的成果。作为交换，丁文江已授予瑞典博物馆收取一半收藏品的权利。

安特生还解释说，在瑞典国内，对双方科学交流及建立一个中国博物馆也有巨大的热情，有大量的投入。正如他在写给总长的第一封信中所说的：

> ……要向瑞典人解释，我们双方都一直如此互信地而且带着愉悦执行了这么多年的项目，到了实地发掘考察活动的最后阶段被取消，这是非常困难的……我无法想象，我怎么能告诉他们，我们的安排如此突然地发生的改变。

丁文江和翁文灏当然知道瑞典和中国的科学交流对中国的地质学和古生物学的实际意义，也发表了个人意见，对他们的瑞典同事表示支持，试图使政府改变主意。对他们来说，重要的一点是一半的材料在经过专业鉴定和调查后会归还给北平，并附有报告，有利于对中国的自然历史和地质学做出全面和基本的地图绘制。此外，安特生在担任农商部顾问十一年中，在许多场所都深受欢迎。自1914年以来，历任总长都愿意续签合同，这绝非巧合。政府听取了这种意见以后，最终决定同意他们的提议。

12月的最后一天，王储古斯塔夫·阿道夫寄出了一份签署好的协议。协议到达北平以后得到中国政府的批准，并在丁文江和翁文灏于1925年2月2日共同签署的一封回信中表示确认。因此，经过两个月的谈判，终于达成了关于考古收藏品的协议。双方同意尽可能公平地分享所有收藏品。第一部分将在运出后的两年内退还，其余部分也将尽快归还。有了协议，这事就解决了，翁文灏和丁文江在信中写道："我们的总长认为这些补充协议是令人满意的，我们可以高兴地告知你们，我们现在已经正式批准了全部事项"。在协议签订时，新的部领导还向安特生提供了一份再继续担任政府顾问两年的合同。在同一封信里，翁文灏和丁文江也对为什么这么长时间才达成协议表达了看法：

> 农商部完全承认瑞典方提出的条件是宽容的，同时，提供出口许可给如此重要在揭示早期中国文化的考古收藏品，也是让人疑虑的。

也就是说，敏感的问题是考古学的物品已经引起人们的讨论，原因完全在于安特生交给北平的报告中表现出的诚实。正是他本人一次又一次地向地质调查所和中国政府指出了他的考古发现对理解中国如何形成的重要性。实际上，在那年的信件和交谈中，他一直在宣传河南和甘肃的考古发现对中国具有重要意义。但是这也产生了另一种效果，即他的发现很快在中国知识分子和首都的外国侨民中间都引起了极大兴趣。尤其是当那个冬天安特生第一次在北平地质博物馆里安排了这些发现的展览时，更出现了这种情况。

巨大而激烈的国际竞争

安特生一回到北平，刚向政府写了他的初步报告，谣言就迅速在首都传播开来，说他又一次发现了某些激动人心的东西。现在看来，在他有关仰韶文化起源的理论里事实上真有一些道理！所以，过了年之后，当安特生拆开这次考察运回的材料，在地质博物馆里进行了一次初步展览的时候，北平的新闻媒体、当地大学生及首都各处的研究人员都被它吸引了过来。让每个人都感到惊讶的是，这里有一个系列的史前文物，有与仰韶村的那些东西相似的早期农民文物，但地点进一步往西，到了中国与中亚之间的边界地带。

那年春天，安特生在大学里举办了很多场客座演讲。他反复说明，这些发现是来自中华文明的摇篮。许多人因此也将在《中国古生物志》期刊上阅读到他的主要报告。在这个报告中，安特生把他之前在河南仰韶和眼下在甘肃发现的文化的历史时期定在公元前 3000 年至 1700 年，并指出最年轻的土层是充分发展的青铜时代文化。这意味着上面的土层可能与最古老朝代的历史资源有直接联系，尤其与神话纠缠的商代有着直接联系。他也再一次提到了中国考古学家罗振玉，早先他就通过丁文江与罗振玉有过联系。实际上，罗振玉曾在河南安阳发现了上面有铭文的甲骨，说明该王朝确实存在过，而且这个朝代的一个主要城市就在离仰韶不远的地方。

事实是，安特生一发现洮河河谷中既有石器时代又有青铜时代的文物之后，当时就已经想到这个地带与罗振玉的发现之间可能存在联系。他开始草拟至此时为止的不同文化的初步测年。6 月 1 日，他从辛店写信给瑞典王储古斯塔夫·阿道尔夫，解释说：

> 可以肯定的是，我此时此刻的临时测年是非常模糊的，以至于我还没有成功地和最古老的历史时代建立实际联系，而且正如我在我的文件（初步报告）结尾所暗示的那样，我不认为，在山西和河南具有历史意义的夏朝和商朝都城展开系统性的发掘之前，我们能建立这种联系。也许，只有来自某个确定的夏朝城市的第一批收藏品，才可能给我们的发现投上一道闪电般的光芒。

安特生继续说，这类发掘因此具有巨大的"中华民族"的利益，必须由中国考古学家来进行。尽管他只看到了在北平播下的现代考古学的种子，他还是补充说：

> 我不仅对中国文化传统有最大的尊重，我也同样乐观地相信，中国人自己将创建一个活跃的考古学家流派，他们会解决有关其历史起源的重大问题。

安特生没想到，仅仅四年以后，他的说法就被证明是正确的。他的最终报告有一章于次年春天由天津南开大学一位年轻的地质学家翻译成了中文。这位学者曾在美国哈佛大学进行研究工作，刚刚返回中国。他的名字叫李济（1896—1979），在后来的几十年里，他将在中国建立现代考古学。李济对安特生的工作非常熟悉，此外，他和自己在美国的投资人也有良好的关系。从1928年起，他开始在安阳挖掘，也证明在河南省的史前考古学与中国最初的朝代之一（商朝）之间确实有一种联系。商朝的名字在中国最古老的历史资源中就已提及。

但是我们还没有走那么远。因为跨入1925年后的那几个月里发生的事情，以及安特生开放了他的考察发现展览之后，导致了一场名副其实的外国考古学家的入侵。所有人都渴望以某种方式分享瑞典人在中国发现的东西。这也让安特生感到焦虑，他感觉在瑞典国内，而且某些程度上在中国，对他的工作的兴趣都太少了。因为在这个时候，除了罗振玉——之前还有李济——他几乎是在中国真正做史前考古学的研究工作唯一的人。在寄给国内的一封信中，安特生通报了自己对这种情况的极度沮丧，并一步一步指出了日益激烈的竞争。

对安特生的发现表现出兴趣的外国人中，最早冒出来的还是兰登·华尔纳。事实上，这个美国人在兰州就已经打听到了安特生在中国西北地区的发现。有一天华尔纳甚至跨进了他们考察队总部的大门，也恰巧看到了一些陪葬用的陶罐。他的反应也是非常快的。安特生描绘道：

> 因此，这名男子自然是兴奋得神魂颠倒了，用诚心诚意的样子乞求让他组织一个哈佛大学的考察队来与我们合作。但是，我拒绝了……并强调说是中国政府委托我独自完成这项任务。

现在他们已回到北平，而早在一月份头几个星期里，兰登·华尔纳就是和安特生取得联系的第一人。安特生在给国内的信里写道：

> 庞大的美国考察队的队长华尔纳上周日到了北平。他已经多次给我打电话，我可能很快会与他有进一步的交谈。

这个美国人很快就来参观了调查所的博物馆，然后准备再一次前往甘肃考察。这一次参观时他还带来了他们考察队的全体队员，有来自哈佛大学福格博物馆的，也有来自费城的宾夕法尼亚州立博物馆的。很快，罗伊·查普曼·安德鲁斯也带着他的所有考察队队员一起来拜访安特生了。他的考察队在春天里很快得到了加强，多了一名出生于丹麦的美籍考古学家尼尔斯·尼尔森。安特生在笔记中写道：他"发现尼尔森是一个非常讲究方法和知识渊博的研究人员"，不过，他也有"不知羞耻的美国人的好胃口，希望发现某个遗址，能够一个土层一个土层地，优先显示从旧石器时代直到有史时期的整个发展过程"。

除此之外，数位美国人还自发地跳了出来，比如来自华盛顿史密森学院的艺术博物馆"自由美术馆"的卡尔·惠廷·毕肖普，他已"挖掘了一些汉代的墓葬"，而安特生得到的印象是：

> 可以肯定的是，他（毕肖普）对早期的历史时期最感兴趣，但是他最大的渴望是抓住每个机会，将自己深入到我们发现的那类居民点中。

也正是毕肖普，后来成为中国考古学家李济的合作对象。

就好像这还不够，安特生在 3 月 19 日的《上海星期日时报》上还读到消息，一个英国考察队也在来中国的路上，要到中国（内）蒙古、新疆、西藏做一次新的实地考察，其主要目的是考古学和人类学的研究。此外，安特生在给瑞典的信中还写道："数位英国考古学家写信来询问有关我们发现的文物的各种各样的信息"，例如，哈罗尔德·皮克及奥莱尔·斯坦因，他们事实上已经从中国西北和敦煌为英国收集了数量巨大的收藏。

而在这方面登峰造极的是在天津的法国传教士兼古生物学家德日进和桑志华，他们也对中国的考古遗迹表现出最高程度的兴趣，十分活跃。而到达北平的竞争者简直就川流不息，都是受到安特生的考古发现的吸引。正如他总结的那样：

> 从上述情况似乎表明，有十至十二名来自不同国家的考古学家，其中多位是极为专业的人士，将在未来两年内在中国领土上工作。

在国际上引起的极大兴趣让安特生感到担忧，特别是因为他知道自己将要回国。他认为，问题在于，无论是兵马司地质调查所的较为年轻的一代，还是在他老家瑞典的人们都没有充分理解他的研究多么富有前卫性，以及迅速采取行动以便应对国际竞争是多么重要。有关这项工作对瑞典的重要性，正如他在1914年5月给中国委员会的拉格尔留斯及与自己同名同姓的贡纳尔·安德森的信中指出的那样：

> 法国人也是我们必须考虑的。除了瑞典人外，他们是参与这里科研活动的唯一欧洲国家，是很典型的情况。去年夏天两位耶稣会神父在鄂尔多斯沙漠有过旧石器时代文化的精彩发现……于今年四月初他们再次离开这里前往鄂尔多斯他们活动的地区去了。其中一位叫德日进，是法国最好的脊椎动物古生物学家之一，并且正在与马塞林·布尔合作，共同努力在三趾马动物区系研究上抢在维曼教授前面（这是我1921年就警告过维曼教授的一种危险，而这个固执的小镇教授对我的警告没有给予足够重视）。

安特生继续写道：

> 所以，我们正在面对艰巨的国际竞争，而如果我们没有足够的物质资源投入，试图在这里主张自己的地位就没有意义……

因此，这个问题并不在于：

> 展示我们（属于瑞典部分）的收藏还是把它们包装起来放在国家历史博物馆的地窖里……因为如果一个富有的美国考察队完成了类似的收集，并设法在我们出版之前把材料出版，那么美国资料将成为所有时代的典范，而我们的收集即使是最早收集的材料，也只会成为一种提醒，让我们知道一个小国没有能力与世界上强大的国家匹敌。

率先在《中国古生物志》期刊上发表研究结果，既是瑞典的优先目标，也是中国的优先目标。对于这个团队来说，受到威胁而处于危险中的并不仅仅是一些小发现。不，远非是"只要"找到理解中国起源的关键的问题。因为各个国际性考察队都还争抢着最先得到也许是最伟大、最有意义的发现，那时就能以科学的名义，即人类起源的名义，来宣布这个发现。正如安特生在 1925 年 1 月直接给维曼教授写的信中谈到的有关周口店的情况，因为他自己就要回国，那么就有把这个地点拱手白送给竞争对手的风险：

> 现在，得赞美上帝了，最近从周口店收集的材料很快就会运到国内（供检查）。我们不能确定这个发掘地点是否会长期保持不受干扰。如你所知，迄今为止，我们挖掘过的只是其中一部分，而这个地方在北平的城门之外。你知道吗，我在这个土层中发现了不少带有精细切割边缘的石英碎片。我一直对师丹斯基说，那里有一个类人猿的头盖骨，就等着被挖掘出来。如果格朗格现在得到许可在该处挖掘，那将是非常丑恶的事情，因为我们已经先清理好了这个地点，然后是他来发现了这个头盖骨！
>
> 总的来说，我发现去想象这件事是如此困难，那就是我们瑞典人居然会让事情从我们的掌握中溜走。毕竟，是我们在 1918 年就开始了整个计划，并为其他人带了路。

安特生的挫折感是显而易见的。就在他和他的团队即将找到关键答案的时候，随着他的回国离开，瑞典与中国的整个合作将告终结，这让他忧心如焚并感到痛苦。而且很明显，安特生绝对有把握，在周口店的那个洞穴里还有更多的东西可以找到。他在 1921 年访问发掘现场的时候就发现了那些石英碎片。但是，在 1925 年，除了师丹斯基以外，安特生和其他人根本还没想到北京人的存在。因为师丹斯基还没有把自己在周口店发现的东西对安特生吐露过一个字。

图坦卡蒙[①] 法老与未来

在大草场的最后几个月里，安特生一边工作一边就他自己的未来进行了紧张谈判，既是在给国内的信件中，也是在与北平当局的对话中。在瑞典等着他的是斯德哥尔摩大学的一个地质学教授职位，但他真的不再想要那个职位。而在中国，无论何种情况，政府都要求他继续担任他们的矿业顾问。然而他自己最想继续从事的工作，肯定是考古学的研究。他需要抓紧研究所有的新数据，并在《中国古生物志》上发表研究成果。更进一步说，既然有关收藏的协议已经达成，他要实现自己为瑞典分得的收藏创建一个博物馆的想法。丁文江建议他在北平离职休假一年，以整理所有细节，实现他想做的事情。

同时，安特生让每扇大门都敞开着。他与中国的合同续签到 1927 年，但他要求请假一年，以便有时间在瑞典整理收藏品的第一部分。同样，在瑞典，他要求斯德哥尔摩大学将教授职位的聘任推迟到 1927 年，但他承诺在回国期间，在大学教课而不要薪水。此外，他还密集地给斯德哥尔摩写信，努力游说政府建立一个亚洲博物馆。这个博物馆可以涵盖中国和整个东亚，王储古斯塔夫·阿道尔夫对此计划表示了全心全意的支持。为了使国内的人们理解为什么远在中国的陶罐非常重要，安特生把这些陶罐和世界闻名的地中海古典文化进行了比较，并解释说，早期的中国文化同样古老：

> 可以肯定的是，我们自己没有什么宝藏可以抗衡例如埃及的图坦卡蒙法老的发现，它具有前所未有的覆盖率。但是在评判我们现在的收藏品的时候，应该在心里记住，这些收藏品至少比图坦卡蒙法老还早一千年，可能比这还更久远，并且它们代表着一种绝对全新的、迄今未知的文化。

---

① 图坦卡蒙（英语 Tutankhamun，埃及语 twt-ʿnḫ-imn）是古埃及新王朝时期第十八朝代的一位法老。

我相信，如果我们的发现被很好地展示，那么也会引起广大公众的兴趣：毕竟，我们拥有数千件石器工具……而来自仰韶时期的完整陶器我们肯定至少有一百个，其中有三十至四十个是有彩绘的。从同一时期我们还有大量的非常优雅的骨制工具及首饰，比如成百上千的宝石珍珠及一些可能是绿松石的吊坠。除此之外，我们还有很多后来的历史时期的东西，主要是汉代和唐代，有几百件（是安特生在中国期间购买的），所以总的来说，我认为，如果我们愿意的话，谈谈一个小博物馆的开始，这不会算是太自以为是的行为。

但是这件事还一点都没有准备好。除了 1921 年就送到王储这里让他在瑞典和英国进行评估的少量彩绘陶器碎片外，所有考古收藏品仍在北平。安特生本人并不真正知道甚至没有决定什么是他自己的未来。直到 5 月，这些材料才按照协议运到了瑞典。1925 年夏天，到了安特生该回国的时候了，这是正式的请假离开一年，但有迹象暗示，也许这就是终结了。6 月 15 日，在中国生活十一年之后，他交出了大草场他家的钥匙，而且直到此时为止，他都在为《中国古生物志》紧张地校改甘肃报告样稿中的错误。这个报告后来在他回国的旅途中同时出版，名为《甘肃考古研究》（后来在 2014 年重印）。安特生忍不住在他给拉格尔留斯的信中对他受到的关注吹嘘了一番，他告诉拉格尔留斯：

> 现在各种校稿都在进展中，我几乎跟不上节奏。此外，还有各种午宴和晚宴。我刚和前任总理颜惠庆博士（1877—1950）共进午餐回到家。他曾出任总理不下五次。现在，当我就要离开的时刻，似乎每个人都想要跟我套套近乎。这当然很有趣，但和其他各种事情弄在一起也很累人。

是的，在 1925 年夏天，安特生是北平炙手可热的明星，当他和艾尔萨 7 月 1 日登上西伯利亚火车的时候，很多人要到车站来和他们挥手告别。一个月前，在政府的许可下，他自己还去了上海，负责监督考古材料及最后一批要在瑞典分析的化石的装载发运。5 月 20 日，他总结了所有这些工作的结果，以及自 1918 年瑞典和中国认真开展交流以来运走和又被运回的材料。在 1920 年和美国发生冲突，以及"北平"号失事后的复仇活动中，本来用于南极研究的瑞典资源转到中国，这个合作项目得到来自瑞典的支持，确实有了些生机。安特生宣称：

> 满打满算，在中国总共收集了 2289 包装箱的材料，并分成七批货物运回瑞典。正如已经提到的，这项工作进行了六年零两个月，很容易计算出整个漫长工作如何提供了每天超过一箱的平均数。这个计算结果也许好于其他任何事情，表明了开展工作的广泛程度。除了全部运到瑞典的收藏品将在那里分给瑞典和中国的机构，另外还有大约一百个箱子，其中部分是无脊椎动物化石，部分是来自考古发掘的人类骨骼，根据与中国当局的协议，应留在北平……

首批从瑞典运回的材料已经开始陆续抵达北平，并于当年初夏在首都展出。《中国古生物志》上的报告也以越来越快流水般的速度出现。但是其中大部分仍然必须在乌普萨拉和斯德哥尔摩通过鉴定。因为交流已经发展到令人吃惊的规模，而且在挖掘现场的工作人员太高效了。从另一方面看，这种成绩在最大程度上也归功于安特生在兵马司的同事们对该项目的大力支持。安特生在 1 月 22 日给维曼教授的一封信中强调说，是他"真诚和忠实的朋友"丁文江和翁文灏：

> 确实发挥了极其重要的作用，保证了我们的收集工作能以平安的方式开展，而没有受到盗墓者的破坏，没有受革命浪潮的影响，以及在这个新的东亚研究领域里一年比一年激烈也越来越无情的国际竞争的干扰。这个领域在未来五十年里将会成为古生物学和考古学研究的焦点。

安特生再次触及了在北平这个研究前沿的国际形势。安特生和他的接班人都会继续把自己安排在这个前沿，但会从一个全新的位置开始——即从他眼下在斯德哥尔摩创建的东亚研究新基地开始。

1925 年，斯德哥尔摩

远东古物博物馆

1925 年 7 月 17 日，安特生从舷梯走下船，踏上斯德哥尔摩码头，立即就投入了一个忙碌的时期。但是，在中国极度狂热的工作并非已经过去。他后来向老朋友汉学家高本汉承认，回来后在家里的活动："在两条战线上展开，一方面是在处理收藏品上，另一方面是在斯德哥尔摩大学讲授地质学课程，这些工作确实太多了，以至于圣诞节之前我就精疲力竭了"。要跟得上安特生的节奏，是需要付出代价的，还会出现太多非做不可的事情。

但是安特生还是坚持不懈地努力，并在这年完成了他向各方面承诺的很多事情。他完成了一本关于中国的热门著作《龙与"洋鬼子"》，后来还被翻译成多种语言出版。对那些有考古学意义的收藏，他也做了呕心沥血的研究，还雇用了工作人员对这些材料进行分类和照相，培训他们跟他一起完成所有工作。同时，他和中国委员会的朋友还说服瑞典政府和瑞典皇家人文历史古物科学院的秘书、国家古物总监西格德·库尔曼，专为这些亚洲收藏建立一个博物馆。而且他们成功了。

1926 年瑞典政府正式任命安特生为东亚考古学教授、东亚古物收藏馆（当时名称）的馆长。这个收藏馆现为远东古物博物馆，其任务既是推进东亚地区文化的研究，也在新博物馆里举办相关的展览。安特生通过谈判，得到了正在建筑新的商学

院的斯维亚大街 65 号的租约。在短时期内，来自中国的收藏是临时存放在当时已关闭的斯德哥尔摩东岛监狱里，然后在 7 月 1 日搬到了新建的明亮而引人入胜的楼上（博物馆在这里一直保留到 1946 年——然后在 1963 年搬到斯德哥尔摩舰船岛上的现馆址）。因此，安特生建立一个东亚历史博物馆的梦想终于成为现实。

1926 年春天，安特生致信丁文江和翁文灏告知他们这一消息，同时，也向他们报告了有关中方的收藏品的正面信息。现在第一批材料已经完成检查并拍照，将很快就发运。他还建议，他按照承诺下一年回到中国，结束在北平的工作。

但是他现在还有另外一条消息要分享。5 月份，瑞典王储古斯塔夫·阿道尔夫将启程环游世界，预计他将在秋天到达东亚。王储计划到中国访问，并希望停留整整一个月，要真正看看中国。现在，安特生请北平的朋友和他认识的每个人都帮助他们安排在中国的一切行程。

* * *

自从去年夏天安特生回瑞典以后，中国发生了很多事情。秋天，不同军阀之间爆发了内战，政治局势急剧恶化。1925 年 10 月，丁文江从天津写信告诉安特生：

> 内战再次爆发，我们不知道中国要往何处去。令人发狂的绝望情绪迫使我再次考虑自己参政。通过什么方式，以及我如何做，还不知道。

丁文江还告诉他，当时的情况非常危急，所以他们共同的朋友、正在中国南方讲学的哲学家胡适，由于铁路停运而回不了家。丁文江也问候了艾尔莎，并说他很怀念住在大草场安特生家里的那段生活：

> 自你离开以后我已经去过北平多次——有时我在调查所过夜；有时住旅店。我非常怀念我们的早餐和午夜茶叙。我衷心希望你能回来。

1926 年 5 月 5 日，安特生听说丁文江真的执行了他的政治计划。他离开天津，到上海出任了市长。而李济和袁复礼一起去了陕西，在华盛顿自由美术馆资助的一次考察中，他们又到属于仰韶文化的一些居民点进行了挖掘。所以，在考古学方面也发生了很多事情。

此外，国际竞争对手还在继续寻找恐龙和史前的、旧石器时代的文物。这一年安德鲁斯也出版了他颇受欢迎的畅销书《古人足迹追踪》。这是又一个提醒，让人想到各大亚洲考察队加入的这场伟大的比赛是关于什么——他们正在竞争的终极发现，即找到人类起源的摇篮。而安特生当然也没有忘记那条足迹。

1926 年秋天，北京饭店和大草场

人属？（Homo Sp？）

自安特生返回北平以来，白天都显得很长，他有好几次重要会议，还在这座城市的不同地区之间不知疲倦来回奔波。他与清华大学校长曹云祥（1881—1937）一起共进了晚餐，曹云祥在中国外交部任职期间曾被派驻丹麦哥本哈根。安特生还参观了北平的历史机构，包括故宫博物院，并在瑞典领事馆与公使艾沃尔洛夫会面。谈话主题就是当时的头等大事，瑞典王储在几周后的访问。可以说，自从 9 月 11 日他与新常富和拉格尔留斯返回北平以来，他一直就非常忙碌。安特生到达的那天就开始着手安排，首先是帮助拉格尔留斯办理旅店入住手续，然后在同一家旅店——东长安街的北京饭店——为王储夫妇（王储阿道尔夫现在娶了露易丝·蒙巴顿为妻）预订了套房。

对安特生来说，这也是一个很好的选择。北京饭店那时只有十年历史，但已经在北平 20 世纪的历史发展中发挥了重要作用。军阀冯玉祥在 1924 年 10 月 23 日推翻大总统之后，和孙中山的谈判就是在这个饭店举行的。不幸的是，在双方达成协议之前，孙中山就在 1925 年 3 月 12 日病逝了。不过北京饭店继续在政治事件中扮演重要角色。12 年后，在中日战争期间（1937 年到 1945 年），日本占领军接管了饭店，后来在 1949 年毛泽东领导下饭店又被赋予了一个新角色。因为中国共产党就是在这里庆祝国庆节达十六年，直到 1966 年。六年之后，1972 年的乒乓外交中，当中美在世界乒乓球锦标赛之后互相靠近的时候，美国总统理查德·尼克松也是在北京饭店入住了几天。不过此时还是 1926 年，是瑞典王储和他的随从人员将在这里下榻，从 10 月 17 日一直到 11 月 11 日。

安特生自己则在条件相对简陋得多的地方安排了住处。他又回到了大草场的老家，不过此时拥有这个四合院的已是一个中国教授。教授同意让安特生租用他这里的一个较小的房子。因此，在北平的头几个星期里，安特生住在大草场，研究一封盖有乌普萨拉邮戳的信。这封信是维曼教授寄给他的，是乌普萨拉大学的古动物学系最新的化石鉴定结果报告。但是报告中有一个用拉丁文写的鉴定——是个双音节的缩写词和一个问号，让安特生十分惊讶。因为就在报告里，在维曼最新的"盘足龙属恐龙"、长颈鹿化石和"长鼻马三趾马属"的分类鉴定名单的中间，有一处关于两三个师丹斯基另外的发现物的注解。

"Homo Sp？（人属？）"注解是这么说的，简短而又明确。师丹斯基博士随后解释说，他在周口店发现的是一颗牙齿，是他 1921 年还在现场时就已经判定属于类人猿的。后来在乌普萨拉，当他全面检查来自周口店的新材料时，又发现了第二颗牙齿。

但是为什么师丹斯基对他一字不提？

在从斯德哥尔摩出发之前的几个星期，安特生就已经写信给维曼教授，向他索取这份报告。因为安特生想在北平办一次讲座，介绍他们在乌普萨拉目前进行的对中国运来的哺乳动物化石做研究的最新发现。安特生、翁文灏和加拿大人戴维森·布莱克正计划在瑞典王储古斯塔夫·阿道尔夫到北平的时候举办一个科学会议。其想法是利用这次机会来介绍瑞典中国合作项目的研究成果。但是维曼报告中这个简短鉴定的意义改变了一切，绝对是一切。王储访问中国之前已经有很多工作要准备，但是这个问题现在必须优先考虑。

为什么师丹斯基早先什么都没有说呢？为什么师丹斯基五年前发现第一颗牙齿的时候没有马上向安特生报告呢？

在安特生回到北平最初几天里，他就发现，他曾经取得了如此重大突破，而他一起工作的同事却没有告诉他，这对他是一个巨大的打击，而这正是安特生从 1919 年以来梦寐以求的发现。在他的书信和报告中，他一次又一次提到发现人类祖先才是他与美国人安德鲁斯和法国人桑志华和德日进的友谊比赛中最中心的部分之一。如果安特生及时得到消息，这一发现可能就会改变他的整个中国项目。毕竟是安特生领导着整个项目，而师丹斯基完全知道他的目标。事实上自 1919 年以来，追踪人类起源一直是他的最终的目标。

安特生一遍一遍反复阅读围绕短语"人属？"的简短说明文字，并试图理解这

从极地到中国——瑞典考古学家安特生传

个奥地利人的想法。他认为他这位同事对这个发现的措辞方式有点收敛谨慎。安特生后来评论说："师丹斯基是一个很谨慎小心和谦虚的人，想要降低他的这一发现的重要性"。

安特生本人在研究这封信的时候想法恰恰相反——他一看到师丹斯基带问号的词组就被打动了："这么说，我找到了我一直在寻找的原始人！"是的，安特生从来都不是犹豫不决的人，就如他在另一场合提到自己的反应时用说的话："我有这种胆大妄为的勇气，在某种情况下会带头前进，能在维曼报告中看到了一个暗示，表明我一直在寻找的原始人终于被找到了。"而这个有关"人属"的暗示此刻对安特生已经足够了，也有必要胆大妄为一点。而且，这样的一个发现根本无法从科学中排除出去，这个拉丁语名称及其问号必须公开，以便能够确定，实际上他也这么做了。

北京人的介绍

在北平协和医学院的幻灯播放

10月22日星期五，在北平协和医学院里，大会议厅的漂亮的中式绿色拱形天花板下人声鼎沸。大厅里挤满了人，中国和国际科学家的全部顶级团队都来了，还有这座都城里的外交精英及首次来华访问的瑞典王室成员。

自10月17日瑞典王储及其随从人员到达北平以后，与中国总理和外交总长顾维钧（1888—1985，此时还署理大总统职务）共进了晚餐，与司法总长罗文幹举行了会谈，参观了故宫，还参观了这里的两个博物馆——历史博物馆和艺术博物馆，以及游览了城外的夏宫颐和园。

但今天是个科学为主的日子。上午在兵马司的地质调查所召开了一次有关《中国古生物志》的会议。到了下午，就是在这天，大型活动高潮的时候了。

翁文灏登上讲台，大厅里嗡嗡的谈话声慢慢平静下来。这位中国的地质学领导人担任了这个国际会议主席的角色，用流利的英语、法语和汉语逐一介绍了发言人。首先发言的是这所医科大学的校长胡恒德博士，他对所有人表示了欢迎，并庄严宣布，"这是迄今为止在中国举办的最重要的科学会议之一"。然后是瑞典王储阿道尔夫被请上讲台发言。他利用这个机会提到他自己对中国历史和考古学的巨大兴趣。他指出，中国的考古学研究其实比西方还早得多。他解释说，因为早在公元1000年左右的宋代，中国皇家宫廷就开始收集、研究古董并加以分类，目的是绘制历史图表和理解过去。因此他认为，西方在考古学方面"有很多东西要向中国学习"，并提到了在考古学方面"世界上所有学者之间良好合作"的重要性，并引述了瑞典中国委员会及其与中国地质调查所的交流作为范例，而另一个范例则是北平协和医学院。

然后轮到了20世纪中国最伟大的改革者之一梁启超发言。他谈到了自己在北平清华大学担任教授的新职位，他将在那里领导一个研究中国最早期历史的系，同时也正在着手创建一个现代考古学的教研室。梁启超随后也回应了瑞典王储的讲话，指出未来的中国考古学研究应集中在采用改良技术的大规模发掘中，因为尽管中国历史悠久，但中国科学性的考古学仍处于起步阶段。但是，梁启超对考古学发展的可能性是非常乐观的，而且怀有巨大的热情。根据《每日新闻》的一位瑞典记者的报道，当时梁启超的话让听众大吃一惊：

> ……他建议打开孔子的坟墓……但同时又强调说，该国的舆论对于这一步骤……可能还没有做好准备。

接下来是法国耶稣会神父德日进的发言。他做了一个有关1923年法国考察队在甘肃和内蒙古的发掘工作的演讲，在鄂尔多斯沙漠中发现了旧石器时代的石头工具。

然后就到了这一天的主要节目，到了明星上台吸引人们关注的时候了。翁文灏让安特生上台发言，他就站起来登上讲台。

在礼貌地向在座的瑞典王室成员和会议贵宾致以诚挚问候之后，安特生首先介绍了瑞典与中国合作的背景。他概括了从1914年开始的地质学工作，到后来越来越多地进展到了古生物学和考古学的科学研究。他继续描述了他的考古学研究如何首先在仰韶然后再往更遥远的西部发展，而显示出来的越来越多的迹象表明，中国远非是人类历史上孤立的一部分。相反，有大量证据表明，从地中海到太平洋，欧亚大陆上的东西方之间早在史前时代就已经有相互的文化影响。

此外，安特生说，有很好的理由相信，人类作为物种的发展实际上是可以在中亚发生的，德日进和桑志华的发现也表明了这一点。然后，他进入北平郊外周口店的发掘背景，这是他在1918年与中国地质调查所工作的时候开始的，然后他对三年后师丹斯基博士在那里的实地挖掘作了介绍。安特生解释说，因为科学性调查验证工作无法在中国完成，化石被送到瑞典乌普萨拉大学古生物学实验室，在那里先与周边石头分离，然后拍摄成图片，并鉴定物种，最后在地质调查所的《中国古生物志》期刊上发表结果报告。

接下来安特生谈到，此次会议开幕前，师丹斯基博士通知他，在周口店和乌普萨拉工作期间，他获得了人类历史上两个完全独特的发现。安特生还说，师丹斯基已经提交了有关这个发现的初步报告，会很快发表，但他已经寄来了有关照片，能展示这些发现的内容。

北平协和医学院会议大厅里的灯光此时暗了下来，一架幻灯投影机点亮了，在发言者的身后，一张黑白幻灯片的图像很快在跳动的光线里显露出来。后来，安特生谈到当时情景：

> 最后，我用一张幻灯片展示了师丹斯基发现的人类牙齿。我声明，这一发现本身极不完整，但还是可能成为我们瑞中两国整个合作计划的最有意义的成果。

安特生向会议听众解释说，他展示的是属于两个不同个体的两颗化石牙齿。第一颗是后上颌的臼齿，以及其咀嚼表面的一个特别图像，而第二颗是下颌的前白齿。安特生指出，这一发现特别有意思且极具划时代意义的，是这些化石材料的周围土层，显示其属于"第四纪初期"。他继续说，这意味着人类早先的前辈在五十万年前就已经居住在北平周围地区了。他解释说，在这里显示的两个化石齿，也是"曾经发现的物种人属留下的最古老痕迹之一的问题"。

"这个消息"，拉格尔留斯后来在日记中写道："引来了愉快而吃惊的听众雷鸣般的掌声"。欢腾似乎是无止境的，似乎也永远不会结束。这是科学史上具有历史意义的重大事件，绝对也是安特生一生中最伟大的胜利之一。那天，安德鲁斯和奥斯本都没有在场，看不到他们的踪影。

但是两天后，安特生的另一个主要竞争对手、法国人德日进提出了批评。这位耶稣会神父和古生物学家从天津写信来，一面感谢安特生"上星期五的'精彩的会议'"，另一方面解释说，牙齿的照片并没能说服他："我对它们的假设出来的人类特性并不完全满意"，还补充说"恐怕他们的人类性质永远不会令人信服。"

但是德日进错了，事实将证明安特生是正确的。因为三年后即 1929 年，当裴文中（1904—1982）在周口店发现了第一个头盖骨碎片，这个革命性的发现证明了北京人的存在。

1920 年以来的伟大交流成果

1926 年 10 月 22 日是 12 年合作的高峰，也是值得纪念的一天。瑞典和中国在那时取得的成就带来了喜悦和自豪感，整个团队那天得到的关注是在这个项目里付出的辛勤工作的回报，这次合作对双方来说都是成功的。

与中国的交流已发展成瑞典与欧洲以外的国家前所未有的最大合作项目，特别是与当时的中国这样一个发展中国家。来自中国的第一批交换留学生来到了瑞典，研究人员在两个国家之间旅行，所以他们可以一起研究中国的自然历史和地质学状况。中瑞两边都有了新一代大学生，一批论文已经写出，或者正在撰写中。斯德哥尔摩和乌普萨拉的大学及自然历史博物馆都和中国建立了持久的关系，这种关系将会持续数十年（实际上直到今天仍然存在）。另一方面，地质调查所已经成为中国的现代科学的主要机构。《中国古生物志》期刊上有关新的化石发现、考古文化和"北京人"的学术报告也给这个调查所带来了世界声誉。随着从极地地区转向中国的重新定位，瑞典突然作为亚洲研究前线国家中的世界领袖进入了这个竞赛场。此外，通过合作还建立了两个新博物馆，分别是北平的地质博物馆和斯德哥尔摩的远东古物博物馆，都有着丰富的收藏品。在瑞典，南极委员会更名之后，一切都开始认真执行。而在北平的兵马司，自从听到竞争对手安德鲁斯和奥斯本在中国的收集项目的吃惊消息之后，丁文江和安特生也为了反击而达成了协议。

对于丁文江来说，最重要的仍然是古生物学的绘图、物种的鉴定和出版物。他建立这个地质调查所并在中国建立现代科学意识的目标在 1926 年秋天取得了巨大成功，而瑞典在这方面确实提供了帮助。截至 1925 年，地质调查所简报及《地质调查所回忆录》系列丛书的文章和书籍中，多达 27% 是由瑞典研究人员撰写的。而自 1922 年《中国古生物志》出版以来的头七年中，一半以上的文章是由瑞典人或瑞典人与中国同事共同撰写的。进入 20 世纪 30 年代以后，双方联合的出版物也还继续出现。尽管其中大部分是关于考古学的，因为考古学后来引起了人们的最大关注，其实这只是中瑞交流的一小部分。地质学和古生物学其实有更加重大的意义，对中国的经济有最具体的重要性。

同时，其他瑞典人也做出了无声无息的贡献。例如，自然历史博物馆的赫勒就花费了多年的空闲时间，从欧洲各地为地质调查所的图书馆订购书籍，后来这已发展成为一个宏大的项目。1924 年，翁文灏为他的贡献而授予他一枚勋章时，赫勒在感谢信中评论说，与订购书籍相关的收据和信件等文件太多，超过了三公斤。所以，即使瑞典得到了发运来的所有考古发掘材料的一半，丁文江和翁文灏也认为瑞典是得之有理的，这次交流合作对于中国地质调查所和斯德哥尔摩与乌普萨拉的研究网络两方面来说，都是巨大的成功。

只剩两个问题。一个是北京人和仰韶文化的发现带领安特生进入了什么是构成中国的原本身份的领域，尽管他为中国做了这么多好事，但这种情况也会反弹过来对他形成打击。另一个问题是丁文江和安特生的成功太大了，当其他人看到来自中国的材料能取得如此巨大成就的时候，他们也想来分一杯羹。

1926 年秋天，安特生和丁文江都站到了各自事业的巅峰，成为了中国和瑞典都在追捧的超级明星。但是人飞得越高，摔下来就越痛。这两位伊卡洛斯[①]，分别来自瑞典纳尔克郡克尼斯塔村和中国江苏省黄桥村，飞得离太阳太近了。也许不仅仅是他们的羽毛会融化，还有些人认为这个瑞典人和那个地质调查所所长的翅膀下都承载了比他们有能力承载的还要多的东西。

---

① 伊卡洛斯（希腊语 Ἴκαρος，英语 Icarus），古希腊神话中人物，因用蜡制的翅膀逃离克里特岛时飞得太高离太阳太近，导致翅膀融化，跌落海中丧生。

5 冲突

五个半月之后，北京饭店

夜晚写给斯文·赫定的信件

> 对我而言，在北平的十二年中，以始终坚持讲述和书写真相为基础，我已经为自己和为中国委员会的运作建立了一个高度受到尊敬的地位，所以当我就如今天这样，对这项半真半假基础上运作的事情告别的时候，感觉我好像来到了更清洁的空气里。

这是 1927 年 4 月 7 日的夜晚，安特生正在给地理学家斯文·赫定写一封充满怒气的信件。在以往所有岁月里，这两个人几乎没有任何接触，但是现在他的这位瑞典同胞就在不远的地方，已经入住了城南数公里的六国饭店，而他自己也搬到了北京饭店。自从赫定到了北平，他们两人算是建立了一个系统，通过在长安街和使馆区的国际酒店之间来回跑腿传信的信童保持连续不断的联系。此时，安特生是在绝望的情绪中。自从一切都在一个月前瓦解之后，他已度过了又一个饱受折磨的不眠之夜，一切都变化得太快了。

在去年 10 月 22 日介绍"北京人"的会议后的那个晚上，瑞典人在北京饭店举办了有五十位嘉宾应邀出席的盛大宴会，盛宴一直持续到深夜。但是在这之前，有些出席会议的代表在北平协和医学院的戴维森·布莱克的办公室里开了会。除了布莱克和协和医学院院长候依通，还有翁文灏、安特生、王储阿道尔夫、拉格尔留斯和瑞典在北平的公使艾沃尔洛夫。会议的三方——地质调查所、瑞典中国委员会和北平协和医学院决定重启周口店的发掘工作，但现在协和医学院应该在其中发挥更大的作用。布莱克答应与地质调查所合作，并利用来自洛克菲勒基金会的资助开办一个新的实验室。而中国委员会则相应承诺派遣一个新的古生物学家来领导这项挖掘工作，其人选或是师丹斯基，或是步林，而步林已经在撰写一个有关中国的长颈鹿化石的博士论文。1927 年 4 月 16 日，新的挖掘工作就开始了，步林在现场指挥，而布莱克是整个项目的领导人。10 月 16 日，步林发现了另一颗牙齿。第二年地质调查所的新实验室——新生代地质与环境研究室——就已经在协和医学院内建成，该实验室后来就负责管理周口店后续的发掘工作。

对于安特生来说，更重要的是一个新的中亚考察队的计划。现在北平协和医学院在重新开始的周口店挖掘中已经发挥了更大作用，因此他们决定瑞典与中国地质调查所一起要资助去西部的一个新的考察队，以便追踪人类和中国的起源。但在同一时候，斯文·赫定也已经决定返回中国，目的是开展他自己的一次中亚考察，这也是自 1893 年以来他的第四次考察。赫定在十月从柏林写信来，说他已经在那里找到了一个赞助商。

因为安特生和拉格尔留斯不希望有两个不同的考察队，所以他们赶紧给柏林的赫定发了一份电报："建议你趁王储仍在此时以最快速度赶来"。

在随后这个月里，安特生利用他在北平的关系帮助赫定和中国政府及地质调查所签订了一份协议。瑞典和中国的地质学家都可以参加这个新的考察队，而安特生则注意让考古学项目也安排在其日程中。因此，瑞典派出了一位新的考古学家，二十五岁的福尔克·贝利曼。

这件事情的症结在于，赫定的赞助商竟然是德国的汉莎航空公司。在柏林的会议期间，赫定通过建议在欧洲和中国之间开一条航线，让这个公司出钱赞助考察。因为没有客机能够飞行整段距离，汉莎航空公司不得不创建一个中转地点，以便在路上加油。因此，赫定提出的条件是这次考察在科研工作之外，还可以绘制这个地区的地图，以便找到可以降落的地方。不仅如此，赫定还提出了一个想法，要同时在空中和地面来研究中亚地区。因此，汉莎航空公司的飞机应该从北平之外的天津起飞，然后向西飞行。在那里，史无前例第一次，他们可以照相，并从空中为整个地区绘图。显然，这是一个既高明而又有争议性和政治敏感性的想法，但赫定很乐观。那个秋天他到达北平时，他向中国政府建议，一个中国官员可以在每一次航行中在场，而所有地图和照片的副本也会交给中方，并继续说：

> 这将是人类历史上第一次在如此广大范围内使用飞机服务于科技目的，从一连串的固定站点开始，飞越地球上仍然未知的广大部分，从而开创了地理发现历史上的一个崭新时代……

> 因相信我的计划会得到善意的评估和理解，我现在将其作为明确的决定递

交给尊敬的中国政府。

但这并非易事。中国尚未签署凡尔赛和约，并且仍然是——至少在纸面上——与德国交战的国家。因此，中国政府同意进行地面考察，但按照他们的说法"出于军事原因"要推迟飞行计划。负责飞行问题的总长张厚煌在会见赫定时告诉他，他自己非常希望看到计划中的飞行路线，但是这个问题在政治上太敏感了。因此，他要求赫定在地面考察队返回之前关于他的飞行计划一个字都不要声张。赫丁答应保持沉默并遵守了诺言。因此，尽管向中国政府通报了情况，但飞行计划还是保密的。但是，当赫定带着德国飞行官员一起到达北平的时候，还是引起了一定程度的惊讶。

安特生在他给赫定的信中继续写道：

> 为了充分阐明这些事情，我很愿意书面总结为什么我发现自己不得不与您的事业完全保持距离的原因。
>
> 您知道，从一开始，王储殿下、艾沃尔洛夫大臣、拉格尔留斯和我本人就对与一家德国航空公司的联系持怀疑态度……
>
> 在12月里，您想让艾沃尔洛夫大臣和我理解，很多德国工作人员都是训练有素的科学家，只有很少一部分人是飞行专家……但当德国人到达这里时，我们才明白，所有这些德国人中只有一个是受过科学教育的人……
>
> 在这种情况下，请允许我提醒您，一方面我本人以最友好的态度对待每个可爱的、令人愉快的德国人，一方面我不是在意有那么多的德国人，而是在意其中只有一位科学家……

安特生认为，关于飞行计划的秘密性和德国人的参与都是错误的，因为"比其他任何事情都重要的首先是瑞典的利益……这个伟大的瑞典人的事业"，他接着说：

> 德国首席飞行员冯·德沃尔已经为我清晰地描述了汉莎航空公司与我们这个事业的未来前景，这些前景是如此合理与和平，以至于我深信，如果从一开始就向瑞典和中国当局提出这些观点，那么您的整个事业在战术上会好得多。

从极地到中国——瑞典考古学家安特生传

然后又继续写道：

> 几天前，事情看来到了至暗时刻，我发自内心地决定，如有必要，我将在这次考察归来和收尾期间依然站在你这一边，我特别下定决心，要努力像一个忠实的朋友那样，将您带回老家，我们亲爱而古老的瑞典。

> 尊敬的斯文，您是个非常可贵令人愉快的朋友，善良，有耐心，容易相处。即使在这黑暗的几个星期里，如果没有这些德国人的关系和影响，我们应该能够拥有一段美好的时光……现在我必须请您原谅，我已无力再处理此事了。

安特生已经感到疲倦了。而这一切麻烦早在四个多星期前，在飞行计划被泄露出去并且引起中国媒体的反弹之后，就已经开始了。

反对派

1927 年 3 月 5 日，一群研究人员聚集在北京大学参加一个大型会议。其中大多数都以这样或那样的方式涉足了历史和考古学，而且属于与中国地质调查所无关的学术机构。他们之间不时展开热烈的讨论，他们所有人都认为调查所获得了太大的权力，还侵占了与地质调查无关的领域。考古学和历史应该由这个国家很多新的年轻机构的中国研究人员来处理，肯定不应该由外国人来参与，也不是由地质调查所。有关新的考察队和德国人的参与的传言是压垮了骆驼的最后一根稻草。因此，就在这一天的会议上，他们要共同终止和瑞典合作的项目。

领导这个反对派的是北京大学国学门研究所的两位考古学家沈兼士（1886—1947）和马衡（1881—1955）。即使这两人属于迟至 1923 年 5 月才开设的考古学研究室，由马衡任主任，他们大多数时间还是从事青铜器钟鼎文和中国历史古籍的研究，而不是现代的考古学。甚至这个会议上被推举为这群研究者发言人的刘半农（1891—1934），实际上是一个历史文献的专家。刘半农曾在巴黎留学，获得博士学位，对法国汉学家伯希和在 20 世纪初从中国甘肃敦煌莫高窟搜刮来的千年之久的历史文献做过研究。因此，刘半农非常担心同样的事情会再次发生。1927 年时刘半农是北京大学国文系教授。出席会议的还有来自北京大学的历史学家和考古学家徐炳昶（1888—1976）。让安特生难以理解的是，曾经和他一起长期工作过的李济，尤其是袁复礼，也都参加了会议。在这个大会上还有来自清华大学、北平的历史博物馆、故宫博物院、北京图书馆、京师图书馆、中华图书馆协会、中国画学研究会、国立中央观象台和中国天文学会的学生和研究人员。实际上除了中国地质调查所和北平协和医学院之外，几乎北平所有的科学研究机构都有代表在场。大部分人有历史和考古学的背景。

在这次会议期间，反对派创立了一个联合会——北平学术团体联席会^①——这个联席会唯一的目标就是制止瑞典人。

在接下来的几天里，这个新联合会在中国媒体上发起了对赫定计划的这次考察的猛烈攻击。他们披露了赫定的飞行项目的细节，并坚称瑞典正在考虑通过飞机把考古文物运出中国。同时，他们还致信翁文灏，在信中要求翁文灏签署一份给政府的请愿书，而这份请愿书要求政府立即终止该项目，尽管翁文灏和他的地质调查所员工已经决定参加这次考察。

安特生和赫定都意识到，他们不得不回应他们的批评。他们咨询了翁文灏和丁文江的意见。3月9日，斯文·赫定写了一封给联合会的信稿，信中解释说：

> 我理解，你们的主要反对意见是针对我会拿走中国历史珍宝和艺术品的一种假设。
>
> 我谨在此通知你们，我从未打算从中国带走任何此类物品——相反，我非常同意你们的会议上表达的民族主义观点。为了证明此点，我已经向中国政府提出我自愿的承诺，把这次行程中发现的所有历史遗物都保存在中国。我谨在此声明，我完全愿意与任何中国学术机构或公司就此类文物材料的处置进行谈判……
>
> ……此外，我也很乐意在这次行程中带上你们推荐的考古学或历史学专家并由我承担费用，他们会把我们这个团队发现的所有古代中国历史遗物和艺术品带到北平。

从极地到中国——瑞典考古学家安特生传

----

① 此会后来更名为"中国学术团体协会"。

这封信的措辞是非常谨慎周密的，并和丁文江讨论过。因此，要留在北平的是来自中国历朝历代及后来的古董、历史材料，这些材料可以视为对中国具有经济上的价值和重要性的，而不是中国周边地区较古老文化的史前材料，事实上这些材料才是安特生的考古学的最重要研究目标，是这次考察要追踪的事情。但是在这封信能送出之前，该联合会就主动来联系了。

1927 年 3 月 10 日，瑞典人和反对派在北京大学举行了一个初步会议。当时，安特生和赫定指出，他们和中国政府及地质调查所已经有一份现成的协议，而瑞典在过去十三年中一直在与中国合作。另一方面，他们会很高兴邀请另外两名中国考古学家参加这次考察活动——这比瑞典人原已同意的还多了一个。反对派对此表示同意，但拒绝接受那份现成的协议。他们想取消它，并要求签订一份新的、与他们直接谈判的协议，而不是与政府签约，并要求由他们创建的一个委员会来监督整个考察，所有文物都应该在中国保管和研究。他们还想从协议中删除"考察"这个词，因为它暗示这是在"非文明国家"内的"一项任务"。

安特生和赫定不知道该怎么办。毕竟，他们已经有了一份有效的协议，也对联合会作出了让步，允许他们也参加考察。3 月 12 日，他们与丁文江讨论了这件事。丁文江解释说，反对派实际上不是针对瑞典人的，而是针对地质调查所的成功和中国内部的政治。他强调说，国民党的运动是幕后的推手，并预测国民党将在六个月内掌握整个国家的政权。因此，他认为，有理由与反对派进一步讨论并找到解决办法。

安特生认识到，丁文江是对的。孙中山在他去世前的那一年，已经召集了一次国民大会。他鼓励这个国家的年轻人去建立新的国家科研机构，建立一个现代化的国家。许多人听从了他的话，而在他死后也发生了很多事情。1925 年 5 月 30 日，一名英国警察下令直接向示威的学生开枪，以保护上海租界区内的一个派出所。大批学生受伤，数人丧生（史称"五卅惨案"——译注）。这导致了全国范围的大规模抗议活动，当时安特生也目睹了北平的示威游行。整个城市都贴着有"开枪杀人"字眼的大标语。这是来自该警察在随后的调查中为自己辩护的一个指令。安特生相信，这是"狡猾而毫不顾廉耻的造假行为"。但是，当他向政府部门核实的时候，他发现并让他"大吃一惊"的是，事实上这是给这个警察下达的指令的措辞，使用武器确实是一个最后手段，而如果使用了武器，它们就应该是开枪杀人。显然这影响了整个国家对外国人的情感。

在中国南方，蒋介石将军（1887—1975）很快控制了国民党，开始了北伐，以便统一整个国家。在北伐军占领南京之后，那里爆发了一场骚乱，人们袭击并掠夺了外国领事馆。1927年冬天，蒋介石鼓励这个国家的年轻人投入一场新的运动，在大学里接管西方人的统治地位，把这个国家领入一个新时代。而此时在北平的这两个瑞典人并没有真正理解是怎么回事，就突然成了政治宣传要打击的靶子。

而民族主义的情绪在这个科学联合会里也在高涨。尽管袁复礼曾为瑞典的中国委员会和丁文江工作过，但他还是选择了与时俱进，出席了北京大学的那个会议。他也离开了地质调查所，转而到清华大学任教。后来他解释说，当时他们的民族主义情绪是如此强烈，以至于他个人认为，丁文江到北平出差时住在安特生家里，而不是与自己的同胞在一起，与这个瑞典人在他的胡同里"过着奢侈生活"，这是令人怀疑的。

从某种意义上说，正在发生的事情也是丁文江和安特生从一开始就牵涉到的事情的延续。这是中国发展的一部分，现在终于有了新的国家科研机构就是证明。这些机构也正在变得强大，并准备接管他们正参与的这类研究。

因此，袁复礼觉得自己的所作所为也是合理的。而他和反对派在1914年到1921年的地质调查所的头七年中，都没有在兵马司看到这里的发展。他们都没有理解，中国是如何来到现在的位置。

但是反对派针对的还包括安特生触及的问题，即如何定义这个国家本身及它是如何诞生的，这显然也是让民族主义者有紧迫感的问题。在发现了仰韶文化和"北京人"之后的那个冬天里，在中国的国际研究网络中的所有人都在谈论地质调查所。而且中心人物是来自瑞典纳尔科郡的一个瑞典人，这让其他人——那些认为自己有更多的权利也应该能参与的人——感到自己被排斥在外了。

因此，即使现在发生的事情是安特生本人取得的成功的结果，但是在接下来的几个星期里，安特生遇到的批评仍然是他一生中遇到的最严厉的批评。

1927年3月10日至4月28日，北平

失眠和有关瑞典的投票

在六个星期艰难的谈判期间，安特生和赫定每天保持联系，或是在六国饭店，

从极地到中国——瑞典考古学家安特生传

或是在北京饭店，以制订他们回应反对派的指导方针。总有新的要求和新的问题不断冒出来。

安特生在希望与绝望之间辗转反侧，难以入睡，给赫定写了一封又一封信，时而指责他，时而请求他的帮助，时而指责自己。尽管赫定与德国人有关系，但安特生还是决定继续支持他的瑞典同胞。为了继续对中国考古学的研究，他需要赫定。而他这位瑞典同事对待反对派的要求持开放态度，在 3 月 12 日，赫定建议由一位中国人和一位瑞典人共同担任考察队的现场指挥，他对反对派设立一个由著名研究人员组成的委员会以保持联系的想法也表示欢迎。他认为，这会使事情变得容易。

在那几个星期里，实际上每天都有新的事件发生。有来自新闻界的批评，与丁文江和翁文灏的会面，和瑞典公使艾沃尔洛夫的会晤，与反对派及其个别成员的辩论和谈判，以及与政府的交涉等等。对于安特生来说，这段时间痛苦巨大。因为他觉得攻击都是针对自己的，许多攻击都与考古学有关。有一度赫定甚至考虑把考古学完全从考察项目中删除，因为这显然是主要的障碍。但是安特生——还有反对派的成员——都呼吁他重新考虑。如此多的曲折成为一种压力，让安特生感到很不舒服。在谈判期间的一个晚上，他写信给赫定，呼吁他放慢节奏：

> 我已经精疲力竭了，比我想让你知道的还要糟糕，但是今天晚上我上床睡觉之前，还是要谈谈我发给你的信。只要我还能有一个我所希望的漫长而宁静的夜晚，那我可能还会设法坚持下去。最近几个晚上，我服用了安眠药，直到它们再也没什么作用。而现在我被这些药片毒害如此之深，不得不停止服用……因为现在我知道，今天我整夜都会失眠，明天我什么事都做不了……

> 承认自己的虚弱不是件好事。但是我真的很可怜，精神崩溃筋疲力尽。对于您这次考察的攻击，我是非常痛心的，也许超出了您的想象，而在您自己已经有足够让您操心之事的时候，我不愿意再向您透露这件事。

> 现在我们必须保存我们的力量，而我非常抱歉，我自己竟然是如此惨状。如果您让我在白天尽力跟着你慢跑，那可能还没问题。但是，我确实必须有几个安静而充分休息的夜晚，否则在未来几天里我会一点用处都派不上。

> 因此，请注意，在十一点之前不要让我收到什么信或打字员的拜访。这纯粹是为了节省我的体力，希望您能理解我。

但是，很快就出现了新情况，联合会里有两个人开始在内部为瑞典人说话，即袁复礼和李济。翁文灏也说，总理兼外交总长顾维钧已直接找联合会成员，要求他们拿出"一个友好的解决方案"。为了得到一个好结果，翁文灏建议，在将来瑞典人应该与北京大学最有影响力的人徐炳昌和刘半农接洽。他还说，反对派中的大多数人实际上都同意瑞典人的想法，但出于政治原因却坚持强硬的路线。

最终仍有待解决的大问题是，瑞典是否应该得到某些部分考察期间发现的考古材料。4 月 14 日，有十二位联合会成员开会讨论了这件事，他们决定对该问题进行投票表决。首先表决的是，瑞典是否应该获得副本；然后表决是否公开还是秘密进行此事。第一轮投票，十二人中有十票赞成瑞典接受副本。然后，所有这些成员——十二个人有十二票——都赞成瑞典理应得到他们庄严的承诺，即瑞典会得到副本，但这种承诺不会以书面形式正式发表。最后，对于是否应在协议中公开说明这一问题进行了最后表决，只有一个人投票赞成。但是大多数人仍然希望瑞典也能从中国获得考古发现的副本。

现在，在具体实行中，每个人都赞同该项目，联合会成立了负责监督整个考察活动的中国委员会。刘半农就任委员会主席，而在其他委员中有袁复礼的弟弟，现在已成为传奇人物的图书馆员袁同礼（1895—1965）和第四纪地质学家李四光（1889—1971 年）等。徐炳昌被任命为考察队的中方负责人，与赫定一起领导此次考察。地质调查所中也派了两名地质学家参加这次旅行。

在中国外交部颁发第一份许可证后的四个月，也就是和地质调查所签订协议后三个月，即与反对派谈判的一个月零二十天之后，一项新的协议终于签订了。签字是1927 年 4 月 27 日在北京大学举行的一次特别仪式上进行的，协议在有二百年历史的宣纸上签署。该协议说明，瑞典方面将收到所有地质和古生物学材料的副本，但考古学材料除外。关于考古学材料，协议说明，"所有考古学材料均应呈交给中方的实地考察主管或其任命的人，以便交付给联合会并由联合会保管"。换句话说，没有任何考古材料会交给瑞典。但是赫定犯了一个战术性的错误。他认为，中方对此已给予口头承诺，但没有任何书面说明，这很奇怪。他认为在他签字之前这一点也应该写在协议上。因此在仪式前两天，他致信联合会：

　　我从你方和我的口头交流中得知，有关我向你方要求的提供一套考古收藏副本，你们……感到难以向我提供一份书面保证。而另一方面，我得到联合会数名成员的口头通知，你们实际上已决定给我一套这样的副本。

我衷心感谢你们愿意满足我一再表达的拥有这样一套收藏品的愿望，并希望你们愿意以我给贵方的信中表达的精神来执行你们的意图，即你们会从全部考古材料中为瑞典尽可能完整地准备好第二套材料，并以慷慨的精神进行选择。也应清楚地理解，第二套的选择将完全掌握在你们的手中……

如果我没有收到你们的不同意见，则我可确信，你们同意我的上述观点，那我将向你们保证，我将利用我掌握的一切资源执行这项考古研究。

但是直到签字仪式举行，联合会都一直没有答复。在 4 月 28 日，刘半农才写信给他："鉴于您的提议中包含有悖于已签署之协议条款的意愿，联合会深表遗憾，本会已不具备对此事给予应有考虑的条件。"

赫定显然犯了一个错误，他在信中写道，如果联合会不回复他的信，就可以视为联合会已经承认瑞典应该收到材料副本，这就把联合会逼到一个没有退路的死角。为什么会出现反对派，首先就是因为他们担心考古材料会从中国消失，而且此时的中国，强烈的民族主义情绪盛行，因此联合会中没有人敢把自己的名字签署在有这样条款的书面文件上。他们别无选择，只能如此应对。这样一来，等于赫定丧失了瑞典本已得到的口头承诺。

安特生当然感到失望，但这场漫长的谈判终于结束也让他松了一口气。而且最重要的是，考古学仍然包括在考察项目内，这样他就可以继续到西部追踪文化的版图。此外，不仅贝利曼可以作为瑞典考古学家参加，安特生以前合作过的老收藏家也可以作为中方人员加入考察队。瑞典十多年来的老合作者——地质调查所也再次加入。因此，在接下来的几天里，安特生与丁文江和翁文灏一起去欢宴庆祝。他写信给赫定说："已经用我们过去的美好方式开始为未来的工作制定一些小计划。"几乎就像他们以前一样。

这种轻松的时间很短，因为冲突还没有结束。

冲突与离开

5 月 5 日，新协议签订才一周，新的打击又来了。出人意料的是，地质调查所派出参加考察的最后一位代表地质学家赵亚曾（1898—1929）[①]，放弃了他的任务。赵亚曾解释说，他受到来自联合会成员的压力，感觉他无法履行翁文灏分派给他的现场考察任务。

联合会此时任命了袁复礼和一个名叫丁道衡（1899—1956）的年轻人来取代赵亚曾的位置。丁道衡此时在北京大学担任助教，是个尚无实地考察经验的地质学者。即使人人都知道袁复礼的能力，而他和丁道恒此时都在清华大学和北京大学工作，因此不接受翁文浩灏的指挥。换句话说，地质调查所对这次考察工作失去了所有的影响力。

那成了压垮安特生的最后一根稻草。他再也无法隐忍对所发生之事的强烈愤懑。当天晚上，他就开始写一系列书信抱怨赫定，尽管所发生的事情不是赫定的错误。

反对派和新的协议只是中国在发展中的很自然的一部分，也是中国处在与外国列强对抗情势下的一种反应，但这是有伤害的。5月9日，当安特生给赫定投寄出一封信的时候，他正在黑龙江省哈尔滨转乘火车。几个小时后，他就要离开中国，经过西伯利亚回家去了。

> 对最后发生的这件事，即地质调查所在最后一分钟被排除在外，我是极不高兴的⋯⋯
>
> 我相信，您现在完全理解，最后这场迫害运动对翁文灏和赵亚曾的伤害和侮辱有多大，而且当我说，这最后一击让我也感到极为痛苦的时候，我估计你也能理解我。我确实认为，现在一切都要和平与相互谅解，应该允许我带着过去几周给我的平静心态消失。
>
> 地质调查所自然成了这场迫害的目标，仅仅因为它同意给我们瑞典人提供比联合会允许的更优惠的条件，而当我说，自从1914年以来我就能完全和谐地一起工作的这个机构及其中的朋友，现在却成为这种迫害打击的对象，实在让我痛心，您一定会同情我⋯⋯
>
> 您肯定会记住，我多么轻易就退缩了，让我自己对土耳其斯坦寄予的希望化为乌有。但是对翁文灏和地质调查所的最后这次打击似乎太过分了。尽管如

从极地到中国——瑞典考古学家安特生传

---

① 赵亚曾两年后在地质调查所于云南开展的一次野外考察中被盗匪杀害。盗匪误以为他肩负的沉重化石是银子。

此，地质调查所依然是中国能够炫耀的唯一具有国际科学意义的机构，是我看着它诞生，并在与这里无与伦比的朋友的和平与和谐的合作中，我奉献出了自己一生最好的岁月的一个机构。

但是，现在，这只是痛苦的回忆了……

随后，安特生向中国边防警察出示了护照，登上火车回了瑞典。安特生感到，这好像是他最后一次看到这片土地。从许多方面来看，这已成为他的土地。

中央研究院与中瑞西北科学考察团

当安特生乘着火车从中国哈尔滨穿过俄罗斯的广袤原野返回家乡的时候，北京大学的校长蔡元培正与蒋介石在南京开会。那是有关中国科学未来的会议。安特生从未意识到的是，在他们漫长的谈判中，强权政治一直在幕后博弈。

反对派曾试探过蔡元培的意见，而蔡元培又与国民党内的最高政治领导人有直接联系。就在这个时候国民党正准备在全中国夺取政权。因此，当时建议安特生和赫定与北京大学的刘半农和徐炳昌直接谈话，并非偶然。因为正是蔡元培把他们招聘到北大。

这位北京大学校长长期以来一直是中国最重要的改革倡导者之一，但也始终保持着政治独立性。但当蒋介石为他提供为中国科学创建某种新事物的机会时，他还是表示感谢并接受。所以，1927 年 4 月 17 日，蔡元培在南京当选为新的国民党中央委员会委员，第二天，蒋介石就发起一个民族主义运动，创建新中国的科学研究机构，并宣布成立中国第一家科研机构——中央研究院。

事实是，这件事的发生也是这个国家内部权力斗争的一部分。蒋介石刚刚与南方的国民党老同事及其在武汉的国民政府决裂，反而在南京成立了新政府。但是，南京政府当时尚未得到正式承认，也没有能领导全国。为了获得合法性，蒋介石赢得了较老的改革派的支持，这些领导人在各个阵营中都是受到尊重的，例如蔡元培。与瑞典合作的考察协议只过了一周就在 4 月 26 日签订，这绝非巧合。当中央研究院在下一年正式开创时，实际上是反对派的成员自己成了这个新的科学院各个不同部门的负责人。因此，中瑞西北考察团实际上是该研究院的第一个国际科学合作项目。尽管在北平的那几个星期里发生了冲突，这次考察仍将是一个巨大的成功。最初仅仅为期一年的协议将一次又一次续签，最终持续了整整八年。

安特生帮助赫定在 1927 年与中方达成的协议也是非同寻常的现代协议，因为它赋予了中国对所有材料完全控制和拥有的权利。今天的中国历史学家称其为与一个西方国家签订的第一份有平等条款的协议。但是，赫定、安特生及瑞典遭到了西方殖民列强的猛烈批评，他们认为瑞典人向中国提供了太优惠的条件。美国考古学家安德鲁斯的老板奥斯本就担心，这可能会给外国人在中国继续进行考察活动带来风险，而英国的斯坦因评论说，如果中国用对待瑞典人的相同条件来要求他，只有这样才允许他返回中国，并会有中国教授跟他一起到实地考察，那是一件很荒谬的事。

然而，一切进展非常顺利。对于安特生来说，这次考察中的考古学研究最终将为他解决仰韶文化的起源问题提供又一块地图拼板。不过他也从未忘记赫定与德国的关系。第二年，当汉莎航空退出这次合作，而瑞典政府反而投入资金的时候，安特生再次对他的同胞表示支持，但在 1928 年 8 月 7 日给赫定的信中用一种刺激的语调做了评论："没有用瑞典资金支付任何德国的飞行，当然是一种有利的情况。"

1927 年夏，斯托克松德区的朗恩艮

抑郁症

就在安特生受聘前往中国工作的前一年，他在斯德哥尔摩市中心以北的斯托克松德区买了一块可以用作房基地的坡地，在那里建造了一座有数层楼的高大的木结构住房，可以欣赏到邻近乡村和山下岬湾里的水光山色。根据房子所在的地形，他把自己的这个新家叫做朗恩艮（意思是"长草坡"）。在很多方面，这都是他的心之所爱。在他即将去中国之前，曾有一段时期一家三代人都住在这里——除了他本人、西格娜和他们的孩子们，还有他的母亲。那也是他母亲生命的最后一年，第二年即 1914 年秋天就去世了。安特生在十一年后回到瑞典，与妻子艾尔莎又一起住进这里。在这栋房子顶部的阁楼，他为自己布置了一个书房，坐在拐角天窗前的桌子上就可以眺望岬湾和斯德哥尔摩城区。

他还带回了在中国实地考察的岁月里一直使用的那把旧折椅。坐在这把椅子上已经成了他的习惯，房顶从这里倾斜出去，使得这个角落的墙壁成为一个斜坡，而他可以眺望外面，就像一个鸟舍，一个筑造在空气新鲜的大自然中的鸟巢盒子，一个非常适合探险家把目光转向世界的所在。在接下来的几年中，他就在这里勤奋写作，灯光会一直亮到深夜，还与北平、乌普萨拉、隆德、伦敦、巴黎、纽约和东京的朋友们不断书信往来。他会如鸟般高兴地栖息在这里，有时会沉浸到完全属于自己的环境之美中。正如初夏的一天黄昏时他在自己的鸟巢中写的：

这是晚上，我在家里！独自一人高高坐在我的山上，夜幕已经降临，看着最后几缕晚霞在特兰霍尔姆岛和利丁约岛上温暖地铺开。然后落日消失在了当德吕区后面的某个地方。夜色在斯德哥尔摩上空慢慢变黑变暗，但是我仍然可以清晰地看到维塔煤气厂的轮廓和它巨大的时钟，还有菲斯克托普的滑雪跳台的高塔，以及恩格尔布雷克的教堂，瓦纳迪斯伦的富丽堂皇如宫殿的游泳馆，轮廓就像啤酒瓶的古斯塔夫·瓦萨教堂，还有更远处的霍嘎里德教堂的双尖塔。

在镜面一样闪光的艾兹岬湾里有一条张着大白帆的船在水上漂着，随着潮流舞动。海滩下面什么地方还有摩托艇尾发动机突突鸣响。附近的灌木丛里还传来求偶的野鸡喧闹的叫声。我听到一列有轨电车在斯托克松德大桥上呼啸而过。

不然的话，这个夜晚其实很安静。斯德哥尔摩正准备在田园诗般的安宁中休息。很快瑞典就沉睡在这明亮夏夜的和平保护之中。

在南边的这个陡坡上，这里有属于我的一切。坡下的树林有大约七十棵松树、云杉和橡树，这是属于我的小树林，也是瑞典的伟大而安全的"人民之家"的一块微观切片。

但现在并非安特生一生中的平常时刻。甚至朗恩艮这里的迷你田园都无法治愈他过去几星期在北平遭受的伤痛。1927 年他第二次回到家，安特生就立刻开始系统地研究、拍摄和整理他的中国收藏品。同时，他还在准备用这些收藏举办一个对公众开放的公开展览。现在斯德哥尔摩人很快能了解亚洲：有关中国、日本和朝鲜的文化。因此，在这个星期里，人们每天都可以在城里斯维亚大街经济学院楼上开始布置摆放亚洲收藏品的地方找到他的身影。在这里，他研究和整理着他深爱的陶具器皿，也有了一份心灵的安宁。他研究了它们的图案，做比较分析，查对了书籍，对涉及其关联的想法进行了追踪。不过，尽管这些是他通常喜欢的活动，但他感觉并不好。北平的那些充满冲突和谈判的漫长的数个星期已经拖垮了他。他在朗恩艮的家里经常忧心忡忡彻夜不眠直到深夜，翻来覆去考虑所有的事件，回忆那些曾经说过的话和反对派成员的面部表情，以及对丁文江和翁文灏的思念。当然，也思念赫定。

在七月假期的空闲时间里，他来到山坡上的花园里，试图寻找安宁。但是这次，即使是他自己家园的美丽，也无法让他摆脱遭受的痛苦而得到片刻喘息。这是因为在 7 月中旬，有两封从远方寄来的信送到了这个教授的房子，信上的邮戳证明他们来自中国的天津和北平。

在第一封信的抬头有"北票煤矿有限公司总部"的标记。下面跟随着用打字机打出的几行字：

1927 年 7 月 8 日

我亲爱的安特生：

  请原谅我一直未及回复你 5 月 10 日寄自哈尔滨的友好信函。我的事务非常繁忙，而时间太少，日子飞快消逝……

  对于未能及时赶到车站和您告别，我也必须表示歉意。我（就如通常情形）睡过了头，到车站已经晚了三分钟。要不是我发现我们的朋友布莱克也犯了同样错误，这个事实让我稍感宽慰，我本应该自责自罚打自己几大板。

  无论如何，被归入奥斯本之流也不会造成任何伤害，虽然我自己不会梦想如此对待你。请勿拿我的轻浮之语当真，你自然知道我一向的恶习，对严肃之事也开玩笑……

  顺奉至诚问候。

你诚挚的朋友丁文江

"被归入奥斯本之流也不会造成任何伤害"，就算那并非丁文江的本意，但安特生自己显然在离开北平之前在两人的谈话中提到了什么事情，而那些话对这个瑞典人来说一定感觉就像被人踢了一脚。"奥斯本"已经是一句骂人话，其直接意思只有他们两个才能理解心照不宣。他们两人有不同的原因和背景，但是在 1920 年那一次事件中，丁文江把自己的信任完全给了安特生，安特生也把自己的信任完全给了丁文江，他们两人都将目光投向了共同的目标。毕竟，是他们与安德鲁斯和他的老板、纽约博物馆馆长奥斯本的冲突为这两个朋友之间长达七年的交流创造了全部动力。奥斯本在 1920 年的欺骗行为激发了丁文江和安特生投身共同的事业，并使瑞典继续留在共同的轨道上。击败最佳竞争对手的共同目标使他们之间的整个合作在很多方面都令人振奋，给了他们如此美妙的提升，为他们两人都带来了如此巨大的成功。

但是现在，这一切都反弹在安特生身上了，就在那个特定的时间，他无法对自己的成功感到满意。感觉就好像他欺骗了并丢失了一个朋友。

第二封信有他熟悉的地质调查所的抬头，日期和第一封信相同。翁文灏的话是关系到安特生和丁文江在 1920 年一起开设的一个账户，用来支付《中国古生物志》的出版费用。在这个账户里安特生于 1921 年到 1925 年间定期拿出自己工资支付地质调查所的印刷费用。出现的问题是，在中国那些文章的插图的印刷技术不够好，因此这些插图是到瑞典来印刷的。中国委员会的司库拉格尔留斯会在事后把那部分印刷费的账单寄给北平的地质调查所，再从安特生的账户里支付。但是这一年翁文灏漏付了数张账单，而拉格尔留斯显然已经暂停了下一篇文章的印刷。此文恰好又是由古生物学的留学生杨钟健（1897—1979）撰写的，当时杨钟健在安特生的提议下在乌普萨拉大学学习。这导致了翁文灏写信给安特生求助，请他帮助解决这个问题。而问题出在翁文灏表述自己意见的方式。翁文灏写道：

> 中国地质调查所与瑞典科学家为出版《中国古生物志》而进行的合作，在您和丁文江博士的精心安排下，确实非常出色成绩斐然，为中国古生物学做出了巨大贡献。然而就在杨钟健先生按照维曼博士和我们的建议到了瑞典，目的是印刷他的论文，其中大部分是他自费，而拉格尔留斯先生却拒绝印刷杨先生的论文，这很容易在年轻的中国学生中产生如下印象：中国古生物志的基金仅仅是用于瑞典工作者，而给地质调查所的捐款只是徒有虚名。

对安特生来说，这又是那年夏天压垮了骆驼的最后那根稻草。他再也无能为力，这太过分了。

安特生打电话给拉格尔留斯，要求他立即支付瑞典承担的账单部分，并保证会告知乌普萨拉大学的维曼教授和杨钟健，问题当然会解决。但是随后他进入了一个完全不能活动的时期，安特生已无力应付翁文灏信中的最后一段结束语：

> 无论如何，我希望，通过执行我建议的做法，中国古生物志基金（事实上是一份安特生捐款）将被中国所有古生物学家带着感激之情永远怀念。

所发生的事情一定会让安特生感到难以言说的痛苦。去年十月里，他还曾经站在梁启超的面前，还有他的朋友翁文灏、布莱克、德日进、瑞典王储、艾沃尔洛夫和候依通。对于在中国发生的一切，他都曾经那么高兴，那么充满热情。然后，仅仅过了几个月，他就在中国新闻媒体上遭到了攻击，就好像他和那个最糟糕的奥斯本是一路货色。在收到七月里的两封来信之后，他就再也无话可说了。即使他确实想要回复丁文江和翁文灏，也很难知道他要写什么。如果纸张也能感觉像大块的铁矿石，那一定就是现在的感觉，他已经没有能力举起它。不过，当他终于将一张纸放进打字机，是纸在凝视着他，空白而又冰冷，就像这时他在大脑中感觉到的潮湿的薄雾一样。"亲爱的丁（文江）"，他开始写信，"亲爱的翁博士"，但是又停了下来，实在太痛苦了。

最糟糕的事情是，他知道每一天过去，而他还没有写回信，那么谣言就会在北平流传，说他没有采取任何行动，说他根本不在乎，说他欺骗了在兵马司的老朋友。但是他却找不到什么词语，他找不到力量。几天过去了，几个星期过去了，他越来越想避开它们——那两封来自丁文江和翁文灏的信，它们静静放在那里等着他，就像他无法把握的一种悲伤。

* * *

接下来的几个星期里，有几封来自中国的信提醒了他。一封信来自广东省的中山大学，另一封信是来自汉学家高本汉。中山大学成立于 1924 年，是为响应孙中山创建新的民族文化机构的愿望建立的。现在他们想知道，安特生是否能推荐一个愿意到那里讲学的地质学教授，而他们也已经邀请高本汉前去访问讲学。

最后，安特生终于能写出给高本汉的回信。8 月 5 日，他写道："非常高兴看到（给高本汉的）实际的邀请，其中有很多有意思的观点，它证明了新政权方面的人具有真正建设性的意愿"。安特生推荐了瑞典南方隆德大学的一个研究员弗罗丁。

然后他承认了，事情实际上如何：

> 因此，我必须再次请您原谅，一直如此疏于回信。过去两年中，我几乎一直生活在疲倦和抑郁的状态中，而有关赫定考察团的旷日持久的争执也对此没有任何改善，这尤其令人痛苦。现在，我的工作动力还不足一半，确实必须在秋天休假一个月，才能充分休息，以便尝试进入某种合适状态再次工作。

两星期后，即 8 月 23 日，他又写信给正在索菲罗夏宫避暑的王储，坦承他的处境如何：

> 我近来的健康状况在某种程度上不够令人满意，因为我难以充分睡眠，结果是人感到相当疲倦。实际上预料这种情况早晚会发生，因为自 1918 年以来我就没有很好地休养，除了在 1922 年休假过 17 天。
>
> 几天前我咨询了我的医生，而他告诉我，我的体质完全健康，但是我的体力已消耗殆尽，因此迫切需要休养一段时间。
>
> 在与王国古物总监（库尔曼）协商之后，我现在休假，正前往南方意大利里维埃拉，为了在那里休养到 9 月底。

当安特生休假结束回到瑞典时，一封新的来自丁文江的信件正在家里等着他。信是写于 8 月 26 日，寄自中国东北辽宁省大连市：

> 我亲爱的安特生：
>
> 我希望我上一封信平安寄达你的手中。在天津和北平游荡了一段时间之后，我最终来到这里，目的是住几个月，远离那些没完没了的晚宴午餐，以便完成一些真正的工作。今年天津的酷热令人难以忍受——有一段时间持续数天温度都在 108°F 以上！而大连的温度计至少会低 15 度。我在离城五公里的一个低矮山坡上租了一所日式房屋，从这里可以俯瞰大海。房租很便宜，每月我只付 50 美元，所以我就可以很容易地过低廉的生活，同时又能海阔天空地思考。不过至今为止，只有前者我算成功了。

然后丁文江就转到了这封信的要点。他从天津的罗振玉那里听说，安特生获准从罗振玉那里借用宝贝贝壳，用于研究它们在亚洲作为支付方式的历史——丁文江想知道，安特生是否可以把它们寄回，或寄给他，或直接寄给罗先生。丁文江还想获得一些指点，为了现在在大连撰写一篇有关他们共同研究的文章，即有关黄土层和古生物学的文章，他需要什么书。

终于，三个月来第一次，安特生找到了给中国朋友回信的力量：

亲爱的丁博士：

恳请原谅，久未回复你两封友善的来信，一封是7月8日寄自天津，另一封是8月26日寄自大连。

我想您会注意到，今年春天我们在北平共同度过的时间里，我有些颓丧，实际上5月底我抵达斯德哥尔摩的时候，我已经耗尽心力，至少暂时如此。过去数年持续不断的工作，令人愉悦而又入迷，却让我付出超乎想象的代价。

回到瑞典之后的第一年我在大学讲课，同时忙于给中国运来的收藏品拆包和整理，又是一个沉重负担，加上我还在写我的书《龙与"洋鬼子"》。王储在中国度过的那几个星期令人愉快，但也非常劳累，特别是最后还发生了赫定的事情。

简而言之，遵医嘱我必须放下所有工作，最近我去了南方意大利里维埃拉彻底休养，刚从那里返回。我的睡眠大大改善，希望假以时日就可完全恢复工作，但还得谨慎行事。

然后他在这封长信中讲述了继续在斯德哥尔摩和乌普萨拉大学进行的工作：

但是，对来自中国的史前材料拆包、贴标签、登记注册和制备的工作似乎是没完没了总无尽头。尽管有不下四位男助手和三位女助手供我支配处理技术方面的工作，但仍然有一百个箱子尚未拆包。

因为抑郁症，而且来回奔波，所以安特生失去了不少时间。因此，他也给翁文灏写了信，希望他能谅解，要完全整理好中国的收藏品，会花费比他希望的还要更多的时间。

但是在瑞典，一个紧张而富有成果的时期又到来了。通过从整个东亚地区购买材料，并与中日英法美俄的同事们进行联络，安特生建立和安排了这些系列的收藏品。他著书立说进行介绍，举办会议和展览。此外，他继续分析在中国发掘来的材料。但是要完成所有这些事情，要花很多时间。到了1930年底和1931年初，与中国的新的冲突又爆发了。

1931 年与中国的第二次冲突

《中国古生物志》的印刷问题继续引起了麻烦。事实是，有两个不同的基金用于印刷：一个是金融家伊瓦尔·克鲁格捐赠的钱，是由中国委员会管理的；另一个是在北平的，是由安特生捐赠的钱构成的，由地质调查所管理。因此，即使一切都是用瑞典的钱支付，账单却是在两者之间来回发送的。但是后来，中国货币突然大幅度贬值，而瑞典货币却在升值。这意味着地质调查所在瑞典印刷这本期刊变得越来越昂贵，这又引起了一些误解。当拉格尔留斯听说北平的钱突然用完了的时候，他搞不懂怎么回事，因为前不久北平账户中还剩很多钱。他要求在北平的瑞典公使亲自出面找翁文灏了解账户发生了什么事情。这个地质调查所的所长就写信给瑞典领事馆做了回应并提出抗议：

> ……我们做出了必要的安排，使安特生博士能够进行挖掘工作并将标本带到瑞典，为此丁文江博士和我本人都承担了重大责任，因为我们的行为而屡屡受到批评。我们一贯的辩解是，不仅会有一套标本将会返还中国，而且我们拥有发表科学研究成果的唯一权利。因此，当拉格尔留斯先生威胁说要牵涉到我们的个人信誉及我们官方的公务职责的时候，您会理解我们有何感受。

丁文江则直接写信给中国委员会主席、瑞典王储阿道尔夫，询问为什么在瑞典印刷这本期刊如此昂贵，并质疑拉格尔乌斯为什么既可以担任中国委员会的财政主管，同时又担任斯德哥尔摩的出版机构——总参谋部平版印刷所——的所长，而正是这家出版机构得到印刷这份期刊的任务。似乎这还不够，丁文江还借机转告安特生，他认为安特生在回信方面太迟缓，并且已经远远超过了向中国归还考古材料的时限，这些都是相当不客气的措辞。

　　不过，这两封信确实迫使安特生、瑞典王储和拉格尔留斯采取了措施。他们从欧洲各地请人投标，以降低印刷的成本，而安特生也特别关照了把属于中国的考古学材料寄还这件事，在这一年中寄出五批数量较大的新货物。

　　尽管如此，此事还没有完。8 月里翁文灏再次写信给安特生，告知他地质调查所的财务状况已经紧急。现在，他已有七本有关中国自然历史的大部头专著应该在《中国古生物志》上发表，但是缺少资金来执行这个计划。瑞典及王储和他的人际关系是否可以再次帮忙。他还确认，安特生发运的考古材料已经运达中国，并且已经开始在北平展出。

　　翁文灏解释说，有一个严重的问题还有待解决。一方面，自然历史博物馆的赫勒在完成协议上确实尽职尽责，而另一方面，翁文灏对乌普萨拉大学那边的情况更加担心。有关从维曼教授的实验室寄回的材料，他写道："也许除了您仍在我部工作时的第一批材料，后来这些材料都很不完整"。翁文灏现在希望，瑞典方面用于物种确定的那些最重要的化石类型应尽快复制出标本寄回，这样地质调查所就可以进行清理，并将其与他们自己的那部份进行比较。

　　翁文灏的信在瑞典引起了强烈反响。安特生要求维曼教授保证材料的完整，并召集了中国委员会的一次特别会议。委员会决定招聘一位独立的专家来全面审查来自中国的所有材料，高本汉得到了这份工作。在接下来的几个月里，高本汉查阅了所有列表和发送的箱子，以及各份报告和物种鉴定书，并将这些文件和材料与已经寄回和等待寄出的东西进行比较。他还研究了与中国签订的协议，并访谈了在瑞典的所有各方。他的结论是翁文灏没错：中国地质调查所并未收到应有的全部份额。

　　维曼教授的辩解是，他确实有合理合法的理由推迟交货。一方面是材料数量如此之大；另一方面，他们整个系刚刚搬到更大的场地。因此，所有东西都打包起来了，直到现在才重新出现在新的场地。那意味着他们失去了不少时间。他还解释说，在中国根据协议已经有权得到的化石种类之外，他当然会乐意浇铸额外的化石种类的副本，把它们也送到北平去，但他缺乏资金和人员做这件事。

　　因此，中国委员会从瑞典政府那里再次寻求资助并获得了额外的资金，用来为中国浇铸额外的化石种类标本。高本汉还于 1932 年 1 月写信给翁文灏，告知他和安特生及维曼教授现在一起做的事情：

查遍每个群组、每个物种、每个物种的每个元素，检查所有现存的标本，我们将对所看到的东西做详细报告。

无论在什么地方，如有一种元素你没收到，或者在我们看来发运太少了，或是有可能给您某些新鲜的东西，我们一定会补充发运。

送回合作中中国应得份额的工作现在加速完成，以表达诚意。当年 10 月，中国委员会宣布，至此为止，材料已按照协议规定进行了完全分割，并在北平共同发表了又一批材料后，最后一批补充材料也运回了中国。至此，长期合作的这部分就完成了。1932 年 3 月，丁文江写信给安特生——"让我们开动起来，再次印刷吧！"他感谢安特生解决了这件事，并告诉他，翁文灏现在也想从中国向瑞典寄送新型化石的副本，而且确实做到了。

他们的友谊经历了这场危机的考验而依然长存，瑞典也继续写出报告在中国发表，双方之间的联系依然活跃。

丁文江也向安特生承认，他觉得所发生的事情真像是一场家庭内部的争吵。当争吵还在进行中的时候，1930 年 12 月 9 日，他曾给安特生写过一封私密的信件（是在安特生最终强打精神，搞清楚了全部事情之后）：

亲爱的安特生博士，我怎么会嘲笑一个着急而慈爱的父亲试图让儿子建功立业的种种努力呢！我只能说，以我自己有四个弟弟需要抚养的经验，我忍不住会想，家庭事务常常是科学工作的障碍，而我希望您将来不会在这些最终超出我们控制范围的事情上花费太多的时间。

5

冲突

6 战争与和解

从极地到中国——瑞典考古学家安特生传

1936 年 12 月，南京

"欢迎你回到中国，安特生博士"

安特生正坐一辆出租车上，到地质调查所在这个新首都的地点去。他上一次来南京是在 1919 到 1920 年冬天，当时他正在调查该地南部的一个铁矿床。那时这座城市及其周围的城墙感觉就像是"一个空壳，堆着一群建筑物"。南京从未真正从 19 世纪内战（太平天国之乱——译注）中的灾难和不幸中恢复过来。但是，现在的国家与 1919 年安特生所看到，以及他在 1927 年离开时的国家大不相同了。安特生刚乘海轮到达上海，又转乘火车来到南京。他回忆：

> 当我……坐在汽车里，沿着贯穿这个城市的林荫大道转弯的时候，我突然觉得，这是一个全新的城市，一下子突然从地下冒了出来。快速汽车道已经完

工，但用于工程车、人力车和行人的侧道仍在修建中，我们经过一群又一群修路工人，道路上挤满了各种形状和尺寸的商用车辆，从大型敞篷货车到中国人在我们的基督诞生之前就已经开始到处使用的手推车，不一而足。

在市中心拔地而起的是这个新时代的"面容，旧帝国风格的富丽堂皇如纪念碑的建筑，和纯粹的功能主义，例如我今天早上登记入住的大都会饭店"。

在地质调查所的新大门外站着周赞衡，微笑着挥手。安特生付了出租车钱之后，迎面而来就是纯正瑞典语的寒暄，"欢迎你回到中国，安特生博士"。这位瑞典第一位来自中国的交换生也随着地质调查所从北平搬过来了。当周赞衡带着他参观各个办公室的时候，安特生注意到这里图书馆的规模是瑞典地质调查所图书馆的两倍，而在楼上几层还有关于周口店和安特生在甘肃发现的史前文化的展览。这里有在瑞典经过分析后寄回中国的陪葬陶罐、陶瓮。另外，与安特生在北平兵马司那个时候不同，现在有了两个全新的部门，"在我那个时候甚至没人提议过；一方面，是一个技术实验室，用于研究中国巨大……的煤矿床；而另一方面，是一个研究土壤类型的实验室"。1914年的时候缺乏的一切，以及使安特生和丁文江与瑞典方面开始合作的一切，现在都已经到位了。安特生注意到："革命之后头二十年的令人怀疑和小心探索的时期现在已经过去了。"

在新博物馆里游览了一个小时之后，周赞衡给"行政院的翁文灏博士"打了电话，而翁文灏"建议我去那里和他见面"，然后到这位地质调查所所长的家里共进晚餐。安特生曾一次又一次听到过来自中国的传言，说上方请翁文灏出任教育部总长，但都被他谢绝了。但是现在，一边继续担任地质调查所所长，翁文灏还出任了政府的秘书长的职务。也就是说，内阁的决定经过他才生效。

但是当安特生又见到翁文灏时，还是让他大吃一惊，他的面容完全改变了。安特生注意到："（他）额头有一半以上被压入了头部约两厘米深。右眼紧闭，无法自由移动，左眼似乎有太多空间，又太突出了"。

翁文灏是在1934年的一次交通事故中受了重伤。在上海和他的浙江老家之间的公路上他坐的小汽车和一辆巴士相撞。随后两个月里他一直躺在医院病床上，在生死之间徘徊。丁文江一直在他身边守护，还呼吁全国提供最好的医疗救助，他的朋友才幸存了下来。但是，丁文江却在次年去世了。

在晚餐时，安特生和翁文灏谈论了丁文江去世的事情。1935年12月，丁文江在湖南省的一次考察中意外地一氧化碳中毒。翁文浩解释说，他如何放下了一切工作，与南京的一支医疗队飞到那里的。但为时已晚，几天后，1936 年 1 月 5 日，丁文江就去世了。他要求就地举办一个简单的葬礼，翁文灏满足了他的心愿。因此，丁文江现在安葬在湖南长沙市中心以西岳麓山国家公园的左家垄。对他们来说，这是一个很艰难的话题。第二天，翁文灏和安特生一起去拜访了丁文江的遗孀。安特生与她交谈了很长时间，并注意到："她最感兴趣的是听我讲述丁文江 1933 年 8 月访问斯德哥尔摩的事情，我努力尝试把我们每天做的事情复述给她听"。

* * *

丁文江在去世前的三年，即 1933 年，曾游历了欧洲和苏联。就像 1919 年的那次旅行一样，这是他的又一次获取灵感的旅行。在中国的边界之外，有很多可能性和新的解决方案，而丁文江要为自己国家的重建挑选出最佳的方案。除此之外，这次旅行还是中国政府和蔡元培直接嘱托他的任务。除其他事项之外，他想看看在西方和苏联，不同的科学研究院是如何建立起来的。这就是他在八月里坐船前往芬兰再坐火车前往俄罗斯之前，到斯德哥尔摩停留的原因。

在瑞典，丁文江再次会见了安特生和赫勒，也安排了到斯德哥尔摩经济学院、瑞典皇家科学院和自然历史博物馆去参观那里的东亚收藏，当然特别是拜访了安特生在瑞典的家。他们再一次坐在一起，各端着一杯茶畅谈，尽管这次不是坐在北平大草场胡同的"起居室"，而是坐在斯托克松德的朗恩县安特生家的起居室餐桌旁，俯瞰着下面叫"小维腾湾"的秀丽海湾风景。在安特生身后，靠着白垩刷过的墙壁，放着一个雕龙绘凤的花梨木柜子，配有镶嵌着银饰和珍珠母贝壳的凳子，放在一起的还有几件中国瓷器。窗前悬挂着沉重的黄色丝绸窗帘，而在旁边的花房①，巨大的玻璃窗户让阳光直泻而入，照耀着的色彩鲜艳的热带植物。一面短墙上挂着一幅 18 世纪的刺绣挂毯，绣的是三位中国文人的肖像。而第四位文人正坐在安特生对面，他们两个又相聚在一起，畅谈了数小时，回忆旧事，也讨论科学、政治，中国、西方和东方，享受这难得的时刻。丁文江必定是自信地向安特生眨着眼睛，仰靠在椅子上，让茶香和烟斗的烟雾向天花板缭绕升腾。就好像在斯德哥尔摩的这些日子里，

---

① "花房"（blomsterrum）通常指房子附加的小侧房，有大窗户，可放置花卉等盆栽植物。

他们之间的某些东西变得完整了，感觉就和以前完全一样。尽管在他们的生活中，以及在欧洲和亚洲都发生了许多令人难以置信的事情，即使政治局势的严重性在某种意义上也与 1915 年的情况相同。

就在此时此处，安特生和丁文江结束了关于世界政治的谈话，就像过去的许多晚上一样。由于丁文江的东行之旅下一站将经过莫斯科，他们谈论了有关苏联的情况。安特生后来回忆说：

> 有时，我会和这位睿智而经验丰富的朋友丁文江谈到中国的共产主义运动。那时，他对这个运动充满敌意，还特别强调说，他们对土地私有权的攻击……意味着走纯粹无政府主义的道路。这是一位农民家族的儿子在如此谈论，土地私有权是农民生存中唯一明确的事情，这种本能意识深深地植根在他的身上。

但是丁文江对苏联的态度其实发生了变化。为了应对来自日本的威胁，中国需要研究替代性的战略并建立新的同盟。在有了凡尔赛的背叛之后，中国很少有人再依赖于从西方获得支持了。他们需要更多地了解苏联，要知道那里发生了什么。

丁文江访问斯德哥尔摩之后的第二年，蔡元培任命他为中央研究院秘书长。这并不是一份没有危险的工作。他的前任杨杏佛（1893—1933）是胡适先生的一位老同学，也曾是孙中山以科学建国之目标最热烈的鼓吹者之一。1933 年，就在中央研究院的大门外他被谋杀了。没有人能确定幕后黑手到底是谁，出于什么目的，但杨杏佛曾公开抗议蒋介石在科学界推行的政治教条，也反对他对共产党员残暴的政治迫害。蔡元培也对这种政治迫害作出了反应，他选择辞去政府的职务，以使他的研究不受政治影响。丁先生全心全意地投入到新的工作中，以实现中央研究员的现代化、提高效率和扩大研究院的规模为目标，他为自己的事业自由发表意见也从不犹疑。实际上，尽管他一直是反对共产主义的，但在重建中央研究院的工作中，他显然既受到了西方世界的启发，也得到了苏联同样多的启发。

当安特生来到南京的时候，他觉得到处都能看到他朋友丁文江留下的踪迹：

> 我翻阅的第一批打印出来的论文之一就是他去世前不久的一次演讲的摘要。其中，他谈到了一小队学地质学的学生，他们跟随红军一起去了陕北，他还强调说这些是牺牲自我的年轻人，其中还有我的小秘书（1924 到 1925 年安

特生在北平撰写甘肃考察报告时期的秘书），他们受到最强烈的爱国热情的鼓舞，甚至愿意牺牲自己的生命来拯救国家，因为国家正受到巨大危险的威胁。

丁文江对这些年轻人的认可，体现了他的热情和不懈的努力，敢于说出自己对真理的看法而不惜任何代价。

丁文江、蔡元培和翁文灏在南京的参政，其最重要的意义，是他们对国家和科学的责任，而不是政党政治。丁文江确实不惧怕说出自己的想法。事实上，由于他的直言不讳，他在上海担任市长的任期非常短暂，即使他取得了很多成就。在安特生回忆他的时候，特别想起了有一个场合，丁文江得罪了很多人。是在某个午餐期间发生的，当时有许多前部长和省长在场，其中一位年长的男子抱怨说"今天的年轻人不愿意向年长的人表达孔子规定的那种尊重"，其他人则纷纷悲怆地表示同感。但是这时丁文江发飙了：

不过，先生们，为什么年轻人要尊重你们呢？你们收受贿赂、挪用公款，你们大抽鸦片、常逛妓院。你们妻妾成群，但时不时你们还要在后宫添加一个新的小数字。年轻人为什么要尊重你们？

"事情就是如此。"安特生在 1936 到 1938 年间他的中国之行的书中宣称，"不幸的是丁文江已经死了，但是从过去的灰烬中，一个新的中国在晨光中出现。"如果这是丁先生完成的事情，那肯定正是孔子所预言的。一个官员必须优先考虑常识和公共利益，而绝对不要害怕提出问题并且公开讨论解决问题的方法，无论它是 2500 年前的一个国家问题，还是 1936 年的一所研究院的问题。事实上，孔子的思想世界就是如此具有革命性的。

* * *

在接下来的几个月里，安特生访问了香港，在那里也进行了考古学研究，并且计划与南京同事一起进行同样的研究。因此，1937 年春天，他与中央研究院历史语言研究所所长傅斯年（1896—1950）讨论了去四川做考古发掘的计划。到了六月和七月，他与中研院的一位年轻考古学家和一位成都大学的地质学教授一起前往四川做了准备性的旅行。

走遍各地，所到之处，安特生都对这个国家在新时代里取得的进步留下了深刻的印象。四月里，当他坐国内航班从南京飞往上海时，这是他有生以来第一次在旅行中采用了新时代的航空交通手段。从飞机上他可以看到"摩天大楼矗立在房屋的大海之中，就像强大的灯塔一样"，而他认为自己对有逻辑的房屋规划也有了更好的理解。自从 1914 年，在他进入中国的头几星期，坐着轿子被人抬着到北平西山出行以来，这个国家发生了太多事情。但是，安特生 1937 年初夏在中国目睹的进步仅仅在几个月后就消失了。一场新的毁灭性的战争爆发了，也阻止了新的考古发掘的计划。

第二次中日战争（1937—1945）

在 1937 年 7 月 7 日至 8 日夜间，北平城外卢沟桥边传出了第一批枪声。这种暴力武装的力量尝试，将从根本上重构东亚的力量平衡，现在也已经持续了二十一个月，其后果比以往任何时候都更不确定。发生了什么事？

安特生在 1939 年为瑞典期刊《词汇与图像》描述的卢沟桥事变，在几个星期内就已经升级为一场全面战争，北平及其周边地区进入了一场战斗。这也是自 1931 年以来，相继发生的一系列事件导致的合乎逻辑的结果。当时日本进入了东北部，建立了一个名为"满洲国的独立国家"。不仅如此，1933 年，这个国家还接管了相邻的河北省和内蒙古的部分地区，并逐步靠近北平。与此同时，他们派遣了越来越多的士兵前来中国，以确保他们已占领的位置。现在，日本军队正站在这座桥边，这是威尼斯人马可·孛罗早在 13 世纪末就描述的一座桥，离北平很近。这成了压垮骆驼的最后一根稻草。中国制止了他们，全面战争就爆发了。

战争的升级在几个方面都与铁和煤的控制有关。毕竟，铁和煤不仅是工业化的基础，也是世界各国军队的基础。随着日本对东北的占领，中国不仅一下子损失了领土的五分之一，而且损失了铁产量的五分之四。这意味着有关原材料自给自足的危机变得更加严重紧急。没有原材料，就没有经济生活，就没有工业化，因此也就没有任何材料可以与占领的势力抗衡。反过来，这意味着地质调查所的工作人员开始在其国家的国防中发挥关键作用。在发生了 1931 年和 1933 年的事变之后，丁文江和翁文灏立即开始参与南京的政务。丁文江很快就担任中央研究院的秘书长，同时翁文灏成立了一个国家委员会来管理剩下的自然资源。

让人惊奇的是，安特生又一次在这场冲突中发挥了作用，尽管是在边缘上。因为，正如他在 1939 年出版的书《中国为世界而战》中带着苦涩宣布的那样，他"拥有那种令人怀疑的荣誉，为发生争议的两方中的一方解决了问题，而这两方之间的紧张局势最终还是爆发了公开的争端"。

因为卢沟桥事变与安特生在 1914 年和新常富和特根格仁一起发现的那些矿床有关系，而且四年后他亲自绘制了这个矿床的详细地图。1918 年，他在首都北平和张家口之间的山脉中发现了一个铁矿，他称之为龙岩矿区。这里距离京张铁路只有五公里，交通非常便利，所以只过了几个月就可以开始采矿了（当时，安特生在 1919 年的新年从总长那里获得了额外的铜锣作为礼物），但是现在这个矿成了引发战争的争端之一。因为在开枪之前，"日本陆军司令部"当场要求龙岩矿区对日本开放出口。而这个矿区对中国的生存意义十分重大。正如安特生回忆的那样：

> 由于日本人已经接管了东北地区和长江流域的大型铁矿，在还有战略意义的铁矿石中，（龙岩）这个储量丰富而且地理位置极好的铁矿床成了中国人还剩下的一切。这也就毫不奇怪，中国人会绝望地为之抗争。

因此，那个夏天，为了争夺铁矿及通往该矿床的铁路的战火向西一直蔓延到了内蒙古，向东一直蔓延到了北平乃至海边的天津。当秋天到来的时候，战火也蔓延到了上海，当时安特生就住在上海。

* * *

当时，他是在亚洲最高建筑花园饭店的十一楼上听到窗外传来远处的炮火的声音。

> 起初，我坐在打字机旁，听到一声又一声沉闷的爆炸声，我还并不真正明白它是怎么回事……但是不久，闸北那边的空袭……就成为一件例行公事。如

　　果你真的运气不错有一个蔡斯双筒望远镜，那么你会看到那只大鸟什么时候扔下了危险的蛋，然后在房屋之间会升起一团巨大的黑烟，与此同时……雷鸣般声音就传到了我的观察点。然后，按常规不到一刻钟之后，从被炸的地点就会冒出滚滚浓烟和红色的火焰。

　　战火很快越烧越近，"步枪、机关枪和迫击炮不分日夜交相呼应"，最后战斗就在饭店外的街道上展开。到了 10 月 26 日晚上，最后的决战开始了。在黎明前中国军队撤退的时候，很多房子也着火了：

　　　　整个白天我们都看到……大火接连不断燃烧蔓延，而且火势越来越大，直到我们眼前出现了一道连续不断的火墙……估计有六到十公里长……因为这是上海人口最稠密的城区之一，估计有一百万人以上失去了家园，即使在日本人围城初期，已经有许多人试着逃离这场街头巷战的地狱……

看着这道巨大的火墙，给我留下的是一种奇怪的、令人作呕的印象。我的脑海里分解出成千上万的微型图像，是所有那些穷人的、密集拥挤的房屋，数个月前还安然存在，有勤奋而热爱和平的人们每天忙碌着进进出出。所有这些失去了一切的小贩和工人，现在他们在哪里？有多少人……也许还躺在那些火光冲天的废墟里奄奄一息？

就像十八年前的梁启超一样，安特生被现代战争技术能力震惊了，这种能力除了给人类造成巨大痛苦，别无意义。

当它没有强大的内在力量去阻止如此规模的破坏时，这种奇妙的机器文化还有什么实际价值？

他想看到另一种和谐，另一种人类的力量和国际结构，有能力制止还在萌芽中的冲突，但是在国际联盟失败之后，这种希望只能让人感到是徒劳的。他反问着："难道就永远不可能建立一种国际的和平力量，而不是那些空谈和决议，甚至不值得花费纸张让它们写在上面……"

* * *

大约一星期之后，1937 年 11 月，安特生离开被日军占领的上海，乘海轮沿中国海岸线北上，再去看看曾经有十一年是他的家的那个城市。他在天津坐上 15：45 出发的火车，在一个深秋的傍晚抵达北平。他再次入住了北京饭店，这次是住在 304 号房间。这间房间正对着 1926 年瑞典王储夫妇住过的大套房。不过，现在这个王家气派的套房里住的是日本军官。当安特生穿过走廊的时候，他注意到："房门开着，能听到里面急切的说话声，满身尘土的传令兵匆忙地出出进进。"当安特生下楼到餐厅吃晚餐的时候，他发现大堂里也挤满了日本军人。

军官们都穿着高领的军服，蓬松的军帽，沾满尘土的靴子有叮当响的马刺，军官们的勤务兵手忙脚乱地拿食品包和巨大的热水瓶。文职官员也像士兵一样满身尘土，许多留胡须的人，在异国他乡生活匆忙，也只能由着胡须狂野生长……当我进入餐厅，看到这些先生们穿着沾满尘土的靴子，头发散乱，胡子拉碴，我在一瞬间想到，这家曾经很高档的饭店现在居然成了一个兵营。而我曾经有幸和瑞典王储夫妇一起坐在这个小餐厅里的餐桌旁用餐，还有中国政府官员及北平科学界的佼佼者。

十一年之后，这家饭店已成为占领军的指挥部。

紧接着的几天里，安特生在城里四处转悠，寻找过去的地标，不过，他解释说："北平的景象对于像我这样的中国老手来说，是非常让人痛苦的。"亲眼见证"战舰和运输车队，战壕和加农炮的炮声，轰炸、空袭和上海的大火"是一件不寻常的事，但是看到这座曾经是他的家，他曾经工作了那么长时间的城市，现在居然在外国军队占领之下，那又是另一回事了。这以完全不同的方式影响了他个人。

仅仅过了几天，安特生就再也受不了了，再次登上火车离开北平。这也是他此生中的最后一次。他后来写道，在按照回程车票上的指示寻找到自己的座位并坐下，凝视他自1914年以来就非常熟悉的风景之前，他百感交集："我觉得，现在我发现自己肯定是在'旅程的终点'。再见了，北平！"在返回天津的整个旅途中，正在进行中的战争场景在他的车窗外一闪而过。

> 每个车站都充斥着装备齐全的日军士兵。每个车站的屋顶上他们都搭建了一个小平台，有哨兵站在那里，俯视着平原。在到天津一半路程的廊坊车站，这个屋顶平台甚至堆着沙袋掩体。在廊坊镇外面，我看到三架军机停在那里，随时准备起飞，以防万一。

安特生写道：

> ……秩序无疑将会恢复，一种在警察手枪和刺刀保护下的秩序。而在中国漫长的发展过程已经完成了它的周期的时候，中国的一个新黎明无疑也会按时到来。但是与此同时，对于过去二十年中在群雄纷起而又充满活力的文化复兴中成长起来的年轻人，将会有一个漫长的黑暗时期。

安特生已经意识到，欧洲大国也站在一场新的世界大战门槛上，就要进入极具破坏性的相互对抗，此时坐在火车车厢里，他也不禁开始思考着瑞典的未来。这场大战也会波及他自己的国家吗？让他惊恐的是，他刚好写完了他的《中国为世界而战》一书，介绍了自己在中国的经历，用的是一种警告的语气——有整整一个章节是给瑞典读者写的，关于他们如何参与这个国家的国防。书一出版，他就又发表了呼吁书《冲突的危险》。他解释说：

> 五月底从中国返回家乡以后，就像我正在这里做的，我就立即描述了我们面对的战争危险，它已迫在眉睫。
>
> 我夸大了这场噩梦吗？仅仅三个月后，德国军队就做好战争准备，而法国已经动员了一半的军事力量，英国强大的舰队也已出海准备行动。战争只是几个小时之内的事情……那么，如果大国之间的战争爆发，我们有多大的机会可以置身事外呢？我认为机会很少！

这很能说明安特生人生中最活跃的那个时代的特点，1914 年当他第一次来到北平的时候爆发了第一次世界大战，而当他在 1937 年最后一次离开北平的时候又爆发了新的世界大战。

安特生在中国目睹的是第二次世界大战的真正开始。即使西方的每个人都有一切都必定是从西方开始的印象，但事实上这次是从亚洲开始的，而不是从欧洲开始的。但是，担心和平的瑞典也会被卷入冲突，这点安特生是错了。瑞典在战争期间一直保持中立。

1943 年，斯德哥尔摩

最终结果：仰韶文化实际上从何而来？

位于斯德哥尔摩贯穿南北的斯维亚大街上，65 号的经济学院阁楼层的窗户外，人们可以听到煤气汽车在街道的积雪上缓慢而安静地滚动而过的声音。裹在皮毛衣服里的斯德哥尔摩人瑟瑟发抖地走在外面的寒风中，不得不在高高的雪堆之间走着之字形的曲折路线。20 世纪 40 年代，欧洲大战时的冬季是人们记忆中最冷的冬季，当西线有整整一代瑟瑟发抖的年轻人为了自由或是为了独裁统治献出生命时候，在东线却有大量德国士兵被活活冻死，要不就是在苏联打退纳粹进攻的时候被机关枪和大炮杀死。是的，气候和人类的疯狂似乎都在有规律的脉动中。正如丁文江所说的，战争之所以发生是因为人类的心理失控了。说实话，现在全世界不是都在失控吗？

而在阁楼层的窗户里，1943 年的时候这里有三个工作室，供处理东亚收藏品的主要研究人员使用。在第一个工作室里是高本汉，他选择了离开哥德堡大学副校长的职位，转而接过了安特生交给他的接力棒。由此他成了新博物馆的主任，并凭借他特殊的专业知识，把对中国的研究提高到了一个新阶段，也将在汉学领域让瑞典保持她当时拥有的世界领先地位。与安特生和赫定相比，高本汉侧重语言研究，是一位汉学家，因此博物馆也经历了从考古和自然历史到重视文化和艺术历史的转变。他还在那里招收了学习汉语的学生，培养了瑞典乃至欧洲的新一代汉学家，其中有马悦然和林西莉，都是未来杰出的汉学家，都将在这个远东古物博物馆新馆长的指导下很快迈出他们的职业生涯的第一步。

在另一个工作室里是考古学家贝利曼，因为在关于德国和战争的问题上与赫定发生了激烈争吵，他转到了安特生这里。他无法理解，在经过近四年的战争之后，赫定怎么还会用正面肯定的词语来谈论德国。但是，在考古研究方面他还继续与赫定合作，尽管两人之间有争吵，他们之间的联系依然密切，但相当冷淡。贝利曼在参加了 1927 到 1935 年的中瑞西北科学考察团与中国同事在野外一起工作了八年之后，现在正在撰写关于他们的考察工作的最终报告，是赫定为这个报告付工资。

在第三个工作室里是安特生。他仍然是博物馆的创始人。他现在已经 69 岁，实际上已经是退休人员，但在最终退下之前，他还想完成最后一项任务，即总结他对中国考古学的所有研究，这项研究是他一生最有意义的工作。

事实上，安特生在 1936 年去南京带的行李中就有打算交给翁文灏的三本有关中国考古资料专著的初稿。他本来打算拿给《中国古生物志》发表，但随后爆发的世界大战，导致出版被推迟了。安特生等待了五年，世界的冲突仍在肆虐，他在 1941 年 11 月直接写信给翁文灏，建议将这个结论性的说明改在瑞典出版，就是要让这个结论公诸于世。因此，他的最终报告实际是第二次世界大战中期在斯德哥尔摩的《远东古物博物馆简报》上发表的。

在安特生的窗外，那个时代的精神会在极大程度上影响他在报告中写的内容。然而，在他的工作室里面，没有什么是涉及当下的。他周围的一切都是来自一个完全不同的时代，是在工业化和殖民主义时代之前的久远岁月，甚至在最初的王朝出现之前。这里的架子上有来自仰韶、半山、马家窑和辛店的陶器，有来自镇番的青铜纽扣和来自石器时代的石具，还有从河北、河南和东北的农民那里新买来的铁具。为这些材料，他现在已经奉献出一生中的二十二年，致力于去解释和理解它们，并试图用以解决那些成了他一生最重要工作的谜团：中国最早的文化是何时出现的？何时何地开始了农业活动？最早的金属制品是如何开发的？中国史前时期的文物如何能幸存到现代？而在这些彩绘陶器和石器时代的工具里埋头研究了二十多年之后，他不得不承认……自己已经错了。

他仍然坚信，气候是了解文化和农业如何开始的线索之一。他再次在打字机上打下这样的字句：中国北方在最古老的旧石器时代一定是太干旱了，无法发展农业，然后在新石器时代才开始变得潮湿而温暖。他认为，在斯德哥尔摩进行的对骨骼材料和植物的分析已经确证了这一点。但是仍然有很大的问号：最初的金属制品是如何产生的？走向更先进的社会和最初的王朝的真正动力是从哪里来的？安特生写道：

> 通过某种手段，或其他方式，肯定有新的发明或从国外引进的新思想，这是一个相当突然的推动力，它允许快速增长的人口迅速扩散。

安特生对这一点确信无疑。

然而，这种推动力的确是来自西方吗？或者这涉及到来自相隔很远的不同时代的几种不同的推动力？在斯德哥尔摩的实验室进行材料分析时，技术人员实际上有过让人吃惊的革命性的发现，它改变了一切：

> 在一块来自仰韶村的陶器碎片上，我们的保管员古斯塔夫松先生观察到了一些微小植物留下的印痕。我将这块碎片交给两位植物学家，即实验分析师埃德曼和他的助手索德拜利耶，他们得到了一个极为重要的发现。这些微小植物留下的印痕原来是稻壳，从中我们可以获知，中国人在石器时代就已经知道种植这种重要谷物了。

对安特生来说，在仰韶种植过水稻肯定是又一个例证，再次证明了气候变化与中国最初的农业之间的紧密联系。水稻需要比现在的华北地区更湿润的气候。但这当然也是南亚和东亚的典型谷物，而不是中亚的。因此，安特生开始对他在 1921 年提出的理论进行了彻底的反思。难道中国的农业真的是从西方移民来的结果吗？还是农业同时在几个不同的地方自发地开始了？

此外，在当前的战争和国际政治的背景下，他对自己的理论已经被滥用的方式很不满意。1935 年，德国艺术史家巴赫霍弗把安特生的理论推上了一个新台阶，他推测人民的迁徙和入侵是从西方进入中国的，而安特生当时怀疑这是纳粹德国想散布的某种言论。巴赫霍弗估计这些人类是从东南欧来的，再经过中亚进入中国，而在那里，这些新来的人将成为"主人种族"（Herrenschicht）。就好像这还远远不够，巴赫霍弗还认为，中国和德国中部发现的那些最古老的陶器的质量都见证了两地的某些共同点，即考古学意义的文化的某种形式留下的痕迹，这些痕迹都属于在遥远过去的"一个健康的、朝气蓬勃的人种"。因为他认为，在德国的"线绳"（Schnur）陶器和安特生 1924 年在中国的甘肃发现的陶器之间有很多相似点。德国历史学家施密特也有同样的思路。安特生写道，他有这样的印象，以巴赫霍弗为首的德国研究人员正在暗示，在这两个地区之间的某个地方曾有过某种地位较高的原始人，这些人带来了世界文明。

不难理解，这种想法是在 20 世纪 20 年代和 30 年代的时空背景下出现的。无论怎么样，他本人在 20 世纪 20 年代也相信人类必定有一个共同起源。但是，在目前的国际形势下，有关他的理论却出现了完全不同的观点，安特生并没有筛选他的言辞。他的打字机的字键有力地敲打在色带上，以此宣告："我们可以有把握地表示疑问：提出这样不着边际的理论解释，到底是不是真正的科学服务？"

即使巴赫霍弗已经出于政治原因离开德国到美国去了（这是安特生当时不知道的），在 1937 年就放弃了他的说法，相反在一篇新文章中谈到了某种形式的和平迁徙，但根据安特生的意见，看起来好像这个德国人仍然认为某种来自欧洲的"主人种族"一定是到了中国。但是安特生指出，巴赫霍弗使用的是旧的数据。例如，加拿大古人类学家步达生 1925 年就开始的一项初步分析显示，来自甘肃墓葬中的三具人体骨骼看上去好像具有西方特征，但三年后，他的同事撤回了这种看法。而且，步达生分析报告中的决定性观点是完全相反的，即这些骨骼很大部分与中国北方的现代人没有显著差异。

除此之外，巴赫霍弗还利用了一份早期的实地考察报告，即中瑞西北科学考察团在新疆也发现了彩绘陶器，以此作为证据，但他对这些发现实际上包括什么东西完全一无所知。然而，安特生在这个话题上却拥有第一手信息。因为就在经济学院阁楼层的走廊里，他的工作室隔壁就坐着亲自完成这一发现的考古学家贝利曼，正在写完这次考察的最终报告。而他和安特生都对这次发现的陶器有一种完全不同的理解。或者更确切地说是对尚未发现的陶器看法不同。

　　因为贝利曼和安特生得出的结论是，这次西北考察未能在中亚的沙漠和草原景观中找到仰韶文化起源的痕迹。事实是，尽管经过长达八年的搜寻，他们仍然没有找到任何仰韶文化的陶器！相反，安特生认为，在甘肃走廊往西与新疆交界地区及更往西的地方发现的青铜器时代的陶器之间存在相似点。但是，安特生写道，这些陶器"与仰韶文化无关"，与它们关联的是与最早的农业和石器时代的仰韶陶器完全不同的革命，即金属的发现。他们或许可以解释这种新技术如何在这块大陆传播，并为青铜器时代最初的王朝在中国兴起创造了前提条件。但是，有关农业最早在什么地方出现和仰韶陶器在哪里起源的问题，那就完全是另外一回事了。在这些问题上，实验室的分析已经把一切结论都推翻了。因此，他继续解释说："当我写有关这些问题的第一份报告的时候，我只是在这个领域的边缘上，我只知道河南的仰韶文化。"

　　现在安特生要阐明自己的观点：

> 没有任何证据表明，有任何其他种族参与了仰韶时期的河南和甘肃陶器的制作……一切都在显示，从陶器在仰韶文化中一开始出现的时候，中国人就是陶器制作大师。

　　安特生总结说，彩绘陶器和青铜金属的知识都可以在两地自己发展，或通过后来的接触而发展。但是，他指出："以我们目前非常有限的知识，现在讨论这些文化发展动力在何处首先产生，以及如何跨越中亚而迁移，还为时过早。"

　　不仅如此。在对从仰韶到甘肃的那些文化的陶器设计和彩绘做了比较之后，他已经意识到，有些图案恰恰相反，说明是从中国中部向西传播！

　　鉴于一场世界大战正在进行中，而他的中国同事们正在这个大陆的另一端为自由而斗争，安特生添加了最后一句话，与他对1943年的世界局势的看法及当时中国所面临的情况很有关系：

> 对于施密特和巴赫霍弗讨论东西方文化关系的方式，只需要再加一句评论：

> 当我们欧洲人，带着一种缺乏眼光的优越感与偏见工作，还说什么"主人种族"给中国带去了优越的文化，这不仅是没有根据的，而且是可耻的。

打完这句话，安特生从打字机上抽出了最后这张纸，把它添加到要送到印刷厂印刷的《远东古物博物馆简报》稿件里。在把自己一生二十二年的时间都用于收集有关仰韶文化起源理论的证据之后，安特生现在终于把这个问题放下了。

他的两种解释，无论是1921年的第一种解释，还是1943年世界大战期间的最后一种解释，都反映了他的人生旅程及他和丁文江所处的时代的艰难。

6

战争与和解

外国人名中译对照索引

（按中文名汉语拼音顺序排列）①

从极地到中国——瑞典考古学家安特生传

A

阿道尔夫	Gustaf Adolf（1882—1973）
阿尔姆布拉德	Anton Almblad（？）
阿恩	Ture Johansson Arne（1879—1965）
艾德曼	Edman（？）laborator
艾甸	Nils Edén（1871—1945）
埃里克森	C.F. Eriksson（？）
艾沃尔洛夫	Oskar Ewerlöf（1876—1934）
安德鲁	George Findlay Andrew（1887—1971）
安德鲁斯	Roy Chapman Andrews（1884—1960）
安特生	Johan Gunnar Andersson（1874—1960）
安德森（瑞典文与安特生同名）	Gunnar Andersson（1865—1928）
奥斯本	Henry Fairfield Osborn（1857—1935）

B

巴赫霍弗	Ludwig Bachhofer（1894—1976）
贝利曼	Folke Bergman（1902—1946）
毕克馥	Mary Pickford（1892—1979）
毕肖普	Carl Whiting Bishop（1881—1942）
步林	Birger Bohlin（1898—1990）
伯希和	Paul Pelliot（1878—1945）
布达生（布莱克）	Davidson Black（1884—1934）
布兰廷	Hjalmar Branting（1860—1925）
布尔	Marcellin Boule（1861—1942）

① 此表中西人的中文名字均为之前已在中文报刊书籍出现过的名字，如"安特生"。

D

丁格兰（特艮格仁）	Felix Tegengren（1884—1980）
杜塞	Samuel（Sam）August Duse（1873—1933）
德日进	Pierre Teilhard de Chardin（1881—1955）

F

法尔克曼	Oscar Falkman（1877—1961）
凡纳斯腾	Gottfrid Vennersten（1862—1931）
范朋克	Douglas Fairbanks（1883—1939）
冯·德沃尔	Job von Dewall（1880—1945）
弗罗丁	John Frödin（1879—1960）

G

高本汉（卡尔格仁）	Bernhard Karlgren（1889—1978）
葛利普（格拉鲍乌）	Amadeus Grabau（1870—1946）
格朗格	Walter Granger（1872—1941）
格里高利	John Walter Gregory（1864—1932）
格伦登	Toralf Grunden（1874—?）
格耶尔	Per Geijer（1886—1976）
古斯塔夫松	Gustafsson（?）

H

赫勒	Thore Halle（1884—1964）
赫尔德里西卡	Aleš Hrdlička（1869—1943）
赫定	Sven Hedin（1865—1952）
亨廷顿	Ellsworth Huntington（1876—1947）
胡恒德	Henry S. Houghton（1880—1975）
霍布森	Robert Lockhart Hobson（1872—1941）
候依通	Henry S. Houghton（?）

J

吉尔	Gerard De Geer（1858—1943）
金贝尔	Carl Gimbel（1881—1946）

K

库尔曼	Sigurd Curman（1879—1966）
克鲁格	Ivar Kreuger（1880—1932）

L

拉尔森（公爵）	Frans August Larson（1870—1957）
拉格尔留斯	Axel Lagerlius（1863—1944）
拉克伯里	Terrien de Lacouperie（1844—1894）
拉森（南极号船长）	Carl Anton Larsen（1860—1924）
李提摩太（理查德）	Timothy Richard（1845—1919）
李希霍芬	Ferdinand von Richthofen（1833—1905）
列谢	Wilhelm Leche（1850—1927）
林西莉	Cecilia Lindqvist（1932—）
伦贝	Einar Lönnberg（1865—1942）
鲁森拜利耶	Gustaf Otto Rosenberg（1872—1948）
鲁森纽斯（艾尔莎）	Elsa Rosenius-Andersson（1873—1961）

M

玛格列塔	Margareta Andersson（后改夫姓 Holmström）
马可·孛罗	Marco Polo（1254—1324）
马修斯	William Diller Matthew（1871—1930）
马悦然	Göran Malmqvist（1924—2019）
梅尔腾斯	Pierre-Xavier Mertens（1881—?）
蒙巴顿	Louise Mountbatten（1889—1965）
蒙特	Johan Munthe（1864—1935）

从极地到中国——瑞典考古学家安特生传

外国人名中译对照索引

瓦尔拜利耶   Axel Wahlberg（1868—1938）

维尔勒   Wheler（？）

韦格纳   German Alfred Wegener（1880—1930）

维嘉   Louis Palander af Vega（1842—1920）

维曼   Carl Wiman（1867—1944）

俄德纳（俄德诺）   Nils Hjalmar Odhner（1884—1973）

X

新常富（纽斯特罗姆）   Erik Nyström（1879—1963）

西格娜   Signe Bergner（1881—1945）

Z

师丹斯基   Otto Zdansky（1894—1988）